ちくま学芸文庫

21世紀を生きるための社会学の教科書

ケン・プラマー
赤川 学 監訳

筑摩書房

SOCIOLOGY : The Basics
by
Ken Plummer

Authorised translation from English language edition published
by Routledge, a member of the Taylor & Francis Group.

Japanese translation published by arrangement
with Taylor & Francis Group through The English
Agency (Japan) Ltd.

21世紀を生きるための社会学の教科書【目次】

第5章　問い――社会学的想像力を育むには　221

21世紀を生きるための社会学の教科書

【凡例】

一、本文中の（　）は原文の丸括弧を示し、〔　〕は訳者による補足を示す。

二、文献の出版年として（○○＝△△：＊＊）とあるとき、○○は原書の発行年、△△は最新の邦訳の発行年、＊＊は邦訳でのページ数を示す。また、（○○［□□］＝△△）とある場合、□□は独・仏語などの原書の発行年、○○はその英訳の発行年を示す。

三、本文中の傍点は、原文ではイタリック（斜体字）、ゴシック体の太字は、ボールド（太字）でそれぞれ表示されていたものである。

序　つきまとう社会

そう、これらは社会的な事物のつきまといである
人々に同調し、人々の存在とともに汗をかき
我々はことを一緒に行う。我々は他者とともに動く
生きる者、死せる者、たどり着くべき時間、
社会性は、我々が吸い込む空気のようなものである
私たちの生活は社会的世界にあり、可能性に満ち溢れている
作動中の多数のものごとが増殖する
しかし我々はみな、我々が行う儀礼の中に生きている

数々のパタンが我々を圧倒し、罠にはめる
これらの言葉は私たちが制作したものではないが、死ぬまで我々につきまとう

最も些細な事柄でありながら、最も大きな恐怖でもある
人々は何世代にもわたり、非人間的な戦争に従事する
ジェンダー化され、階級化された人種、セクシーな国家が障害をもつ
排除し、搾取し、世界を非人間化する
階層化された忘れがたい痛みに私たちは苦しむ

この混沌とした複雑な世界を凝視してみよう
私たちは祝い、批判し、恥ずかしくて涙する
私たちのユートピア的な夢は、人生をエンパワーする
世代を経るごとに正義は勝ち、みんなが豊かになっている
社会学、それは世界をよりよくするための、終わりなき挑戦なのである

初版・序　社会学的迷宮への招待

二つの道が樹の下で別れている。私は行ったことのない道を選んだ。
ロバート・フロスト「私が進まなかった道」(1916年)

社会学的迷宮にようこそ。この迷宮の中心には、社会生活に対するニュータイプの思考と想像力がある。この人間の社会的世界について考える新方法を理解するために、八つの旅を始めよう。迷路の中心にたどり着かなかったからといって、気にすることはない。その旅路を楽しめばよいのだ。第1章の最初の旅では、社会学的想像力——社会的なるものの領域——について一瞥してもらいたい。たくさんの事例がある。批判意識を発達させ、「アウトサイダー」になるよう勧めたい。そして社会学は、(スポーツから科学、セックスに至るまで) あなたが関与するあらゆる事柄を考察することができるのだと伝えたい。第二の旅路では、社会的なるものが何を意味するか、そして社会について考える方法を深く掘り下げる。社会的な事物について考えるために我々が作り出したイメージをいくつかご覧に入れよう。それは社会理論への招待である。第3章では、21世紀になって世界中で出現した社会生活の混乱に目を向け、そこで生じている有意味な変化をいくつか観察してみよう。これらの変化の多くは、世界が厄災に突入していることを示唆している。この複雑な世界を把握する方法を、どうやってみつけたらよいのか。我々の次なる謎は(第4章)、社会的なものを観察する目的でデザインされたディシプリンである社会学が、まさにこの問題を扱うためにどのように西洋で発達したかを考察することである。これは小史である。第5・6章は、社会学するためのロードマップ、理論と調査について示していこう。これについての正確なナビゲーションを作ることはできないが、広範な文献リストから、社会学者がやろうとしていることにあなたを向かわせる一助になることを狙っている。第7の旅路は、他の旅路にも纏《まと》わりついて離れなかったテーマをみていこう。すなわちこの章で取り扱う人間の苦痛と不平等である。それは社会学的探究の主要領域の一つにすぎないが、ほとんど社会学者が中核的だと認める領域でもある。最後の旅路では(第8章)、我々はなぜこれらに悩まされるのかを問うてみる。なぜなのか。何が問題なのか。近代世界で社会学者が果たすべき役割は何か。各章は独立した章であり、どの章であってもあなたを社会学者の聖杯[イエス・キリストが最後の晩さんでヨゼフに与えたとされる杯。転じて至高の目標]へと誘うだろう。

本シリーズの他の本でも同じだが、私は社会学の基礎にのみ目を向けた。短い概略本では、複雑で無尽蔵の主題に適切に対応することはできない。私は初心者と想定する読者を対象にせざるを得なかったし、その主題についてよく知っているわけでもない。この短い紙幅でいえる私の願いは、社会的なものについて考える方法を拡張し、私たちが生きる世界における社会的なものの作動について探究するよう誘うことである。各章は、さらに前進するための提案をつけておいた（さらに各章には思考の補助となるボックスを提供した）。

ケン・プラマー
ウィヴンホーにて、2010年1月

第2版・序

本書初版は2008年に執筆され、2010年に出版された。第2版は2015年に改訂され、2016年に刊行された。本書の構成は初版と同じだが、ページ単位で書き換えられている。主要な変化は、以下の三つである。(1)すべての事実、引用文献、議論を2008年から2015年にあうようアップデートした。(2)暴力、テロリズム、デジタル変動、ビッグデータ、移民、環境など、何カ所かで新しい節を追加した。(3)必要だと思ったときには「文体を改善」した。さらにウェブサイトで本書のページを示して、更新を図っている。さらに物事を深める情報源となるだろう。一度ご覧になられることをお勧めする。

私は大きな移植手術のあとで本書を書いた。10年たって、私の命を救ってくださった多くの人に深く感謝し続けている。

ケン・プラマー

ウィヴンホーにて、2016年2月

第1章　想像力——自分が作ったわけではない世界で行為すること

人びとは自分たちの歴史をつくる。けれども好きな材料でつくるわけでも、自分で選んだ状況でつくるわけでもない。自分たちの目の前にあり、自分たちに与えられ、手渡された状況でつくるのである。生きている者たちの脳には、死んだ全世代の伝統が悪夢のようにのしかかっている。

カール・マルクス『ルイ・ボナパルトのブリュメール18日』

(Marx, 1851 = 2020 : 16)

この世に生まれるとき、我々は誰一人として例外なく、決して自分が作ったわけではない社会に投げ込まれる。どの国に生まれるか、誰が親や兄姉か、どの言語を最初に話し、どんな宗教や教育を与えられるか、これらについて口を挟むことは完全に不可能である。この世界の中で、アフガニスタン、アルジェリア、オーストラリア、アルゼンチン、あるいはその他二百数十の国々のどこに生まれるか、発言の余地は皆無である。生まれ落ちる村、国、家族が大金持ちなのか、悲惨な貧困に苦しんでいるのか、まったく口出しできない。最初に出会う家族がイスラム教徒かクリスチャンか、仏教徒かユダヤ教徒かヒンドゥー教徒か、あるいは世界中にみつかるその他数千の小さな宗教の信徒なのかについても口を挟めない。ここで重要なのは、我々は、自分たちよりも前から存在し、自分たちが去った後にも続くであろう世界に生まれるということだ。このところ、世界はますますグローバル化、デジタル化している。それでも、我々はこのありふれた社会に、それが作られるときには一言たりとも口出しできなかったこの社会に「投げ込まれる」。そして、まさにこの社会こそが、社会学者の研究対象である。我々は、「外部からわれわれ各人にやってきて、有無をいわさず各人をその中に巻き込んでしまう」社会的事実と社会的動向に日々直面する。我々が避けて通ることのできない世界、我々を待ちうけ、我々をかたちづくる世界を注視する。それらは我々に覆いかぶさる「**社会的事実**」[1]である。

しかしその一方で、我々の多くが、この「投げ込まれた世界」で歩んでいく術を身につけるまでに、さほど多くの時間は要しない。なによりも重要なのは、この世界にいる他者の存在（たいてい、まずは愛しい――とも限らないが――母、父、そして兄姉）に気がつくということだ。我々はかれらと調和しはじめる。つまり、どうすればかれらをはじめとする他者が喜ぶのか、いや実際にはどうすれば人々を困らせることになるのか学ぶ。我々はゆっくりと、かれらが生きる世界を、かれらが我々にいかに応答するのかを想像しはじめる。好むと好まざるとにかかわらず、我々は徐々に社会化され、かれらに向けて行為し、他者への原初的な共感や感情移入を発達させていく。もしそうしなければ、つまり、もしこうした共感を学び損ねるとすれば、コミュニケーションは成り立たず、日常的な社会生活をごく普通に全うすることはできなくなるだろう。社会学は、こうした適応の過程としての日常生活を研究することにも責任を負っている。この地球に住む数十億の人々は、相接しながらどのように毎日の生活を乗り切っているのか。我々はどのように適応し、順応し、反抗し、革新し、儀礼をつくり、引きこもるのか。我々はこの日常生活を生きるなかで生じる、我々の身体、内的世界（すなわち「主観性」）、そして我々の他者への振る舞い

1――これはエミール・デュルケム（Durkheim, 1895＝1978: 56）からの引用である。本書では脚注は最小限にとどめ、出典はページ内でその都度述べるほか、サポート用のウェブサイト（http://kenplummer.com/sociology〔英語〕）でリンクを張っている。

方の複雑な関係に注意を向ける。そうすることで、社会はほとんどの場合、かなりのていど知性的に、秩序だったかたちで営まれうる。このような生活が深刻な対立や破綻に晒《さら》されることももちろんあるだろうが、それもまた、社会学が注意を向けるところとなる。

この日常世界の尽きせぬ魅力は、未知の、しかし所与の世界に投げ込まれた幼子である我々が、じつはその一部を自身で作り出しもするという点にある。この束縛的な世界に最初に対面する出生の瞬間から、人生が劇的に幕を下ろす死の瞬間にいたるまで、我々には、前進しつづけるための活気が賦与される。我々は、世界の内で、また世界に対して行為するための途方もない潜在力と創造的能力を手に、その世界を歩んでいく。このちっぽけな人間という生き物は、つねに社会生活の制作者である。我々は社会的世界をつくる能動的な主体なのだ。我々はこの世界の中で社会化されるとともに、それを自分たちのために役立てている。そしてこれもまた、社会学の研究対象となる。時と場所が変われば、人々はまったく異なったやり方で自らの社会的な生活と世界を組み立てるようになる。社会学者はその方法を尋ねる。けれども、自らの人生の能動的主体であるための術を身につける人がいる一方で、そうすることを制限されている人も多い。はじめからすべてが決められているわけではないにせよ、我々は皆が同程度に世界の中で有能で知的な行為者であるわけではない。そしてここに、社会学者にとっての主要な問題の一つ、すなわち不平等が存在する（この点は折にふれて取り上げることになるが、とくに第7章でくわしく検討しよう）。

目覚めとしての社会学：周縁のアウトサイダー？

社会学は、社会生活を理解するための新鮮な想像力をもたらしてくれる。社会学者として、我々は他者の社会的世界に分け入り、そしておそらく、少なくとも瞬間的には、他者と自分との差異に強い違和感を持つ。違う集団、国家、時代に生きる人々は、あなたとは異なった人生を生きているからだ。これを明晰に理解するためには、私は一時的に自分が当たり前だと思っている世界の見え方を捨て、他者からの世界の見え方に対する共感を深める必要があるだろう。社会学者として、我々は自分自身の世界を一時停止し、他者についてのあらゆる判断をしばらくのあいだ保留しなくてはならない。このもっとも基礎的な水準において、（『エスノメソドロジー研究（*Studies in Ethnomethodology*）』でのハロルド・ガーフィンケルのように）我々の日常生活における経験をきわめて奇妙な状況に追い込むために、「違背実験」を行った社会学者もいる。ガーフィンケルは学生たちに、身の回りのあらゆる事について質問し、日々の決まった活動に含まれるあらゆる慣習について尋ね、精査するよう勧めた。友人が「調子はどう？」と声をかけてきたら、学生たちは「それはいったいどういう意味だい？」と聞き返す。学生たちは店に行き、物々交換を試みる（これは多くの文化で普通のことだが、イギリスや北米ではそうではない)。話している相手の顔のすぐ目の前、鼻をこすりつけるくらいまで自分の顔を近づける。友人の隣に座って、その発言についていちいち質問する。定められた習慣を破壊するこれらのちょっとした実験は、我々の社会がいかに信頼や思いやり、相互理解に依存しているのかをたちどころに示してくれる。奇妙な質問をするだけで、他者はいとも簡単に脅かされてしまう。

このことを通じて、我々は社会学の重要課題の一つに到達する。すなわち、**エスノセントリズム**(自民族中心主義)と、これと密接に関連した自己中心主義という問題に挑むという責務である。それらは、我々がつねに正しく、唯一の真実を知っているかのように、自分にとって「当たり前」の考え方を社会的世界の中心にすえる態度である。自己中心主義は、世界が自分のまわりを回っていると想定するけれども、エスノセントリズムは、自分たちの文化(我々のエスノ、すなわち生き方)こそが世界の中心であると考える。我々はその影響力が自分自身におよばないようにしなければならない。この自己中心的な世界の見方を捨てること、そして現代の有力な社会学者ジグムント・バウマンが言うように、我々が慣れ親しんだものに対して違和感をもつことが、社会学を学ぶために要求される前提条件である。社会学は他者の生活や文化の差異に(そして価値に)、くわえて他者の立ち位置の差異がもつ価値に、つねに注意を払わなくてはならないことを強調する。他者の独自のやり方を真摯に扱うことなく、その世界についての意見を述べることを、正真正銘の社会学は断じて許さない。社会学を通じて、我々は世界の差異を目の当たりにし、謙虚であらざるをえなくなる。

日々の生活からもっとも単純な例を挙げよう。あなたが休暇で知らない国に行ったとする。あなたは部外者で、よそ者である。さて、あなたはもちろん、他の文化圏に行ってそれを「踏みにじる」こともできる。自分の文化が最高であることを疑わず、そこで見聞きしたことに心を動かされたりはしない。あなたは、こうした無知で鈍感な、誰にとっても迷惑な行楽客の一人になることもできる！　あなたは自分の言語でしか話さない。そこでの慣習を新たに学ぶこと、それは皆に求められることだが、そういう面倒なことは一つもしようとしない。その文化を歴史的に異ならしめている、そこで行われていること——政治、宗教、家族生活——にほとんど関心を示さない。ふだんと違う食事の礼儀、並び方、会話の作法を前にして、あなたが自分の国の良いところを褒めそやしたりしようものならもう最悪だ。要するにあなたは、偏狭で見苦しい外国人行楽客なのだ！

しかし、あなたにもっと感受性があれば、旅は俄然異なったものになりうる。あなたは、自分が話せない言語や、理解できない慣習、習律、習俗にいちいちつまずくので、自分がまったくの愚か者になったように感じるだろう。そう、旅先の言語で「すいません」とか「これとかあれはどこですか？」などと言うことさえままならないとき。あるいは、ただ一杯のコーヒーを頼みたくてもそれを伝えられないとき。私は自分があたかも幼い子どもになってしまったかのように感じることもある。なんと失敗ばかりの無能な馬鹿者か！ 周りの人々はどうやってわたしの面倒をみるだろう。そしてかれらはなぜわざわざそんなことをしなければならないのか？ 人々は多くの場合親切で、手をさしのべようとしてくれる。しかしある文化がもつ言語の基本的な知識をもたなければ、その中であちこち動き回ることは容易ではない。そしてこれよりなお難しいこともある。文化の意味、たとえば日本における庭園、スペインにおける闘牛、イランにおけるヴェールの意味は、表面だけを見ても理解できない。（ケイト・フォックスの『イングリッシュネス』（Fox. 2005=2017）『さらに不思議なイングリッシュネス』（2005=2020）は、イギリスらしさについてのフィールドワークで、イギリス文化で当たり前だとされていることの奇妙さを扱っている）。

これこそがインサイダーではなく、アウトサイダーとしての社会的なるものである。アウトサイダーは、〔その社会に〕所属しておらず、周縁に存在しており、逸脱者であり、よそ者である。社会的なるものは、誰が所属しているかだけでなく、誰が所属していないかによっても定義される。しばしば社会的なるものは、所属する人々の目を通じてではなく、むしろアウトサイダーの目を通じてもっともうまく研究され、分析される。何が真に当たり前だとされているのかを観察できる（そして疑問を投げかけることができる）のは、アウトサイダーだけなのである。それゆえ、移民、街のよそ者、「いないことになっている人」、疎外された若者、権利を奪われ逸脱した者、ゴシック、そしてクィア。社会学はこうした人々の発言や観察を真摯に受け止める。かれらの差異は、当たり前とか正常とされるものに、するどい光を投げかけるのだ。

批判と驚嘆としての社会学的想像力

物理学者は空を見て、宇宙の驚異を前に立ちつくす。音楽家はモーツァルトやベートーヴェン、ストラヴィンスキーを――あるいはＡＢＢＡやアデルを――聴いて、ちっぽけな人間が作り出す壮大な作品の驚異に立ちつくす。スポーツ選手は走っているところやフットボールのスタジアムに向かう場面を思い浮かべるとアドレナリンがあふれ出すのを感じる。そして社会学者は、毎朝目覚めるたび、我々が自らのために制作しているこの小さな社会的世界――それは人間の社会に他ならない――がもつ意味、秩序、葛藤、混沌と変化に驚嘆する。社会学者にとって、社会生活は驚くばかりの着想を与えてくれるものであると同時に、幻滅、怒り、絶望をもたらす、心の底から恐るべきものとも感じられる。人間によって作り出され、苦しみと楽しさに満ちた社会的世界を前に、社会学者は畏敬と恐怖、憤怒と歓喜の念を抱く。社会学者は、社会的世界を批判するとともに、批判をこめて称賛する。社会学者は、人間の社会生活がもつ複雑なパタンに驚嘆しつつ、発展させるべき良きものと、取り除くために骨を折るべき悪しきものの双方を観察する。社会学は、ありとあらゆる社会的なるものについての、体系的、懐疑的な研究となるのだ。

社会のダークサイド――人間の社会生活における不幸と苦痛

さて、ここで悪い知らせがある。調子が悪い日には、私はベッドから出られない。世界とその苦しみの重さが私を押さえつける。それは、私に先んじて無数の人間が直面してきた、人間の不幸である。幸いにも鬱病ではないので、私は起き上がって行動を起こすことができる。とはいえ、横になりながら、歴史の中で繰り返されてきた人の手による非人道的な行い、世界の恐怖、人間の苦痛に思いを馳せ、身悶えする朝もある。かくも長い間、それほどの無知や蒙昧の外見をともないつつ、多くの人にここまでの苦しみを味わわせる社会的世界――それは非人間的で残酷としか言いようのない世界だ――を、絶え間なく作り続けるというようなことが、いかにして可能だったのだろうか。世界は戦争に暴力、貧困と不平等、そして暴政や汚職にみちている。我々とは異なる他者に対する非道な扱いがあり、それが広く放置され、そうした苦痛が存在することすら否認されている。歴史の中で、無数の人々が報いられることもなく死んでいった。こうしたことの研究は、社会学で繰り返される論点の一つである。

それは、社会学が人間のはかなさ、脆弱性、苦痛への気づきに裏づけられているからかもしれない。あらゆる場面で――評価に値する「良きもの」と非人間的な「悪しきもの」の階層性を作り出しながら――社会は「他者」に敵やモンスターの役割を割り振っているように見える。結局のところ、歴史の大半において、奴隷的服従の仕組みを考案してきたのは人間なのだ。そしてそのシステムはいまだに存在する（2015年の世界奴隷指数によれば、167カ国において、約3580万人が強制労働、児童労働、人身売買に巻き込まれているという）。紀元前1500年ごろにアーリア語族の人々がインドに移住し、普通の人々の生活の埒外に置かれた不可触民と呼ばれる人々のグループを作り出して、あらゆる汚れ仕事を押し付けたように（第7章を見よ）、社会階層という「カースト」制度を作り出すのも――神々による支持という見せかけのもとでの――人間の活動だ。多くの窮乏した民衆を輝かしく支配した王、統治者、教皇たちの歴史は、いずれもそういうものだ。領土、地位、富と宗教をめぐる戦争から解放された時代はなかった。大量虐殺、世界大戦、粛清、革命時の大量殺戮、「ファシズム」と「コミュニズム」をともなう20世紀が、もっとも血塗られた世紀であるという点については、衆目の一致するところである。実際の「大量死」の規模をどのように数えるかについては議論があるが、よく引用されるのは1億8000万人から2億人のあいだの数字だ。すなわち、1900年頃に生まれた世界人口のうち、およそ10人に1人が、20世紀の戦争や虐殺で殺されたことになる。そしてどの時代にも共通して蔓延する、戦争、貧困、飢餓、ホロコースト、疾病といった困難は、現代においてもわずかに緩和されたにすぎない。そう遠からず、ここで列挙された問題に、地球温暖化への関心の高まりと、広く予想される環境の破局的変動の可能性を付け加えなくてはならなくなるだろう。我々人間は、平和で幸せな、そして生産的な共生を、うまくやりとげてはこなかったようだ。これらの問題はいずれも、偉大な文学、詩、映画、そして社会学の素材である。

それゆえ社会学は、「人間による人間に対する非人間的所業」に巻き込まれ、壊れ傷ついた無数の命への関心を生み出す。社会学者は、人間が経験する社会的な苦しみを生み出す社会的条件に注意を向ける。我々は、私的で個人的な苦しみが、我々の社会の中にその起源をもつこと、すなわち、個人的な課題に見えるかもしれないものが、いかに公共的な問題でもあるのか、という点に関心をもつ。我々は難民問題を、個人が直面する人生の困難を理解することを通じて把握することができる。他方で我々は、これが国際紛争やナショナリズム、レイシズム、宗教や経済的格差といったより広範な構造的問題にいかにつながるのかを示すこともできる。社会学は個人的なことを社会的なことに、私的なことを公的なことに結びつけることを役目とする。そして人間の苦しみを分析することが中心的な関心事なのである。

たえず人生の明るい側面に目を向けること——人間の社会生活がもつ喜びと可能性

こうしたことを踏まえると、多くの人が社会学は陰気な学問であり、暗く、希望のない、悲観的な分野だと言うのもうなずける。社会学者と付き合うな、とかれらは言う。社会学者の仕事は人を暗澹たる気分にしてしまうからだ。まったく、これだけでもあなたがこの本を閉じてしまう理由としては十分かもしれない。しかし待ってほしい。本当にそんなに悪い知らせばかりだろうか？　たしかに社会学者は批判的だ。しかし同時に我々は、いつもというわけではないが、いかに人々が、こともなげに協力し、ともに働き、いたわり合い、愛を交わしながら、社会の中で日々の生活をこなしているのかを観察せずにはいられない。社会はたいてい、人間による並外れた達成なのだ。

数年前、10時間に及ぶ大がかりな救命手術を終えた直後、最新の病院のベッドで横になっているとき、私はこれらすべてがいかにしてここにいたったのかをじっくり考えた。私の命に関わる病気——慢性肝硬変——によって、歴史上無数の人々が亡くなった。しかしここ60年ほどの間、現代科学による移植手術の誕生によって多くの人々が救われるようになった。生きるか死ぬかの病気は手なずけられたのだ。しかしそれだけではない。私は最新の病院にいた。そこは莫大な費用のかかる官僚制組織で、私と他の数千の人々の命を救うために、大規模な分業のもと、数千の労働者がさまざまな形態で雇われていた。私のまわりでは、訓練された素晴らしい技術と科学的知識という社会的行為、思いやりと愛のあるケアという無数の社会的行為、実践的活動としての複数の社会的行為を目にすることができた。働く人々は、フロアを掃除し、患者を乗せたストレッチャーを押し、食事を提供し、配管が詰まらないようにし、外来患者を出迎え、ベッドを整え、数多ある細々とした日々の作業を調整している。これを可能ならしめるための人間の、そして社会の努力は並大抵のものではない。どのようにすればこんなことができるのだろうか? そこで横になりながら、私は人間の社会組織化の驚くべき力と、それがこの経験すべてをいかに形作っているのかを称えた。病院の歴史、世界中からやってくる医師や看護師の訓練、他者をケアすることの社会的意味、多くの人々の高潔さや利他主義、世代から世代へ受け継がれてきた外科医の技術について、また看護師、医師、運搬担当員、救急車の運転手、ソーシャル・ワーカー、薬剤師、瀉血《しゃけつ》専門医、理学療法士、臓器移植コーディネーター、ボランティア、経営者、病棟管理者やそのほかの人々の、日々のタイムテーブルと役割の編成といったことについて、私は一瞬のうちに考えをめぐらせた。私はまさしく、私自身の病棟での社会的なタイムテーブルと無数の医療専門職との日々の遭遇、X線から投薬にいたる一連の儀式についても考えた。そして私は考えた。これこそが社会学者の理解したいことだと。いったいこれらすべては、どのように組み上げられるのか? いったい、それらはどのように作動しているのか? そしてそれらがこうなっているのは、私や他のすべての人々が生きながらえるためなのだろうか?

けれども、これは私の長年にわたる社会学的な驚嘆にもとづく数多くの逸話の一つにすぎない。人間の創造性、ケア、想像力をめぐる数多くの驚異が存在する。科学、医療、芸術、スポーツ、音楽、すなわち我々が作る衣類や食べ物、大好きな音楽、そして博物館や図書館に収められた、数千年にわたり積み上げられてきた知識、人類を月に降り立たせ、世界中の人と話すことを可能にする技術がこれに含まれるが、他にも枚挙にいとまがない。社会学者はまた、人間の社会的世界の営み方、すなわち問題を解決し、日常生活を送り、しばしば気づかいと尊敬、親切心と愛をもって互いに接すること、しかもすべてがいくらか秩序だったやり方であることに、純粋な驚きのまなざしを向ける。社会学者は、日常生活が社会的に組織される様子、さらには一部の人々が送っている、幸運で充足感があり特権的でさえある生活を観察する。そして、人間らしく幸せな善き社会生活を送るための社会的な条件について問いかけるのである。

良い知らせと悪い知らせ

ゆえに、社会学者はヤヌスの相貌をもつ。一方で、我々は問題と苦しみに目を向け、きわめて批判的な態度をとる。もう一方では、社会的世界の悦楽と人間性に目を向け、(用心深く、批判的にではあるが)これを称賛する。こうした二面性は、社会について考える際の長年の問題であった。その様子は、たとえば啓蒙主義の哲学者、ヴォルテールの有名な風刺文学『カンディード』(Voltaire, 1759＝2015)にも際立って見られる。この作品の中で、主人公は家庭教師であるパングロス博士の哲学、「一切万事は最善である」(パングロス主義哲学)に従うも、彼が旅する先々で出くわすのはレイプ、暴虐、搾取、殺人、戦争、大災害といった恐怖ばかりなのである。結末で、彼はこう述べるにいたる。一切万事は最善などではないが、我々はたしかに自身の生を生きることができる、と。彼が言うには、我々は自分の畑を耕さなくてはならない。そしてそこに、我々は世界における何らかの幸せを見出すかもしれない。

思考を深める：空の旅

ここにも良い知らせと悪い知らせがある。

巨大な国際空港で飛行機を待ちながら、私は畏敬の念を禁じ得ない。どうすれば何百万ものホモ・サピエンスが日々空を旅し、地球を行き交うなどということが可能になるだろうか？ 100年もさかのぼれば、こんなことはまったく不可能であった。新たな「航空可動性《エアロモビリティ》」は、現代のグローバルな世界を組織するのに役立ってきた。そして私はこの社会的行為のまったくの複雑性、これらすべて――航空機の「発明」、飛行、空港、旅行――を可能ならしめる人間の創作力と創造性に思いをはせる。

旅について考えてみよう。無数の小さな個々の生活の中で、AからBへ(どこでもよいが、たとえばブエノスアイレスからカイロまで）移動するという決定がなされる。電話がかけられ、ウェブサイトが検索され、旅行業者が呼び出される。数千の業務に関わる巨大で国境を越えた予約システムが利用される。これは明らかに地球規模での人間の尽力である。予約がなされる。離発着の時刻が決まる。空港のターミナルまで向かう。順番待ち、発券、荷物預け、パスポートチェック、保安検査、搭乗、離陸、着陸。ここには、うまくいかないことがいくらでも起こりうるような、大規模で複雑な活動がある。2014年には、およそ33億人の乗客が世界を移動した。ロンドンのヒースロー空港だけでも、およそ7400万人が利用している（世界でもっとも忙しいのはアトランタ空港で、年間9600万人が利用し、僅差で北京が続く）。ここにも、驚くほど複雑なタイムテーブルが整備されており、主要な国際空港では、飛行機は数秒ごとに離発着している！　そしてこれらの場所あるいは空間は、消費の巨大な大聖堂として、単に飛び立ちたいと思うだけでなく、どういうわけかいろんな種類の高額商品をたくさん買わなくてはならなくなる、そんな場所として作られている。なぜほとんどすべての主要な空港に、キャビアやスモークサーモン、シーフードにシャンパンが饗《きょう》される魅力的なバーがあるのか、私はしばしば考えこむ（それは富裕層であることの証となる食べ物なのだろうか、などと想像するのは、私が空に飛び立つ前に一番したくないことだ）。ともあれ、そうしたバーには需要があるに違いない。空港は魅力的な研究対象だ。それは束の間のコミュニティであり、広大なショッピングモールであり、監視が組み込まれた景観であり、働くための場所である。空港には大規模な分業があり、多数の複雑な社会的接触があり、空間の社会的編成がある。理解されるべき記号の体系、なされるべき実践活動、暗黙の了解となっている構造がある。それは市場、コミュニケーション、葛藤、変化、なかんずく社会的秩序である。そしてそれに加えて、我々はあまり知らない、しかしたまに読んだりはする、空港の「下層社会」もある。そして我々はまだ飛び立ってすらいない。

ひとたび離陸すれば、また別の不思議なことが作用し始める。時速1000km近くで空を飛んで、600人を収容できる巨大な金属缶を発明するなどということを、200年前には誰が想像できただろうか? それだけではない。その中で我々には温かい食事が提供され(低コレステロールのタイ風ベジタリアン向けを私は選ぶ)、映画やゲーム、音楽をほとんど無限に選べる(数千マイルを8時間かけて旅しても、退屈するなどということは断じてない)。自動操縦、航空整備士、地上スタッフ、そしてもちろんフライトアテンダントのすべてが仕事をする。そして最後に、このことは数千の個人の生にとって、また愛する人や仕事相手に会うために世界中に張り巡らされた経路にとって、いかなる意味をもつのかと私は考える。到着ゲートで目にする顔は多くのことを教えてくれる。リチャード・カーティスの映画『ラブ・アクチュアリー』(2003年)のエンディングではヒースロー空港の到着ゲートが登場し、スクリーン上にゆっくりと花が咲くように、旅を終えた人を出迎え歓迎する数百の期待に満ちた顔が映し出される。ここにはたしかに、空港の社会的秩序をつくり、社会を機能させる生きた社会構造があり、決まったやり方で協働する数千の人々がいる。

しかし待ってほしい。あなたはすぐにこう言うだろう。ここにだってとても悪い知らせがあるんでしょう、と。たしかに、世界の人々のほとんどは、一度も飛行機や空港に近寄ったことすらない。つまり、世界には深刻な不平等がある。世界の人口のうちのわずか1%によって、80%のフライトが利用されているという推計がある。実際、現在生きている人々のうち、一度でも飛行機に乗ったことがあるのはたった5%にすぎない! さらに、空港と飛行機は動植物の生育環境を破壊し、大量の炭素を排出しており(向こう数十年のうちに、排出量は倍になる予定だ)、環境に甚大な被害をもたらす。くわえて、2001年9月11日、世界貿易センターのツインタワーとペンタゴンへの攻撃(4機の飛行機が衝突し、およそ3000人の犠牲者が出て、ジハードに殉じた19人のハイジャック犯も死んだ)以降、空港は恐怖と疑心、監視と危険にみちた場所となった。私の友人にも、警備によって旅が台無しになるという理由でいまでも飛行機に乗るのを嫌がっている人は多い。空港はいまや、あくどい商業主義(飛行機にたどり着くまでに、ショッピングモールを延々と歩かなければならない)と監視（いつでも見られている）、無作法（人々が傍若無人に振る舞う）が同時に起こる、驚くべき施設となっているのである。社会学者は、いかにして空港がきわめて不愉快な、非人間的な生活の密集地点と化したかを記録してきた。

より詳しくは、ジョン・アーリの『モビリティーズ』（Urry, 2007 = 2015: 第7章）、ハーヴェイ・モロッチの『セキュリティへの抵抗（*Against Security*）』（Molotch, 2012: 第2章）、レイチェル・ホールの『透明な旅人（*The Transparent Traveler*）』（Hall, 2015）を参照のこと。

例はもうひとつあれば十分に違いない。こちらはより一般的な例だ。社会学者は世界中の恐ろしい物事を見て回り、書きとめるけれども、私は長いこと、文学と人生に登場する人々が、自身の小さな社会的世界をこしらえ、日常生活をいとなむ無数の些細なやり方に感銘を受けてきた。それは他人を不快にさせたり混乱させたりはせず、多くのばあい隣人と友人に親切にしながら、そうできるところではどこでも行われているものだ。もちろん、いざこざはあるし、ろくでもない隣人がいることも我々は知っている。コミュニティが衰退しているという社会学者もいる。しかし、人間的なケアと親切、他者への感受性のある小さな世界もまた、どこにでもあるものだ。素晴らしい文学に目を向けてみれば、たしかに悲劇や劇的な事件、憎悪や嫉妬を見出すことはできよう。けれども、普通の人々が普通の人生を送ることへの祝福もあちらこちらに見つけることができる。19世紀に書かれたジョージ・エリオットの小説『ミドルマーチ』(Eliot, 1874=2019, 2020)が素晴らしい例だ。世界最高の小説の一つと一般に考えられているこの作品は、産業化が19世紀の小さなコミュニティにもたらした変化の物語である。読者の予想にたがわず、そこには階層と性による分断があますところなく描かれる。しかし、それは人生を前向きに歩み、ときに他人に配慮し、また利他的に振る舞う、そうした日常の中の勇敢さ、そしてそうした勇敢さが生み出す、ささやかな欠点についての物語でもある。どこであれ、日常生活はこのように社会的に組み上げられているわけだが、それはじつに驚くべきことである。だからこそ、社会学者は日常生活の中のちょっとした行為、いかに人々が互いを気づかい合うのか、さらにいえば、いかに愛し合うのかについても研究する。つまり、遊びの社会学や愛の社会学、幸福の社会学があり、日常生活の社会学、ケアの社会学、利他性の社会学も存在するのだ。

あらゆるどうでもいいものの社会学

結局のところ、社会学はありとあらゆるものを——壮大なことから些末なことまで——研究できるように見える。社会学は伝統的に、それらを宗教や教育、経済といった一連の重要な制度を通じて研究してきた。どれでもいいから大学生向けの社会学の教科書を見てみれば(これはある研究分野で何が常識とされているかについての感触を得るための良い方法だ）、家族、政府、職場といった社会的な事象についての章を見つけることができるだろう。しかし社会学は実のところもっと多くのものを研究している。その射程は社会生活の全体に及ぶのだ。人間がなすことのすべてが社会的な事象を含むのだから、ありとあらゆるものが社会学的に分析されうるのだ。

このことは一面で、社会学が社会生活における重大な問題――テロリズム、環境破壊、新しいデジタル技術、薬物売買、移民――全般について、筋道を立てて研究することを意味する。しかし他方で、社会学者がまさしく何にでも、日常生活の些細なことも含めてすべてに関心を向けるということをも意味する。トピックを思いつくままアルファベット順に列挙してみよう。年齢《エイジ》の社会学、瓶詰《ボトル》めの水の社会学、消費《コンサンプション》の社会学、薬物《ドラッグ》と逸脱《デヴィアンス》の社会学がある。教育《エデュケーション》の社会学があり、食べ物《フード》とフットボール、グローバルなもの、ホラー映画の社会学がある。社会学者はアイルランドやイタリア、ジャマイカ、ヨハネスブルグを研究する。知識《ノレッジ》、愛《ラブ》、音楽《ミュージック》、規範《ノルム》も研究対象となる。社会学者はまた、東洋的《オリエンタル》専制主義、家父長制《パトリアーキー》、クィアの政治、レイプ、自殺《スーサイド》、トランスジェンダー、上流《アッパー》階級と都市《アーバン》生活、投票《ヴォート》行動、福祉《ウエルフェア》、エクストリームスポーツ、若者《ユース》、ゼロトレランス方針について研究する。実際のところ、よもやそんなものまでと思われるものも含めて、考えうるかぎりのあらゆるどうでもいいものに対して、社会学的なアプローチが可能である。あるものが人々を社会的な協働に巻き込むとすれば、それは社会学の研究対象となる。社会的な事象があるところならどこであれ、社会学者はそれらを研究できるのだ。このことは、ときに社会学が突飛で馬鹿げた領域として嘲笑されることを意味する。それが一見するとまったく滑稽なものを研究しており、このうえなく取るに足らないものに見えてしまうからだ。私はこれ自体がきわめて浅はかな考え方だということをはっきりさせたい。社会学者はもてる想像力を駆使して、人間の生活におけるあらゆる社会的な事柄、つまりは万物を研究するのである。

社会学はそんなに馬鹿げているか？——三つの「T」

そうした一見すると「馬鹿げている」例を手短に紹介しよう。私はそれらを三つの「T」と呼んでいる。すなわち、トマトの社会学、トイレの社会学、そして電話の社会学である。「トマト、トイレ、テレフォン」問題というわけだ！あなたは笑うかもしれないし、一目見てまさに社会学が悪評の的になる典型例がここにあるという人もいるかもしれない。トマトの社会学に、トイレの社会学なんて、どこまで本気なのかね、この著者は！でも落ち着いて考えてほしい。これは大事なことなのだ。

トマトの社会学とは何ぞや？私には、もう長いことトマトの社会学を専門にしている仲間がいる。彼は教授であり、一流大学で研究所を運営している。とても真面目な男で、トマトについて語らせたら止まらなくなることは間違いない。なぜか？彼は原始のアステカ族によるサルサから、有名なハインツのケチャップボトル、はたまた最新流行のピザやブラッディメアリーのカクテルにいたるまで、トマトの歴史をたどることができる。彼は、トマトが生産され、交換され、消費されるなかでどのように絶えず変化してきたのかを示すことができる。彼は現代の資本主義社会におけるトマトの役割を注視し、「それ」がいかに大量生産における初期の草分け的存在であり、グローバルな食文化を創り出すにあたっての現代の立役者であったかを説明できる。今日では、このテーマはますます面白くなっている。なぜなら、スーパーで見かけるトマトの種類は、かつてないほど幅広い品揃えではあるが、さらなる標準化もまた進んでいるからだ。このような標準化と多様性がなぜ同時に、そして多くの場合、近所の街角で進行するのか？ 資本主義はいかにしてトマトなるものを作り上げたのか？ いかに世界は変化してきたのか。今度スーパーに行ったときに、トマトが置いてあるところに行って見てみるといい。トマトがそこに置かれるにいたるまでの、人々のつながりとは何か？ なぜトマトはそのような形をしているのか？ 誰がトマトを買い、そこから儲けを得ているのは誰か？ 資本主義のもとでのグローバルな経済システムの歴史的性質について議論しないことには、これらの問いには答えられない。しかもその先に、遺伝子操作と環境問題についての議論が待ち構えている。

よろしい、ではトイレは？ トイレの社会学とは何ぞや？ そう、私にはまた別の仲間、ハーヴェイ・モロッチがいる。彼は私の親友でもあるのだが、「都市社会学」の世界的リーダーだ。彼が近年取り組んでいる研究対象は、彼の言を借りれば「物体」である。トースターから椅子にいたるまで、我々が日々使っている社会的なモノを見わたし、その社会的な歴史（それはどこから来たのか）、その社会的な現れ方（なぜそれらはそうした見た目なのか）、そしてそれらが日々の生活の中でどのように使われているかを問いかける。我々の世界にはモノがあふれている。コンピュータやペン、本に携帯電話というように、いまあなたの身の回りにあるものの一覧を作るのはたやすい。それらはすべて社会的なモノで、それらのすべてに社会学があるのだ。数年前、彼はトイレに興味をもっていた（冗談めかして、彼と彼の研究仲間はそれを「クソ研究」と呼んでいた）。まさか本気じゃないだろうな？ トイレの社会学だって？ クソ研究？ 何度も繰り返して悪いのだが、落ち着いて考えてみよう。

トイレは広範な論点のスペクトラムを提示する。前世紀をかけて、トイレは我々の現代的な世界にとって欠かせないものとなった（使ったことのない読者はいるか？）。しかし水洗トイレ（WC）は近代化のアイコンであり、豊かさの証として世界的に認識されている。世界で推計25億の人々は、簡易トイレですら使ったことがないからだ！ 10億人の人々が野原に、ぬかるみや森や茂みに「屋外排泄」をせざるをえない。悪臭や景観の悪さだけでなく健康への影響も考えてみよう。衛生状態の悪さは病気の温床となる。衛生状態を社会的に再編成すれば、社会の匂いや景観、健康状態を変えることができる。そう、トイレの社会学は健康と近代という重大な問題を提起するのだ。19世紀における衛生状態の変化は、いかに健康と死亡率の変化にとって——また今日の社会的な格差にとって——決定的な要素であったか？　この世界で誰が「まともな」トイレを、はては豪華なトイレを使えるのか？　そして貧しい人々がしばしばぎょっとするような衛生状態の中で過ごしているのはどうしてか？

ただ、ここでは日常のもっとありふれた水準で考えよう。トイレでの自分や他者の行動を一週間ほど観察してみよう。あなたの振る舞いを方向づける暗黙の、また公然の社会的ルールを、あるいはあなたが作ったちょっとした社会的儀礼を探してみよう。いずれも社会学者によって研究されてきたもので、そこでは我々の日常生活が、ほとんど意識されないルールや儀礼の洗練された体系によって統御されるそのやり方が示されている。女子トイレの前によくできる長い行列について考えてみよう。男女の差について一般的に考えてみよう。たとえば、男性はトイレで話すことはめったにしないが、女性はよくそうしている。身だしなみの整え方や身体の構成要素について考えてみよう。YouTubeで公開されているパロミタ・ヴォラのドキュメンタリー映画、『Q2P』（2006年）を観てほしい。ムンバイで撮影されたそれは、小用を足すのに列に並ばなければならない人々を映し、トイレを通じて明らかとなるジェンダーと階層の不平等を描いている。社会学者もまた、いわゆる逸脱、すなわちルールを踏み外した行動を調査することがある。注目に値する社会学の古典的かつ論争的な研究、『ティールーム・トレード（*Tearoom Trade*）』（Humphreys, 1975）において、社会学者のロード・ハンフリーズ（１９３０〜１９８８）は、異性愛男性［として表向きは暮らしている人々］が、同性パートナーを見つけるためにどのようにトイレを利用しているか、その際いかにして、トイレの一般利用者にそこが同性愛行為の現場であることを気づかれないようにするかを明らかにした。トイレについて社会学的に語るべきことはたくさんあるのだ。

最後に、電話の社会学について考えてみよう。電話の社会学とは何ぞや？　おそらく電話以上に普通の人々の日常生活を革命的に変化させた通信手段はないだろう。電話は１８７６年頃に発明され、数千人のエリートのための道具から徐々に普及し、社会階層と世界にまたがる広範な通信手段となった（ハーバート・カッソンの『電話の歴史（*History of the Telephone*）』（Casson, 1910）は１９１０年に出版された古典で、最初期の35年を扱っている。以来多くの歴史書が存在している）。持ち運べる電話は１９８０年代に生まれ、１９９０年代には一般的になった。スマートフォンは２０００年代に、iPhone は２００７年に発表された。それらはどこでも見かけるほどに普及した。２０１４年には、45億５０００万人が世界中で携帯電話を使っており、イギリスに限れば、２０１４年には93％が携帯電話を所有し、成人の61％がスマートフォンを所有している（http://media.ofcom.org.uk/facts を見よ）。たった数十年で、携帯電話は世界のどこであれ現代生活にとっての必需品となった。

このことはなにを意味するだろうか。人間の歴史の大半で、コミュニケーションとは直接対面してのやりとりであった。しかし電話を皮切りに、人間のかかわりはますます技術に媒介されるものとなり、誰と、いつ、どこで話せるかが変わっていった。とはいえスマートフォンや携帯電話が日常生活にもたらした変化は革命的である。それらによって、21世紀に我々は新しい問題に直面することになる。たとえば、空間が再編成され、友人関係はいまや易々と国境や海を越える。時間は変容し、携帯電話によって、多くの「絶え間ない連絡」が即座に可能になった。情報は膨大で、すぐに入手でき、どこにでもあるものになった。自己は、たとえば「自撮り」を通じて、今までとは異なる新しいかたちで呈示される。Skypeを使えば話し相手を見ることもできるから、視覚も変わる。新しいかたちのメールや文字が登場して、言語も変わっていく。公私の境界も再編成され、かつては私的だったものが続々と公開され、可視化される。電話へのアクセスをめぐる新たな階層性が現れることで、格差が先鋭化する。世界のどこでもこれらすべてを利用できる人々と、そうでない人々がいるということだ。規制（これらの新しいコミュニケーションを国家はどのようにコントロールするか）と監視（何が起きているのかを国家はどのようにモニタリングするか）という新しいグローバルな問題が引き起こされる。お分かりの通り、「電話」をめぐって分析すべきことはたくさんあり、実際、社会学者は多くのことを書いてきた。変化は続いている。我々はいまや「モノのインターネット」、「ビッグデータ」、そして人工知能の世界という領野にたどりついた。これらについては、本書の中であらためて取り上げることになるだろう。

要約

社会学は社会を体系的に、懐疑的に、そして批判的に考えるための想像力を涵養するものだ。社会学は人間が作り出す社会的世界と、そこに現れる苦しみや喜びを探究し、個人の生と公的な生を橋渡しする。社会学は大きなもの（戦争、移民、貧困）から小さなもの（トマト、トイレ、電話）までなんでも研究し、批判することと称賛することのどちらもできる。社会学は、我々が決して自分で作ったわけではない世界に生まれるのだとしても、その世界で行為し、それを変えられるという発想を決して手放さない。社会学はアウトサイダーの立場をとる。ひとたび社会学と遭遇すれば、次の瞬間から、世界の見え方はがらりと変わるだろう。

さらなる探究

考えてみよう

1　この章の冒頭にある「目覚めとしての社会学」（23〜27頁）のボックス記事に関連

づけながら、自分自身の思い込みを点検することによって、社会学的想像力の強化に着手しよう。しばらくのあいだだけでも、自分の思い込みに含まれる信念を保留できるかどうか考えてみよう。

2 社会学の「基礎」をいくらか明確につかむための手はじめに、社会学についてのブログや日記、Facebookを書き、他の人々とシェアしてみてはどうだろうか。この章で扱ったトマトやトイレ、電話といった例にならい、社会生活の中で関心のある領域をいくつか思い浮かべてみよう（たとえば六つの「D」――ダンス、ドレス、犬《ドッグ》、民主主義《デモクラシー》、ドラッグ、飲酒《ドリンク》！）。そしてそれらについての社会学的な分析を自分でもやってみるとよい。この本を読み終えるまでに、あなたは社会学的な思考に乗り出しているはずだ。そしてあなたにとって最初の、小さいけれども社会学的な研究を生み出していることだろう。

3 本書を1章読むごとに、観察する事例を増やしてみて、関連する物事の相互のつながりやキーワードの小さなコレクションを作ってみよう。文章の中で**太字**になっている言葉は巻末の用語解説にまとめられている。それらは理解しておいてほしいキーワードなので留意されたい。キーワードを集めた自分用の用語解説を自分のブログに作ってみてもよい。

〔読書案内〕

チャールズ・ライト・ミルズの『社会学的想像力』(Mills, 1959 = 2017)は、これまで数世代にもわたって刺激を与え続けている。このほか、古典的で「簡潔な」社会学の導入としては、ピーター・バーガーの『社会学への招待』(Berger, 1966 = 2017)、ノルベルト・エリアスの『社会学とは何か』(Elias, 1978 = 1994)、ジグムント・バウマンの『社会学の考え方』(Bauman, 2001 = 2016、第2版はティム・メイとの共著)がある。バーガーの本は1960年代に私が社会学を志すきっかけとなった本だが、『退屈させずに世界を説明する方法』(Berger, 2011 = 2015)では、社会学にまつわる彼の個人的な逸話がたいへん読みやすく語られている。重要な導入的テキストを追加するならば、ベン・アッガーの『実質的な自己』(*The Virtual Self*)』(Agger, 2004)、リチャード・ジェンキンスの『社会学の基礎(*Foundations of Sociology*)』(Jenkins, 2002)、チャールズ・レマートの『社会的事象(*Social Things*)第5版』(Lemert, 2011)がある。ある学問領域でカバーされる話題の幅を理解したり、その領域に親しんだりするには、教科書を読むのも良い方法であることが多い。数あるテキストから、アンソニー・ギデンズとフィリップ・サットンの『社会学(*Sociology*)第7版』(Giddens and Sutton, 2013)、ロビン・コーエンとポール・ケネディの『グローバル社会学(*Global Sociology*)第3版』(Cohen and Kennedy, 2013)ジェームズ・ファルチャーとジョン・スコットの『社会学(*Sociology*)』(Fulcher and Scott, 2011)、そして手前味噌だがジョン・メイシオニスとケン・プラマーの『社会学(*Sociology*)第5版』(Macionis and Plummer, 2012)を挙げておく。ダニエル・ネーリングの『社会学(*Sociology*)』(Nehring, 2013)には、明快な解説をともなった有用な文献リストが付いている。トマトについてはマーク・ハーヴェイほかの『トマトの探究(*Exploring the Tomato*)』(Harvey et al., 2002)を参照。トイレについての近年の社会学として、ダラ・ブルーメンソールの『結び目をほどく狭くて巨大な個室(*Little Vast Rooms of Undoing*)』(Blumenthal, 2014)がある。電話については、リッチ・リングの『新たな技術、新たなつながり(*New Tech, New Ties*)』(Ling, 2008)、ナンシー・ベイムの『デジタル時代の個人のつながり(*Personal Connections in the Digital Age*)』(Baym, 2015)、ベン・アッガーの『過剰共有(*Oversharing*)』(Agger, 2015)を参照。

第2章 理論——社会的なるものを思考する

社会は単なる個人の総和であることをやめ、諸個人の結合によって形作られた、それ固有の性質をそなえた独特の実在性を示す体系になる……。集団は、その成員がもしそれぞれ孤立していたならそうするであろう仕方とはまったく異なる仕方で、考え、感じ、行為する。

エミール・デュルケム『社会学的方法の規準』
(Durkheim, 1895 = 2018:182)

それでは「社会的なるもの」と呼ばれ、社会学者が研究の対象とするこのものは、いったい何なのか、そしてまたそれはどのように分析されるのだろうか。これこそ、鍵となる出発点である。多くの人は、好んで人間の生活を生物学的、個人的、経済的あるいは宗教的なものと見るところから出発するが、社会学者にとって、出発点は社会的なるものと結びついていなければならない。なぜなら、それが「学をなすもの（ology）」だからである。この社会的なるものは、複合的な意味を伴う難解な観念である。50年ほど前、快活なゲイの若者であった私が社会的なるものの研究に着手したとき、それと強く結びついた三つの単語をナイーブに理解していた。社交、ソーシャルワークそして社会主義の三つである。当時、私はこれら三つすべてを好ましいと感じ、すばらしい研究対象に違いないと考えた！　しかし、困ったことに実際はそれをはるかに超えるということにすぐに私は気づいた。この章では、社会的なるものという観念を解明することから出発し、社会学者が社会について考えるさまざまな方法について少し思考をめぐらせてみよう。

社会的なるものとは何か

私が明らかにしたいのは、次の事柄である。すなわち、社会学がもっとも成果をあげるのは生活がもつある独自のリアリティを研究するときだ、ということである。「社会的なるもの」も「社会」も、ともにラテン語のソキウス（socius）に由来しており、元来、自発的な仲間との交際や友情関係を意味した。「社会的なるもの」に関するさまざまな観念が19世紀に発展し、よりいっそう強く、人間の経験を媒介する人間の結社や共同体という集団（cluster）、すなわち家族、村落、教区、町、自発的結社、階級を意味するようになった。それらはしばしば（親睦のための団体、セルフヘルプグループ、労働組合の場合のように）、親善を目的として集まった人々の結社を指していた。このとき以来、「社会」という観念は、社会学者にとって非常に重要な概念へと発展していった。社会学者が自分たちの研究対象に据えるとともにその存在が強調され、ときに構築されさえした。社会的なるものは、国家の諸機構の外部にある結社（現在ではしばしば「市民社会」と呼ばれるもの）の中でともに働く人々を指し示す観念を包摂するようになってきた。近年では、社会という観念それ自体が問われるべき対象となり、再び論争の的になっている。この章では、こうした社会についてのいくつかの観念を取り上げていきたい。

社会学と他の研究領域との接合をはかる：複合領域性

社会学は、幅広い領域をなす人間科学、社会科学の一部を構成する。社会学が独自に力点を置くのは社会的なるものであり、本書の仕事はそれが意味するところを明らかにすることにある。しかし、社会学は他の学問の思考様式と切り離されるべきではない。社会学は、あくまで我々の世界を理解したいと願う「多数の学問領域からなる」より広範囲のプロジェクトの一部をなしており、他の領域から集まり来ては同時にそうした領域への貢献も果たす。必ず接触が必要とされているのは、人類学、犯罪学、経済学、人文学、歴史、哲学、心理学その他の領域である。

そこで人類学者のまなざしが必要とされるのは、さまざまな社会が複雑な意味の網の目を特徴的な文化やシンボルへと進化させるにつれ、そうした社会が互いに異なった存在となったり、反対に類似した存在となったりする過程を知る必要があるからである。また現代の金融やグローバル資本主義の働きの心臓部、そしてその特徴的な経済システムへと到達する経済学者の批判的な分析も必要である。我々がどこからやって来たのかを感知する歴史学者の感性も必要となる。そして、すべての考察の対象が過去から進化し、発生しているということを認識する。つまり、いったいこの「社会的な事象」はどのような経緯で出現したのか、と問うのである。さらに心理学とのつながりをもち、「内面生活」の力学がより広い世界とどのように接続しているのかを把握しなければならない。また、哲学者の精神も必要となる。それによって、知識の意味をめぐる深遠な問題を扱い（認識論）、人間の社会的生活の性質を論じ（存在論）、我々の存在の究極的な価値をも議論の対象とする（倫理学）。わずかであれ、芸術家的なものも求められる。人間が種々多様な日々の創造的能力や活動にとりかかるとき、人間というユニークな存在がもつ複雑さや想像力を垣間見るためにである。書物や文学作品を読み、我々の生活の地平を拡大しなければならない。なるほど、こうした注文に答えるのは敷居が高く、どんな専門分野（あるいは一人の人間）でも絶対に実現不可能である。しかし、一歩一歩前進し、一人一人が少しずつ加わることで、ともに成し遂げられていく。社会学が真実、最大の能力を発揮するのは、これらの他の専門領域とその仕事に真摯に向き合い、より深い理解に到達したときである。

一つの例を挙げよう。教育の研究をしたいと思ったとする。社会学者なら、学校の中の文化という「ミクロ」な問題だけでなく、学校がより広い社会やさまざまな不平等とどのように結びついているかという「マクロ」な問題を問おうとする。人類学者は、世界中の異なる種類の社会で教育がどのようなあり方をし、機能するのかを明らかにしようとする。また犯罪学者は、学校や大学にある「問題含みの文化」に対して問いを発し、経済学者は需要と供給の関係、教育に振り向けられた予算の効果を見ようとし、人文学者は想像力と洞察力を与えるために、学校、大学、教師、学生を描いた映画、芸術、小説に我々の眼を向けさせようとする。歴史学者は、歳月を重ねるなかで教育システムがどのように発展してきたかを探究しようとする。哲学者は、我々の関心を教育の目的と意味に向けさせようとする。その一方で、心理学者は子どもと青年の発達に我々を導こうとする。より深い理解というものは、社会学もその不可欠な構成要素の一つであるさまざまな専門領域の間に橋を架けることによって得られるのである。

社会的事実／何かにいっしょに取り組むこと

簡単に言うと、社会学者にとって「社会的なるもの」には二つの意味がある。すなわち、「社会的なるもの」とはそれ自身（独自性）に立脚し、独立性をもって生じてきた現実を描き出すか、あるいは人々の間の相互行為やコミュニケーションという現実を描き出すか、である。

社会的なるものはそれ自身の生命をもつという見方は、高名なフランス人の社会学の創始者、エミール・デュルケム（1858〜1917）によって提唱されたことでよく知られている。デュルケムにとって、社会とは独特な形で集合的現実としていかなる個人の上にもそびえ立つものである。ある意味、それは群衆のように作用する。言い換えれば、社会はそれ自身の生命をもつようになり、その社会を通して我々に一定の仕方でふるまうように強制するのである。社会学者はしたがって、この社会的なるものを個人の外部に存在し、我々に拘束を加える事実として研究する（デュルケムがこうしたものを「社会的事実」[1]と呼んだのは有名である）。今日では、社会的事実はグローバル化しデジタル化している。

同じく初期の影響力ある別の社会学者、ゲオルク・ジンメル（1858〜1918）は、これとは対照的に別の見方をもっていた。すなわち、彼は社会的なるものをさまざまな関係や相互行為の具体化と見ていたのである。彼は次のように主張した。「社会は単なる現実的な実在である諸個人の布置連関にすぎない」と。ジンメルにとって、同じ種に属する他者とコミュニケーションすることが、明確な生の**社会化の形式**となった（人間という種は、ひょっとすると非社会的でありえたかもしれない）。社会的なるものとは人間の相互行為であり、社会学の中核にあるのもこの相互行為の研究なのである。初期段階の社会学を牽引したマックス・ウェーバー（1864〜1920）は、次のような問いを発した。我々は「どのようにして他者の行動を考慮する」ようになるのだろうか、と。比較的最近の重要な社会学者、ハワード・S・ベッカー（1928〜）が示唆するところによると、社会学とは人々が「何かにいっしょに取り組むこと」の研究を意味するものである。社会的なるものは一つの関係となり、我々は互いにどのように接触しているのか、その方法を問うことになる。我々はどのように他者と生活しているのか、果たして他者なくして生きていくことができるのだろうか、と問う。ここには「ロビンソン・クルーソー」のモチーフが響いている。かのダニエル・デフォーの有名な小説である（そしてこの小説の現代版

1——太字の単語は巻末の用語解説にあげ、ウェブサイト上でさらに展開している。

はデジタルネットワークと化し、ロビンソン・クルーソーもおそらく「私はセレブだ。ここから出してくれ」に登場する有名人の先駆けとなって現れる)。社会学者は次のように問う。「社会はいかにして可能か」、そして「人間はどのようにして、ともに生きていけるようになるのか」と。社会的存在は、社会的な協力や連携なくしては、生き残ることも自分たちの欲求を満たすこともできない。こうした意味において、社会的なるものは、我々が他者の心を通して生きるようになるにつれて、我々の想像力の中で命を得るのであり、それはすなわち、社会学者がときに役割取得や相互主観性と呼ぶ一つのプロセスなのである。ではいったい、それはどのようにして起こるのか。

社会的なるものを身につける――社会化と自己

生まれたばかりの赤ん坊は、身体的欲望で満ち溢れているが、とても人間じみた生き物である。しかし、あまり社会的な生き物とはいえない。世界中のよき親がみな知っているように、親はしばらくの間、赤ん坊の世話を焼き、その手助けをすることによって、赤ん坊を適切な社会的存在、他者に対する共感能力のある存在に育て上げる。(しばしば初期あるいは第一次的な**社会化**と呼ばれている)これらの過程は、文化や歴史をまたがると、たいへん異なったものとなる。たとえば、子どもたちは乳母やばあやに育てられたり、共同体や大家族で育てられたり、あるいはひとり親、施設、ゲイカップルなどに育てられるのである。子育ての慣習は多様性に満ちており、子どもが自らの言葉、自己の感覚そして社会的な慣習を組み立てるようになる過程を記録した研究にも、良し悪しはともかく、実にさまざまなものが存在している。明らかなのは、子どもは放置され、他人から発達上の影響を受けない状態に置かれると、かれらはまったく成長しなくなる、ということである。孤立して生活し、のちに発見された野生児に関する多くの研究が示しているのは、かれらはそののち、全く社会的存在としては生きられないということである。

社会科学の領域で巻き起こった最もよく知られた論争の一つは、いわゆる「氏と育ち」論争である。つまり、現在の自分になるのは、生まれ（遺伝子やその類のもの）によるのか、それとも教育や幅広い環境的要因によるのか、という問題である。一世紀半にも及ぶ終わりなき論争ののち、この論争は今では誤った形の議論のように思われる（たとえ多くの人が論争を引き延ばししても、である）。人間的生活を形作る上で、環境も遺伝子もともに重要な役割を果たしているからである。避けられないことではあるが、さまざまな研究者や異なる専門領域が違った側面を強調しようとしているのは事実である。しかし目下、環境と遺伝子の相互作用が決定的に重要な問題であるという点では合意に達するだろう。脳の作用とあわせて進化上の大きな前進、特定の生物学的、遺伝的な影響も必ず存在しているが、それと並んで特定の歴史的、文化的形成因も常に存在している。社会学について書かれた本書において、もっとも重要な位置を占めるのは、こうした社会的形成因である。

というのも、それらは見過ごされることが多いからである。

他者についての意識――自己と相互作用

ここで核となる着想は、人間的な自己の発達に関するものであり、心理学者のウィリアム・ジェームズ（1842～1910）、社会学者のチャールズ・ホートン・クーリー（1864～1929）、哲学者のジョージ・ハーバート・ミード（1863～1931）、そして今日、シンボリック相互作用論者として広く知られている社会学者たちによって活発に形作られてきた。そこには非常に長い知的伝統があり、共感（sympathy）、感情移入（empathy）、自己に関する検討がなされ、さらにはそうした共感、感情移入、自己がもつ特徴、源泉、さまざまな変化、そしてそれらが社会秩序を作り出し、さまざまな「人間的な性質」を首尾一貫したものとするさいに果たす役割について、考察が積み重ねられてきた。共感と感情移入は仲間感情に訴えるが、その一方で、自己は社会的行為において我々は何者かと問う。つまり、自己は真にユニークな人格と、より普遍的な社会的存在との間の必要な橋渡しをするのである。何らかの自己感覚や自己意識をもつことにより、論理性をもつ人間へと大いに進化し、さらに繁栄した社会的存在になることもできるのである。

こうした自己は、社会的に（生涯にわたって他の人々との感情移入や共感を通して）コミュニケーションをとる方法が、社会的存在の核にあるという事実を示唆している。しかし、このことをごく幼いころの経験から学びとる必要がある。それが始まるのは、赤ん坊が自分自身を取り囲んでいる（そして自らも依存している）さまざまな顔や手を認識し、その存在を特定するのと同時に、本能的な満足が支配する自分の世界を超えた何かが存在することを理解したときである。少しずつ、赤ん坊は自己本位的な欲望から出来上がった小さな鼓動する存在から、他者、そして最終的にははるかに広大な社会的世界を認識する者へと変化していく。単純にこうした自己の初期段階が姿を現すのは、子どもが他者に対して機械的に反応するときだけである。しかし、少しずつ子どもは両親の存在を認めるようになり、最後には幅広い他者の意識、つまり友人、さまざまな共同体や社会の意識を押し広げ創造するようになる。ミードは、これをさまざまな段階の移行として論じている。すなわち、模倣、他者の役割を演じる段階、ゲームを演じるために他者の意識を身に着ける段階、そして最後により大きな共同体、つまり一般化された他者という意識を形成する段階である。ミードの研究の中には、我々がどのようにして社会的な存在となるのか、その核となる力学に関する重要かつ萌芽的な説明がある。スポーツやチェスを習得するさいのアナロジーが利用できるだろう。つまり、子どもが適切にプレイするために、どのようにして他者の役割を取得することが求められているのか考えてみるとよい。また、社会生活の中の相互作用すべてが、これと類似している。他者の役割を十分に取得しそこねると、それは社会崩壊の主たる原因となる。

自己という観念は、内的本質（しばしば「主我」と呼ばれるもの）が存在していることを示唆する。それは、さまざまな期待（ときに「客我」と呼ばれるもの）からなる外的世界との継続的な対話に関係している。この対話は、我々自身や他者と絶え間なく会話を続ける過程であり、それを通して我々は自分が何者なのかを理解し、人生やさまざまな世界の意味を知ろうと格闘するのである。こうした会話は、社会的なるものやコミュニケーションの束が先行して存在することに依存する。会話を遂行するために、我々は内的な資源にたえず接続し、それとバランスをとっている。こうした内的資源を得るのは、我々自身の身体や感情（部分的には遺伝的なものである）であるが、そうした資源は、我々を囲む全領域において、身近な存在であれ遠い人物であれ、他人の中に我々が見出す存在者によって与えられる。そうした重要な存在者が、我々の人生に意味を与えることにも一役かっているのである。我々は、自己をもつとき、けっして一人ではない。つまり、我々の正体はつねに鏡の中の像のように、他の人々によって我々に映し返されるし、我々も他者の心の中に住まうようになるのである。我々は、鏡に似たコミュニケーションの網の目、シンボルや記号（記号論）の流れを編み上げている。そこで「他者」はつねに我々の次の行動を形作っていく。しかるにこの意味において、社会化は誕生から死まで継続する一生涯の過程なのである（しばしば社会学者はこのことに大人の社会化、第二次的社会化として言及する）。ここで重要なことは、我々がこうしたことを意識しないときでさえ、想像上の

図2-1　連続体としての社会的なるもの

個人／行為	自己	集団	社会	世界
主体	相互作用	組織	国家	地球
ミクロ		メゾ		マクロ

他者の思考の中に生きるようになるということであり、社会的生活とはこうした一生涯の過程によって絶え間なく形作られていることである。**自己**は反省的（reflective）でもあり反射的（reflexive）でもあり、また永続的な自己との会話の中で社会生活の意味を理解しようとするのである。

第一にこうした他者は、以下のような水準にわたるある種の連続体とみなしうる。

社会学はこれらすべてを研究する。個人や自己という最小の単位（ミクロ）から、社会や世界という最大レベルの単位（マクロ）にいたるまで、こうした社会的他者にアプローチするし、集団や組織という中範囲の単位（しばしばメゾと呼ばれている）も経由する。このことから、三つの異なる種類の社会学が存在する。**ミクロ社会学**は、社会的行為、対面的な相互作用や背景に注意を向ける。人々が生活している世界をどのように理解するのかを考察するのである。**マクロ社会学**は、さまざまな全体社会に注目し、しばしば社会構造（あるいは安定的なパタン）の諸特徴と経済や教育のような中心となる社会的諸制度（組織化された慣習）との比較を行う。**メゾ社会学**は、両者を接合するパタンに注目する。職場、学校、病院のような組織における相互作用に注意を向けるのである。

生活のどの局面も、これらの水準を通して分析することが可能である。犯罪という問題を例に挙げてみたい。ミクロレベルに目を向けてみよう。多くの犯罪は、学習された振舞いであり、主な問題関心はそこにいたるその道のりである。つまり、長く一緒に時を過ごした集団からか、あるいは犯罪の機会を提供する状況の中にいるという事実を通してか、そのいずれかから、逸脱のパタンを割り出す。状況、圧力、社会集団からの学習が、法律違反やその他の逸脱を理解する重要な鍵となっているのである。社会学者は、とくに純粋に個人的なものとして、つまり生物学的なもの（悪質な種、犯罪タイプ、犯罪の遺伝子）やパーソナリティタイプ（サイコパス、精神的に病んだ人、危険人物）として、犯罪に興味を抱いているのではない。むしろ、社会学者の関心は集団学習と逸脱的自己が獲得されるその道筋にある。社会学者はまた、相互作用のプロセス、つまり実際にある状況でどのように犯罪が発生するかに焦点を定める。ギャングのメンバーは、個別の状況でどのようにナイフを取り出すのだろうか、非行に走る若者は、社会や若者どうしをどのように見ているのだろうか、どのような状況により、人は脱税が許されると考えるようになるのか、窃盗、レイプ、殺人、飲酒運転、薬物接種、暴力といった行為を取り巻く何かがそうした行為を助長するのだが、それはいったい何なのか、そしてそうした状況の中で、人は自分たちのことをどのように認識しているのだろうか、またそうした状況はそれ自身が推移する方向性を助長するのだが、かれらはそうした状況に対し、どのような物語や言葉を与えるのだろうか、社会学者は、そうしたことを問うのである。

メゾレベルに移動してみよう。社会学者は、警察、法廷、刑務所が巨大な官僚機構としてどのように機能するかに関心をもつ。そしてそうした警察、法廷、刑務所が人々を法的に処理するやり方に興味を抱いている。より大きなマクロあるいは構造レベルでは、焦点は、犯罪がどのように正常な状態にある社会生活と結びついているか、に向けられる。明確な犯罪のパタンというものが存在し、それらはすべての社会に見出される。すぐにさまざまなパタンを調べることが可能である。犯罪統計を見てみよう。そうすれば、犯罪というものがランダムに発生しているわけではないことに気づくだろう。犯罪は通常、圧倒的に若者によって引き起こされる。しかも多くの場合、下層階級やエスニックな背景を有する人々である。しかし、なぜそうなるのか。あるいはそうした事実は、そもそも正しいのか。もしかしたら、統計調査は何か別のものを測定しているのかもしれない。こういうふうに言うこともできるだろう。そもそも統計的調査も、社会的行為それ自体なのではないだろうか、と。法の諸制度、取り締まり、刑務所について、あるいはそうした法制度、取り締まり、刑務所と類似した存在で、時間や時代を超えてさまざまな形で組織され構造化されているものについて、問いを立てることも可能である。また、それらが逆に犯罪を生み出す上で、どのような役割を果たすのか問うこともできるだろう。つまり、犯罪を抑止するかもしれないし、犯罪それ自体を作り上げているのかもしれない。さらに広い地平に目を向けると、世界規模の問題を対象とすることができる。他の社会にも目を向けてみると、異なった犯罪率の存在に気づく。伝統的なイスラム国家、日本、スイスでは犯罪率が非常に低いのはなぜだろうか、そしてそれ以外の国ではなぜ急上昇しているのだろう。密売、密輸、マネーロンダリング、麻薬取引のような犯罪がますますグローバル化した形態をもつようになるのはなぜなのか。

こうしたことから、社会学は社会的なるものすべてを調査する。それは、人々が互いに接続しあって織りなす幅広いさまざまな結びつきである。社会学が推奨するのは、我々が呼吸する空気は社会的な存在だという思考の方法である。つまり、「社会的なるもの」はあらゆるところにあまねく存在するのである。我々は、いつも他者とつながっている。それゆえ、より大きな全体はその部分よりも必ず大きい。われわれ社会学者は、こうしたさまざまな関係性の背後にあるパタンというものを調査し、文化の中で人々が自分たちの生活に与えている意味について考察する。そしてこうしたことすべてを、社会的行為の絶え間ない流れとして理解するのが一般的である。孤立した個人のようなものは存在しない。ジョン・ダンの詩に「人間は、だれも孤島ではない」と歌われ、またスティーヴン・ソンドハイムのミュージカル「イントゥ・ザ・ウッズ」でも「みんな一人じゃない」と言われている。もっとも自然なものと思われる存在、たとえば個性、身体、感情、感覚のようなものでさえ、異なった社会状況の下に置かれると大きく変化する。しかしおそらく、多くの人々が自分たちの日々の世界をいつでもこのように見ているわけではないだろう。

社会的なるもののもっとも大きなユニットは、多くの場合「社会」と見なされている。社会はすべて、古いものも新しいものも、規模の大きいものも小さいものも、生きていくための資源、つまり衣食住にその他の物品そして「資本」を整えなければならない。すべての社会は、ある水準の秩序を互いに維持する必要がある。もし、全員が「自分のこと」しかしなければ、おそらく無秩序と破壊が訪れることになるだろう。たしかなことは、さまざまなコンフリクトが処理されなければならない、ということである。さらに、自分たちの信念と互いの意思疎通の方法を整えなければならない。なぜなら、人間という動物は、他の動物から抜きん出て、洗練された言語と会話の方法を発展させてきたからである。そして最後に、人間はこうしたことを次の世代に受けわたし、社会を再生産しなければならない。さもなければ、かれらは死滅してしまうだろう。まとめると、すべての社会が必要とするのは、(a)経済、(b)政治的・法的システム、(c)文化、信念、コミュニケーション、そして(d)社会化のメカニズムである。これらは、あらゆる社会組織の礎石である。こうした問題関心が本書を貫いて繰り返し見られるだろう。

身体は社会的存在である

非常に有益な例を考えてみよう。人間の身体である。この事例が有益なのは、我々が太った個人を見たとき、それはもっとも個人的な事柄のように思えるのだが、社会学者はかれらを社会関係の内部に埋め込まれていると見るからである。我々の「社会的身体」は、人々が「いっしょに行動する」ありさまを表現している。いついかなる場所でも、身体はその深層において「社会的」なのである。身体、感情、感覚は、異なった社会状況の下に置かれると、大きくその形を変える。世界を違ったふうに理解し、身体を異なった形で経験し、社会が異なれば歩き方さえ異なってくる。身体は社会的なるものの規則のもとで変化するのである。

　身体というのは打ってつけの例である。なぜなら、身体は常識に導かれて圧倒的に生物学的で自然に属するものと考えられているからである。当然のことだが、生物学者（加えて多くの心理学者）は、適切にも脳、受け継いだ遺伝子、ホルモンの生物学的な作用に優先して焦点を定めている。かれらは、生物学的身体の進化、構造、諸機能に注目する必要がある。自明なものと見なされているのは、「自然的身体」という前提である。社会学において、どんな場合でも生物学が拒否されることはない、というのは確かなことである。事実、多くの社会学が生物学者と緊密に連携しながら研究を進めている。社会学者は「社会学」をすることもあれば、動物の社会生活に注目することもある。ときには社会生活における「自然」の役割や、自然的なものを批判的に考察することもある。しかし、こうしたことすべてにもかかわらず、社会学者は身体や生理的なもの＝生物学（biology）に注意を向けるのだが、それは人間にとって強く社会的なるものと結びついている何ものか、と見なしうる。それでは、いかなる点で身体は社会的なのだろうか。

それに対するシンプルな答えは、自分の身体になんらかの働きかけをするのは、他者という存在が、我々にとっても重要だからである。我々は、自分の身体を他者に関連づける。他者とつながりをもつと、どのように身体を動かすべきか、またどのように装飾するべきか、社会的期待というものが形成される。身体的振る舞いは、最終的にそれ自身の生命を帯びるようになる。我々に対し振る舞い方を強要するようになるのである。もっとも単純なレベルで、衣服、髪型、タトゥー、ボディピアスによって身体がどのように装飾され、提示されているのか考えてみよう。多くの人々が、どれほど自分たちの身体を気遣っていることか！ 我々は、服装を他でもない、ある特定のやり方で整えなければならない。我々をしてファッションへと駆り立てるのは、生物学＝生理的なもの（biology）ではなく、文化なのである。実際、我々は人を、その人の文化や世代と結びついている服装、ファッション、スタイルによって識別する。2016年の若者の服装は、1950年代の若者が身に着けていたものとは異なっている。モヒカン族の服装は、ヴィクトリア朝時代の家長のそれとは違っている。我々は、明らかに社会的な意味をもつ身体とともに行動しているのである。しかし、「**身体化**」「身体のプロジェクト」と呼びうるその方法は、こうしたシンプルな事例を超え出ていく。今や高度に発展した身体の社会学が存在し、その箱の中には思考をめぐらすためのいくつかの事例が入っているのである。

思考を深める：社会的な身体

身体が社会的な性質をもつ、その数々の方法について考えてみよう。そしてその具体例とは……

1 我々は、入浴したり、髪を整えたり、化粧をしたり、身の回りをきれいに保つといった幅広い行動を通して、身体を清め、清潔さを保っている。別の社会では、清潔さを維持するための違った方法が求められている。多くの場合、こうした実践には階級やジェンダーによる大きな違いが見られる。我々はここで再び、トイレの社会学に立ち戻ることになった！（42－45頁を参照せよ）。

2 我々は、医学的な処置（看護、手術、公衆衛生）や身体加工（タトゥー、整形外科、性転換手術）を通して、身体を修正し維持している。ここでも階級、ジェンダーによって大きな違いが存在している。また、業界では何百万という人々が雇用され、健康（身体）のための大きな組織を通して我々の身体に働きかけている。

3 我々は、食事療法、運動、トレーニング、そしてジム通いを通して身体を訓練し、統制している。この場合、社会学者はあらゆる種類のフィットネスの方法、医療体制、教育体制を研究する。かれらはジム、健康スパ、ウエイト・ウォッチャーズ〔ダイエット食品の販売、講習会の実施を中心とする健康増進事業を手掛ける米国の企業〕の研究に忙しい。

4 我々は、身体を異なったやり方で表象する。身体が芸術、映画、著作物、ファッションそして広告の中で描かれる描かれ方について思い起こしてみよう。

5 我々は、感覚の世界を発展させている。感覚がどのようにして社会的状況によって形作られてきたかを考えてみよう。どのように食べるか（たとえば手、箸、お皿など）と並んで、何を食べ、味わうことができるかは（たとえば蛇、カタツムリ、精液など）、集団や文化をまたぐと大きく異なってくる。それと同様に、どのように聞くのか（新しいiPadの音声は、森の小鳥のさえずりを遮断する）、見るのか（YouTubeの敏速な画像が可能にする新しい世界は、ゆっくりとした日没を眺めるのとは異なる）、そしてどのように触れるのかも（「よく接触する」文化と「触れない」文化）、集団や社会が変わると大きく異なる。事実、それぞれ個別の感覚に照準を定めた感覚の社会学が発展しつつある。

6 我々は、身体を商品化している。身体は販売するための商品と化し、それは人間まるごと売り出して奴隷にすることから、身体のパーツを販売すること、そして「セックスワーク」にまでいたる。「他人」の皮膚、骨や血液から臓器、そして遺伝物質まで、今や何でも売り出され、世界規模で行われている密売の巨大国際市場も存在している（ただし、そうした市場の流れはいつも変わらず一方向に向かっている。つまり、もっとも貧しい人々からもっとも富める人々に向かって流れているのである）。

7 我々は、身体を変容させ、拡張させている。ある意味、人間はサイボーグである。というのも、人間は部分的に動物で、また部分的に機械だからである。我々人間にとって「自然的身体」だけが残されているわけではない。その代わりに、道具、機械、時計、コンピュータを使って、自然的身体を外部に拡張している。コンピュータのキーボードは、自動制御システムの中でスクリーンを通して身体と接合しているし、神経外科の医師の手は、手術の間、光ファイバーの顕微鏡に導かれている。その場のゲームセンターにいるプレイヤーの身体は、ゲーム機に接続している。それらと同様、コンタクトレンズ、義肢から本格的な性転換手術、移植手術にいたるまで、さまざまな人工的補充物を使用することによって、我々は、身体を内部に向かっても拡張している。すでにポスト・ヒューマン、トランス・ヒューマンそしてテクノロジーからなる身体の世界に足を踏み入れているのである。

8 我々は、身体を提示し演じている。それはドラマの中、インタビューの中、そしてあらゆる種類の身体儀礼においてである。

9　我々は、セックスをする。身体を快楽や欲望の対象に振り向け、セックスをするために、さまざまな異なった意味をそこに与える。再生産から暴力まで、我々は社会的諸目的のために身体を性的に利用する。

以上の事柄すべてについて、活発で幅広い議論と事例を収録したものとして、ブライアン・S・ターナー編『ラウトリッジ版　身体研究ハンドブック（*Routledge Handbook of Body Studies*）』（Turner ed., 2012）を参照せよ。

要約すると、歴史や文化を超えて、身体はあらゆる種類の社会的な使用の対象となっている。けっして生物学的な力だけが、唯一にして単純に我々の振る舞いを規定するわけではない。集団やそれぞれの異なった文化は、自分たちの身体を違ったふうに理解する。身体は、異なる歴史を有している。いわば、身体は文字通り異なった時間の中では違ったように生きられるのである。奴隷の身体は、近代の大富豪のそれとは異なる。極貧状態にある黒人女性の身体は、マドンナやレディガガのような、世界を股にかけて豪華にセックスする巨万の富を手にしたポップスターの身体と同じではない。

ドイツ、イギリスの有名な社会学者ノルベルト・エリアス（1897〜1990）は、有意義で影響のある研究の中で、社会学と社会変動双方の研究に対して重要な貢献を行った。ヒトラーの支配するドイツからの亡命者であった彼の『文明化の過程』（原典はヨーロッパ的人間性の否定が起こった重大な年である1939年にドイツで刊行された）は、中世以来ヨーロッパの大半の地域で、どのようにして振る舞いや身体に対するよりいっそう大がかりな自己コントロールがなされるようになってきたかを示している。エリアスは、食事、睡眠、服飾、唾吐《つばは》き、性行為、排便、死の方法についての一連の研究を通して生活様式の変化の軌跡をたどったのである。

そしてその結果、中世の生活は予測不能、高度に感情的、しばしば混沌としていて野放図、身体の働きをめぐっては行動規範がほとんどなかった。身体は移ろいやすく、傷つきやすく、はかなく短命で、病、死、暴力、腐敗臭に取り囲まれていた。また、拷問や殺人にも遭遇した。しかし、宮廷社会では身体管理の礼儀作法が生み出され、排便や就寝のための場所が特定化され始めることによって、こうしたことすべてがゆっくり変わり始めたとエリアスは主張している。自己抑制は、たとえばテーブルマナーを管理する規範のような行動規範に見られるようになった。国家は、自己コントロールという文明化されたシステムとともに発展していった。このような「文明社会」には、自己規律、自己コントロール、非常に敏感な羞恥心と恥じらいがそなわっている。排便、排尿のような自然の作用は隠すよう教えられる。少しずつ、感情に左右されることが少なくなっていく。そして自己と身体を明確に分離したものと見なすようになる（社会学におけるエリアスの後継者たちがたくさん存在しており、かれらの主張するところでは、近年、身体の上により進んだ変化が生じているということである。今日、身体は脱形式化している。すなわち、我々が身体にアプローチするにあたって、気軽で自由な振る舞いが多くなされている）。身体の変化は、社会の変化と歩みをともにしているのである。

■社会的なるものを理解する
――我々の生活が依拠する社会的なるもののメタファー

エリアスの研究は、社会生活について詳細に記述することから、社会構造や社会過程をより幅広く理解することへと変化していった。すべての社会学は、遅かれ早かれ、社会学の理論という論点を浮上させる。その社会学理論の中心的な仕事は、どのようにすればもっとも適切に社会的なるものの広範囲に及ぶ諸作用を理解し、説明することができるのかを熟考することである。つまり、我々がどのように「社会的事実によって強制され」たり、「物事をいっしょに行ったりする」のか、その様子を理解・説明する方法を深く考察することである。たくさんの社会学理論の入門書が存在しているが、紙幅に限りがある本書の目的は、けっしてそれらを繰り返すことではない（いくつかの入門書については本章の末尾で紹介する）。本書は、二、三の比喩的な表現に対する理解力を養っていくための案内であり、そうした比喩的表現が社会的なるものへより幅広くつながりを得る手助けをしてくれるだろう（表2-1はもう少したくさんの比喩的表現を要約して示している）。

一般的に、主要な社会理論の背後には、比喩的表現（修辞や比喩）あるいは社会的世界に対する見方というものが存在している。これらは「社会的なるもの」がまさにどのように機能しているかを説明する方法を示唆したり、新しい観点から社会的世界を理解するための視点を提供する。それぞれの比喩的表現は一つの見方を提示するが、同時にものを見ない見方というものはすべて、必然的にものを見ない見方でもある。多くの場合、言語の限界が視界の限界でもある。それらは相互に排他的ではなく、しばしばまじりあっているが、私はここで、読者がそうしたものに対して敏感になれるぴったりの例を挙げてみたいと思う。ここで示すいくつかの異なった言語を通して周囲の世界を二、三時間眺めてみると、「社会学的に考え」始めている自分に気づくかもしれない。

社会的なるものとは絆である——共同体と相互に接続しあうことの比喩

社会的なるものは、直接的には連帯や人と人との相互のつながり、つまり他者につながる絆を意味している。我々社会学者は誰が誰と、どのように、どこで、いつ、つながるのかを問う。また、絆を形成しないということは、いったい何を意味するのかを問う。ここで、哲学的に「社会契約論」と呼ばれるものとの強い歴史的な関連を見出すことができる。つまり、社会の構成員の間で結ばれる協定が、社会をうまく機能させる上で役に立つとい

表2-1　我々の生活が依拠する社会的なもののメタファー：社会学的に考えはじめる出発点となるイメージ

社会的なもの及び社会をどのようなものとして考えるか：	注目するべき理論と用語／概念として：
1．さまざまな結びつきの方法：社会的な絆，所属，そしてコミュニティ，連帯，一体感の創造として〔社会を考える〕．	**機能主義**；コミュニティ研究；（ある種の）ネットワーク理論；社会的紐帯；制度；愛着；**アノミー**による崩壊，社会解体．（本章で紹介．）
2．構造：パタンや組織化としての構造，つまり有機体，機械あるいはシステムのようなものとして〔社会を考える〕．	**構造主義**；機能主義；進化理論；いくつかのマルクス主義理論；システム理論；サイバネティックス。（本章で紹介．）
3．コンフリクト：戦争，闘争，緊張，分裂，強制，権力として〔社会を考える〕．	**コンフリクト理論**；マルクス主義；不平等；**フェミニズム**；**エスニシティ**；**クィア**；**ポスト・ロニアリズム**；**批判理論**．（本章で紹介．）
4．ドラマ：劇場的なもの，パーフォーマンス，脚本として〔社会を考える〕．	**役割理論**；**ドラマトゥルギー**；パーフォーマンス理論；アイデンティティ理論．（本章で紹介）
5．言語：言説，記号，発話，会話として〔社会を考える〕．	**記号論**；**エスノメソドロジー**；会話分析；言説理論；**ナラティヴ・ソシオロジー**；**対話理論**（本章で紹介）
6．意味：文化，自己，行為として〔社会を考える〕．	**解釈学的**社会学；**シンボリック相互作用**；現象学的社会学；**社会構築主義**；解釈的社会学；**ハビトゥス**；文化理論．（本章及び第5章で紹介）
7．合理性：合理的選択，功利主義的行為として〔社会を考える〕．	**合理的選択理論**；交換理論；ゲーム理論；戦略理論．功利主義理論や**新自由主義**経済理論と結びついたもの．（本章で紹介）
8．相互作用：創発性，諸関係，自己，他者として〔社会を考える〕．	相互作用主義；形式社会学；相関主義；ネットワーク；儀式の連鎖．（本章の冒頭を参照のこと）
9．無意識的なもの：覆われ，隠され，抑圧された意味として〔社会を考える〕．	精神分析；深層心理学；フロイト；トラウマ理論；ジェンダー；抑圧．（本章で紹介）

10.	数多性：多元的なもの，複雑性，フロー，ネットワーク，コスモポリタニズム，カオスとして〔社会を考える〕	関係性；ネットワーク；リゾーム；移動；アッサンブラージュ；マトリックス；回路；複雑性；ホログラム；液状；弾力性；複合社会；**ポストモダニズム**．（本章で紹介）
11.	世界の相互連結性：国際的なもの，トランスナショナルなものとして〔社会を考える〕	**グローバリゼーション**；世界システム論；ポスト・コロニアリズム；トランスナショナル理論．（第3章を参照のこと）

うのである。こうした社会的な絆が、家族、コミュニティ、ギャング、友人関係、そしてあらゆる種類の市民的な団体（合唱団、さまざまなチーム、宗教団体、スポーツ愛好会、職場の組合）の中で非常に活発に機能しているのが見て取れ、社会学者は紐帯、つながり、集団への所属、そして人間が互いに作り上げる仲間関係について説明しようとする。多くの場合、社会的絆は、経済的な土台を有している。共通の職場、共通の消費などである。他方で絆は必ず、ある種の規範的な絆の存在を示唆している。つまり、人々は経済的状況と**規範**とを共有しているのである。社会学の大部分は、こうしたさまざまな絆を異なった種類の集団や組織の中に見出し、我々がどのようにものごとをともにしようとするのかに注目する。

　こうした比喩的表現に取り組む社会学者たちの関心の一つが、いわゆるコミュニティの衰退、すなわち**アノミー**であり、近代世界における社会的絆の解体である。ロバート・D・パットナムの影響力ある著作『孤独なボウリング』は、こうした流れを引き継ぐものである。パットナムは、1960年以来、合衆国の人々が市民生活から撤退してきたことを示唆している。社会的絆が解体し、それとともに信頼も衰退したというのである。この本のタイトルがすべてを語っている。かつて人々はともにボウリングに出かけ、同じグループの一員であったが、今では一人でボウリングをするようになった。ここにコミュニティの衰退、家族の解体、そして崩壊した社会を見て取ることができる。しかし同時に、これは真実ではないと述べる者もいる。実際に起こっているのは、さまざまな絆の作り直しだというのである。現在の家族は、過去の家族とは違っている。家族は依然として結合を維持しているが、現在ではその方法は違っている。家族は規模が小さくなり、より緊密になり、そしてその絆はよりいっそう強くなったかもしれない。携帯電話のことを思い起こしてみよう。さまざま関係を破壊するどころか、携帯電話によって家族は一日24時間ネットワークに接続されている。インターネットと携帯電話によるコミュニケーションは、新しい「ネットワーク」、より広いグローバルなつながり、絆の拡張を促進した。同様に、個別具体的な場所に根差した（しばしば人の手で支えられた）コミュニティが解体し、衰退してしまった一方、いたるところで新しいコミュニティが姿を現した。それらは社会運動、利害関係、そして言うまでもなくインターネット上のネットワークによって生み出された。形を変えても、我々は絆というものを依然として必要としているのである。

社会関係資本という考え方は、社会的なつながりを通して、人生がどのように体系化されていくかに光を当てる。社会関係資本を所有するということは、その人物が十分ネットワークの中に組み込まれていることを意味する。このことは、たんに絆が他者たちを通して生み出されるということを意味するだけでなく、これらの絆が人生において価値ある資産として役立つことを示唆している。絆は、ただ結合と一体感をもたらしてくれるだけでなく、互いから相互利益を得られるようにする。「資本」という言葉は、伝統的に経済の用語であるが、「社会」を強調することで、ネットワークや互いに知り合いであることを通してさまざまな資源が人々にもたらされる、という事実に目を向けさせるのである。人は、子宮《ウーム》から墓場《トゥーム》まで自分のことを気にかけねばならない。そして、よいつながりは一部の人には、それ以外の人々よりもより多くの成功をもたらす。特権的な地位にある人は、他の特権的な地位にある人々とのつながりによって、自分自身の特権を維持し、拡大する。つまり、種類の異なる絆が、まったく異なる種類の報酬をもたらす。それゆえたとえば、オクスブリッジ〔オックスフォード大学とケンブリッジ大学〕やアイビーリーグに進学することで、人生のためのつながりやむすびつきが整えられるのである。社会的な絆は、社会不平等（第7章も参照せよ）を生み出し拡大しながら、文字通り他人に対してある集団の利益を確保することができる。これらの主張やその重要な提唱者であるピエール・ブルデュー、ジェームズ・コールマン、ロバート・パトナムの仕事に対する導入としては、『社会関係資本』（２００８）の中のジョン・フィールドによる簡潔な説明が優れている。

社会的なるものとは構造、機能そして制度である——有機体の比喩

（長い歴史をもつ）別のイメージは、社会的なるものを機能する構造として総合的に見ることから導き出される。ここでは、社会の諸部分とその諸部分がどのように機能しているかが問われる。つまり、社会的なるものはその主要な制度や、そうした制度が問題を解決したり、社会がうまく働くよう手助けをするとき、制度が果たす役割を通して研究されるのである。表2は社会がうまく作動するもっとも基本的な方法を表している。

19世紀におけるこうした議論で非常に有名だったのは、一風変わったイギリス人で社会学の創始者でもあるハーバート・スペンサー（1820〜1903）である。スペンサーは、チャールズ・ダーウィンの著作に非常に強い影響を受け、社会というものを動物の身体のように進化の過程にあると見なした。身体が特定可能な諸構造（心臓、脳、皮膚、足、肝臓など）を有しているのと同じように、社会もまた特定できる諸構造（経済、政治システム、法システム、家族、宗教など）を有している。そして、身体がはっきりした機能を備えた諸構造（心臓は血液を送り出し、脳はさまざまな活動を調整して知能を発揮し、肝臓は血液を浄化するなど）を有するのと同様に、社会もまた、明確な機能を担う特定可能な諸構造をもっている。経済は、我々が資源を調達し環境に適応する手助けをし、政治は社会が目標を達成するのを助け、コミュニティはその多様な構成要素を社会化し、統合するのを補助する。そして、法は一つの社会を規制し統制する。そのうえまた、身体が時を

表2-2　生活上の問題とその諸制度

社会生活における諸問題：主要な問題関心	構造，制度，実践
基本的資源の獲得－食料，住宅，燃料	経済，エネルギー，仕事，消費，都市，居住
組織化－目標達成	政治組織，統治，諸機構
事態の秩序維持	法，社会化，文化
社会の再生産	家族，教育，コミュニティ
相互ケアと世界に対する配慮	市民生活，市民権，福祉
コミュニケーションの発達	言語，メディア，デジタリズム
知識の獲得と発展	科学，芸術，社会科学，教育
生命に対する精神的側面の育成	宗教，セラピー，超越性
その他、例えば身体への配慮	薬 （注：これら以外の関心事も存在し、本リストはすべてを網羅しているわけではない。）

超え、単純な有機体からもっとも複雑な有機体にいたるまで分化と適応のプロセスを通して進化するのと同様、社会も長い時間をかけて差異化と適応可能性を高めてきた。20世紀半ばの偉大な社会学理論家、タルコット・パーソンズ（1902〜1979）が、こうした考え方をさらに発展させるのに貢献した。これに関しては、わずかだが第4章で見てみることにしよう。

社会的なるものとは利害をめぐるコンフリクトである——権力、戦争そして闘争

社会的な絆、あるいは機能する有機体というイメージとは異なり、多くの人は社会的なるものを人にやさしいものとは見なしていない。社会的なるものを、異なる集団利害間の終わりなき政治的対立からなる戦争状態と見なしている。実際、まさしく社会の歴史こそ、次から次へと繰り返される忌々しい戦争の歴史と考えられてきた。古代ローマ人やギリシャ人の戦争から今日世界中で起こっている戦争にいたるまで（アフガニスタンからジンバブエまで、現在世界には40を超える危険地帯が存在している）、対立や混乱を社会的なるものの大半の本質、非常にダイナミックな本質的部分と見ることは困難ではない。結合というイメージとは対照的に、目下、我々の注意は差異に移動している。社会とは今や、対立する利害間の戦争と見なされるのである。

何人かの論者は、社会の一般的な利害、**権力**とコンフリクトの性質に焦点を当ててきた。ニッコロ・マキャヴェリ（1469～1527）は、彼が庇護を受けていたメディチ家出身の君主のために統治と戦時の戦術のガイドブックとして1513年に『君主論』を著わした。他方、トマス・ホッブズ（1588～1679）は1651年に『リヴァイアサン』を執筆したが、それは彼が市民戦争と革命をめぐる論争に没入しているさなかだった。両者はともに、人間を強力な国家を必要とする存在と見なした草創期の影響力ある政治思想家であった。マキャヴェリは、人は自分自身の裁量にゆだねられると、「恩知らずで、気まぐれで、嘘つきで、偽善者で、臆病者で、貪欲」となるだろうと主張した。ホッブズは、強大な政府が存在せず自然状態に放置されたなら、人生は「孤独で、不愉快で、残酷でそして短命に終わる」と述べた。両者は、ともに強大な政府の必要性を見出していた。

たとえ、人々が自分自身の利害が踏みにじられたとしても、社会的なるものが適切に機能するためには強力な支配者が必要であった。こうした論争は、あとに続くフランス革命やロシア革命におけるコンフリクトの只中でピークを迎え、民主主義に関して今日行われている多くの論争につながる文脈的な背景を準備したのである。

こうした社会像と強く一致する社会学者は、カール・マルクス(1818〜1883)である。読者が短い本書でつかの間に出会う社会思想家の中で、彼こそ世界に対するもっとも大きな影響力をもっていた。20世紀の多くの時期に、彼の思想は少なくとも世界の三分の一(とくにロシアとチャイナ)にあたる人々の生活を形作った。マルクスは、人々の物質的必要とかれらの労働に注目し、すべての社会の歴史は階級闘争の歴史であると述べた。人々は人間的利害を否定されていること、そして階級において搾取されていることを意識するようになると、コンフリクトを引き起こす。しかし、事態はこれ以上の広がりをもつ。階級対立と同様、多くの人々が男女二つの性の長い闘い、女性に対する暴力、人種間の残酷な対立、そして言うまでもなく、国家間の流血の戦争と暴力の存在を強調してきた。誰が支配し、どのようにして多くの人々から権力と自治を奪い取ってきたかを理解する必要がある(表2-3を参照のこと)。ジンメルのような人は、コンフリクトは人間のすべての相互作用に固有の問題で、日常生活のあらゆる場面に見出せると主張してきた。また他の人は、コンフリクトは社会が機能する上で必要なものかもしれないとさえ述べてい

表2-3　社会に普遍的に見られるコンフリクト（考え方については第5章、7章で詳しく解明）

利害をめぐるコンフリクトと権力闘争	ヒエラルキーと階層の生成
経済	階級，カースト，奴隷制，地球規模の排除
エスニシティ	人種，人種化，人種差別
ジェンダー	家父長制，ジェンダー秩序，性差別
年齢	世代とエイジング
国家と国民	植民地化，ナショナリズム，ジェノサイド
セクシュアリティ	異性愛主義とホモフォビア
健康	障害と疾病

る。しかるにコンフリクトは長い間、社会学者の関心の的であり続け、社会学者もコンフリクトの比喩的表現をたくさん提示してきた。

社会的なるものは日常の中のドラマとして説明される——ともに演じること

社会学者が社会的なるものの働きに焦点を定めたいと考える場合、つまり、社会生活が毎日どのように送られるのかについて考えたいとき、もっとも広く呼び起こされるイメージは、ドラマのそれである。社会生活は劇場である。人が自分の人生を駆け巡るとき、それは社会的役割を演じていると見なされる。あるときは役割を受け入れ、またあるときはそこから「距離」を取りながら、人は俳優となり、役を演じ、小道具を使い、演じねばならない役柄のリハーサルをする。本当の姿と、提示された見せかけとの区別に根本のところで疑問を抱くと、アイデンティティは仮面となる。そうした観点から思考する重要な社会学者がアーヴィング・ゴフマン（１９２２～１９８２）である。彼は、もっとも影響力のある20世紀の「ミクロ社会学者」である。これまで見てきたように、ミクロ社会学は国家や経済のような規模の大きな**社会構造**にはあまり関心を向けない。その代わりに、人々が出会う範囲が狭く規模の小さな対面的な社会生活を考察する。人々はこうした対面的な出会いの中で、互いに自分たちが与えあう印象を管理し、社会は、そうした出会いにより部分的に形作られるものとして理解しうる。ゴフマンは、その方法を１９６０年代に刊行された一連の著作の中で我々に示したのである。『日常生活における自己呈示』（邦題『行為と演技――日常生活における自己呈示』）（１９５６）という興味深い名称で呼ばれる彼の最初の著作の中で、ヘブリディーズ諸島の一つの島で繰り広げられた人々の生活を観察したのち、思わず表出（give off）してしまう自分たちの印象を何とか管理しながら、社会的状況を移動しつつ、さまざまな方法で役割を演じ自らを自己呈示する人々の豊富なやり方を詳細に記録している。この著作は、ある種のマニュアルとなっている。言い換えれば、我々が日常生活の中で用いているさまざまなスキルの一種なのである。社会学のベストセラーとなった『アサイラム』（１９６１）では、病院、強制収容所、監獄、そして彼が呼ぶところの、通常の日常生活から切り離された「全制施設」に生きる人々の隠された生活を考察している。ここでもゴフマンは、人生というドラマに焦点を定めている。この『アサイラム』のケースでは、自己が極端な状況に置かれるとどのように改められるのか、また人々は自分の本性についての意識をどのように作り変えるのか、という事例を含んでいる（ゴフマンについては語るべきことがたくさんあるが、彼の研究に対する有益な入門となるのは、グレッグ・スミスの『アーヴィング・ゴフマン』（Smith, 2006））である。

しかし、こうしたドラマのイメージには新しいところはない。仮面やヴェールの後ろに隠れるというのは、古代ギリシャの演劇に見られる。こうしたことはまた、あらゆる部族社会における儀礼や儀式に広く存在している。霊的な存在や先祖とのコンタクトを実現する宗教的儀式の一部を形作っているのがこの仮面舞踏会やカーニヴァルなのである。シェイクスピアは、劇場を人生のメタファーとして用いた。たとえば、「全世界が一つの舞台、そこでは男女を問わぬ、人間はすべて役者に過ぎない。それぞれ出があり、引込みあり、しかも一人一人が生涯に色々な役を演じ分けるのだ」（『お気に召すまま』新潮文庫、福田恆存訳）。あるいはもっとドラマティックにこう述べている。「人の生涯は動きまわる影にすぎぬ。あわれな役者だ、ほんの自分の出番のときだけ、舞台の上で、みえを切ったり、喚いたり、そしてとどのつまりは消えてなくなる。白痴のおしゃべり同然、がやがやわやわや、すさまじいばかり、何の取りとめもありはせぬ。」（『マクベス』新潮文庫、福田恆存訳）。こうしたことの多くは、イタリアの劇作家ルイジ・ピランデルロによる20世紀の演劇「作者を探す六人の登場人物」にも記されている。

社会的なるものは言語である——社会的なるものの諸言説

ドラマのイメージと密接につながりがあるのは、人文学やコミュニケーション理論からも多くを借用するもう一つ別のイメージである。これは、社会は言語のように構造化されており、言説として分析することができるという考え方である。この場合、社会的なるものは発話や会話に対する統制とまったく同じ方法で、見事に均整のとれた一連の規則によって統制されている。もっとも一般的には、社会的なるものが言説と見なされ、そうした見方における主要な思想家が、フランスの観念の哲学者ミシェル・フーコーであった。彼の考え方は複雑ではあるが、非常に影響力がある。初期の主要な著作である『言葉と物』(1970[1966]) から頻繁に引用された一節において、フーコーは物を分類し定義する言説に関する記述をチャイナの百科事典から始めている。ここには、さまざまな動物の分類がある。それらは以下のようなものである。

「(a)皇帝に属するもの、(b)香の匂いを放つもの、(c)飼いならされたもの、(d)乳呑み豚、(e)人魚、(f)お話に出てくるもの、(g)放し飼いの犬、(h)この分類自体に含まれているもの、(i)気違いのように騒ぐもの、(j)算えきれぬもの、(k)駱駝の毛のごく細の毛筆で描かれたもの、(l)その他、(m)いましがた壺をこわしたもの、(n)とおくから蝿のように見えるも

表2-4　フーコーの主要著作物への導入

考察する言説	権力関係を内部に示す制度	主要な著作
犯罪学	監獄，法廷，法，政策形成，監視	『監獄の誕生』(1975)
健康	病院	『臨床医学の誕生』(1963)
精神疾患と精神医学	アサイラム，分類システム，福祉	『狂気の歴史』(1961)
性科学，心理学，社会科学	セラピー，監獄，政府による介入，法	『性の歴史』(1976)
人文学，文学，歴史	アカデミックライフ，大学	『知の考古学』(1969)
宗教，政治，教育	政府，学校	たくさんのインタビュー及びエッセイに見られる

の」(Foucault, 1970[1966]=2020: 11)

　私は今、読者にとってこの分類がまったくナンセンスであるということを強く確信しているが、実はそのことこそが重要なのである。社会というものは、こうした言語や言説のような分類の体系に依存している。言語や言説は、社会を手助けし、社会が自分自身にとって理解可能なものにする。しかし、社会はたいていの場合、自分の外部にある者に対しては理解しがたい存在である。我々が好んで考えるように、社会は超合理的なものでもなく、神から与えられた存在でもなく、自然に生まれた存在でもない。むしろ、社会は紛れもなく特殊な歴史的コンテクストと結びついている。フーコーが我々に求めたのは、こうした観念、思想、知識、そしてそれらを通して作動する制度といった、茫漠とした諸体系に注意を向けることである。

フーコーの主張するところによれば、こうした諸体系に関心を向けると、それらを組織しているのが権力であることに気づく。権力は、言語の中にあまねく存在しているのである。表2-4はフーコーの仕事の範囲を指し示している。

社会的なるものとは意味の探究である——人間の諸文化

人間の社交は、複雑なシンボルによって特徴づけられている。我々は意味を作り出し、シンボルを操る動物であり、そうして文化、歴史的記憶、アイデンティティ、会話を生み出している。意味は世代から世代へと受け継がれていく。もちろん、すべての動物はコミュニケーションを行っているが、我々が判断する限り、動物はこうした複雑に入り組んだ記号や言語体系を発達させてはいない。人間以外の動物が、これほど多くの神々を有しているだろうか、科学的な宇宙を探究するだろうか、自分史や時代史の記述を行うだろうか、芸術や音楽を育み、シェイクスピアのような悲劇を描くだろうか。人間の社会的生活は、文化的生活なのである。

ここではっきりさせておこう。人間以外の動物が、意味とはかかわりがないというのではない。あらゆる動物は、さまざまな種類のコミュニケーションを行い、また言語さえも有している。しかし我々が見る限り、ほとんどの生物は本能、つまり自らのコントロールがほとんど行き届かない生物学的なプログラミングによって導かれている。ごく少数の動物、とりわけチンパンジーやそれと同種の霊長類だけが、限定された範囲の文化に対する能力を有しているにすぎない。たとえば研究者が観察してきたのは、かれらが道具を使い、ごく単純な運用能力を子孫に伝えていることである。しかし、人間だけが意味を制作する複雑な体系を築いている。つまり、人間は複雑な文化を紡ぎ出し、自分たちと自分たちの社会に関する宗教的、哲学的、科学的な（さらには社会学的な）考え方を作り上げているのである。また、人間だけが自らのアイデンティティや人間性についての複雑な**物語**を編み上げている。そして、人間だけが歴史や自分たちの「死」やほかの時代を語り記録するための言語運用能力を育んでいる。われわれ人間は、シンボル的動物であり、物語を語る動物である。社会学は、このことを長く心にとめてきた。もし、社会学が人間に特徴的に見られる社会的なるものを理解したいと願うなら、人間のさまざまな活動がどのようにして人間的意味からなる小さな社会的世界を創り出すのか、その創造方法の性質、内容そして帰結を詳細に探究する仕事を背負うことになる。

本書は、こうした仕事に何度も立ち返るが、イギリスの文化社会学者であるレイモンド・ウィリアムズ（1921〜1988）からの短い引用についてしばらく考えてみよう。

文化とは平凡なものである。これが一番大切な事実である。あらゆる人間の社会はそれ自身の形態、目的、意味を有している。あらゆる人間の社会は、これらを制度、芸術、学識の中に表現する。社会をつくるということは、共通の意味と方向性を見出すことであり、社会の成長は経験、接触、発見の圧力のもとで活発に議論し、修正を行うことである。そして、そうしたことがらそれ自体を大地に書き込むのである。文化とは平凡なものであり、すべての社会、すべての人のこころの中に存在している。

こうした意味の世界は、多様な形で姿をあらわすが、その一つの顕著なあらわれ方は、霊的な存在の探求にある。宗教的あるいは霊的な経験は、こうした意味世界あるいは文化の極端であると同時にありふれた例を示してくれる。タヒチのブードゥー教では、ゲーデ〔死神〕が姿をあらわし、生者のからだにとりつく。インドでは、ヒンドゥーの信者はバドラー・カーリー〔ヒンドゥー教の女神〕を見出す。世界中のペンテコステ派の教会は、「異言〔聖霊の働きによって話される意味のはっきりしない言語〕を話す」ようになる。アパラチア周辺では、毒蛇を操ることで宗教的体験が可能となる。香港では先祖崇拝がなされている。宗教は、特殊な言語、驚異的なシンボル、洗練された儀式、信者や神々についてのしばしば注目に値する魅力的な物語を築き上げる。何百万人ものユダヤ人たちは、海を割り、そして山の頂に立って雷、稲妻そしてラッパの音とともに「十戒」を授けられたモーゼの物語を信じている。同様に、何百万人ものイスラム教徒は次のことを信じている。一人の人間であるムハンマドのもとに天使ガブリエルが訪れ、彼を馬の背に乗せてイェルサレムに送り届けた。そこで彼はモーゼ、イエスそしてアブラハムと出会った。そこには7層の天国にかかる梯子があり、それを登って行ったのである。何百万ものキリスト教徒は、救い主をたたえる儀式を日々行っている。この救い主こそ、未婚で処女であった女性によって身ごもられ、（十字架によって）殺害され、その死から復活を遂げた。そして今も生き続けている。処女出産、死者の昇天、天国と地獄。加えて、さまざまな新しい宗教が誕生しては消え去り、わずか数世代しか続かない。サイエントロジスト、スヴェーデンボリ主義者（スウェーデンの科学者・神秘主義者エマヌエル・スヴェーデンボリの崇拝者）、ペンテコステ派、そして統一教会など、新しい宗教のリストが増大し続けている。世界中で多様な宗教の中に意味が探し求められている。人間の人生におけるこうした意味の探求は、社会学者にとって重要なトピックとなっている。そして、このような意味探求へと至る一つの道筋として、たくさんの新しい宗教がその勢力を徐々に強めている。このこともまた、社会学者の主要テーマなのである。

思考を深める：ブランディングとロゴがいかに社会生活に新しいメタファーを提供するか

近代世界の初期社会像は、巨大なマシーンとして捉えられていた。それは、フリッツ・ラングの古典的なサイエンス・フィクションで無声映画の『メトロポリス』（1926年）や、チャーリー・チャップリンの『モダンタイムズ』（1936年）に生き生きと描かれている。（この二つの作品はYouTubeで鑑賞できるかもしれない。）またカフカ、ディケンズやその他の作家たちの主要な文学作品の中にも見出せる。我々は社会を捉えるイメージを探し求めたが、最近のメタファーはしばしばロゴやブランド名から手本を得ている。消費と購買がグローバル資本主義のもとで成長するにつれ、コカ・コーラ、マクドナルド、アメリカン・エクスプレス、ナイキ、ディズニー、ウォルマート、アップルそしてGoogleのような世界的ブランドが強大な社会的組織の象徴となっている。今や社会科学者は、ウォルマート、コカ・コーラ、Google、ナイキのシューズあるいはiPhoneについて著作を著わし、まるで社会がどのように作動するのかを理解する鍵をそれらの世界ブランドが提供しているかのようである。Googleを理解すれば、情報が機能する方法に接近する鍵を手にしたことになる。ウォルマートを理解すれば、現代資本主義が作動する仕組みを理解することができる。社会科学者たちは現在、『ディズニー化する社会』（ブライマン）、『コカ＝グローバリゼーション（*Coca-Globalization*）』（フォスター）、そして『グーグル化の見えざる代償』（ヴァイディアナサン）について書いている。

ジョージ・リッツアは、社会学のベストセラー本『マクドナルド化する社会』を著したが、それが典型例である。1993年に初版が刊行されて（2014年には第8版となっている）、数多くの論争が巻き起こった。リッツアは、マックス・ウェーバーの合理化と官僚制化に関するアイデアを発展させ、ファーストフードとしてのマクドナルドをファーストフードそれ自体を考えるための出発点とするのではなく、多くの消費者の行動が調整される方法を表現するメタファーとした。リッツアにとって、社会はマクドナルド化しつつあり、四つの主要な特徴がある。世界中どこでも、むろんマクドナルドだけでなく、大学のコース、宗教団体、スポーツにおいても同じテーマが見出される。つまり、効率性、計算可能性、予測可能性、画一性であり、それに加えて自動化を通しての統制である。世界が、まさに巨大なマクドナルドのように作動しはじめている。我々はすでに、マック大学、マックメディア、マック宗教、そしてマックチルドレンを経験しているのである。

社会的なるものとは合理的選択である——交換、ゲームそして贈与

社会的なるものに関して広く流布している思考様式は、人は他の選択可能な行為の費用と便益を計算する合理的存在である、という考えを通じて広がっていった。この場合、社会的なるものとは合理的なもので、自己利益に基礎をもっている。これは、古典的な啓蒙主義における功利主義理論（「最大多数の最大幸福」）に由来し、古典派経済学の理論、行動主義心理学、合理的人間を提唱するさまざまな哲学とも深く結びついている。人々は、「状況の論理」（この用語は哲学者カール・ポパーが使用したものである）にしたがって意思決定を行う。社会学では、こうした見方は「合理的選択理論」として非常によく知られている。合衆国ではジョージ・ホマンズ（1910〜1989）、ピーター・ブラウ（1918〜2002）そしてジェームズ・コールマン（1926〜1995）の仕事と同じものと見なされている。またイギリスではジョン・ゴールドソープ、ノルウェーではヤン・エルスター（1940〜）の仕事と同一視されている。

このアプローチから溢れてくるイメージは、しばしば社会生活をゲーム、交換あるいは戦略的な競争と見なしている。それが強調するのは、互酬性、贈与、「利潤の最大化」、「勝利すること」である。社会生活は（しばしば計算された）交換であり、人はそうした交換において、たとえば貨幣、愛情、地位あるいは政治的支援といった報酬を獲得するために行動すると考えられている。よくゲームの中で見られるような戦略や戦術を駆使するけれども、こうした自らの報酬を最大化しているのである。交換に関する初期のころの重要な事例を『贈与論』の中に見出すことができる。これは、フランスの人類学者であるマルセル・モースが1920年代初頭に最初に取り組んだ研究で、どのようにして贈与が互酬的な社会関係を構築し維持する重要な要素になるのかを明らかにした。こうした多様なアイデアは、人間集団、相対的貧困、社会移動、教育、家族、経済、犯罪行動、組織、権力のような幅広い研究領域に応用されてきた。しかし、理論が大きな影響をもってきた一方、批判者たちはしばしば次のような意見を述べてきた。理論には限界がある、なぜなら多くの場合、理論は感情や情動、身体、非合理性、無意識的なものを扱うことができないからだ、と。

社会的なるものとは抑圧された無意識である――フロイトと社会的思考について

ジグムント・フロイト（1856〜1939）は、抑圧された無意識と人間生活におけるそのダイナミズムの比喩的表現やメタファーを与えてくれた、20世紀の重要な思想家の一人である。それでもやはり、フロイトと社会学のつながりには好奇心をそそられる。社会学者の中には、彼の考えにまったく興味を示さない者もおり、多くの社会学者が批判的でありつづけてきた。ところが、少ないながらも彼の考えを真摯に受け止め、社会的なるものを形作る上で無意識的なものの重要性を認識する者もいた。

初期の仕事でフロイトは、個人の発達と心のダイナミズムの重要性を強調し、人の人生というものが抑圧された欲望、幼い子どものころに負ったトラウマやジェンダーをめぐる葛藤によって形作られることを示した。彼の主張によると、こうしたことが心的葛藤、不安、そして子ども時代と成人の生活の内面的世界を形作る抑圧された無意識を生み出す。

また多くの抑圧された無意識により、社会学にとって重要なトピックであるジェンダー、セクシュアリティ、育児そして暴力が、どのように日常生活の中で生まれるのかが理解できるようになる。フロイトののちの一連の仕事では、さまざまな本能的な葛藤やそうした葛藤の抑圧、とくに暴力、性、死に対する恐怖をめぐる葛藤と抑圧から、社会それ自身がどのようにトラウマを負いうるのかについて、ますますはっきりと焦点化されていった。社会は戦争や経済的危機、奴隷制度、その他の「トラウマ」によって傷を負いうるのであり、それが来るべき世代の社会生活を形作る可能性のある集合的傷の爪痕を残すのである。社会的無意識は、社会におけるコンフリクトの中で、たとえ隠されているとしても、重要な役割を担っている可能性がある(Elliott, 2013, Alexander, 2012 を参照のこと)。

社会的なるものとは数多性である——複雑性と流動性としての諸社会

社会的なるものを見る他の方法は、社会あるいは集団は統一されたもの、変化しないもの、直線的なものではない、というイメージをしっかりともつことである。むしろそれとは対照的に、社会は絶え間ない運動状態にある断片が多数集まったもの、無限に変化し生成しつづける流れのようなものである。こうした比喩表現のもとでは、形の定まったものは何もなく、あらゆるものが互いに他と相互作用しあっている。一つの社会の見方としては、これは長い歴史を有している(少なくとも紀元前9世紀の哲学者ヘラクレイトス以来存在し、しばしばギリシャの海神プロテウスと同一視されている)。こうした見方を支持する人々が現代にもたくさん存在しており、その中にはウィリアム・ジェームズ(1842~1910)やジル・ドゥルーズ(1925~1995)、そしてアクターネットワーク理論を支持する人々がいる。ここで使用されるメタファーは、必然的に社会の複雑性や変化の感覚をもたらす。共通のイメージとしては、迷路、螺旋、マトリックス、モザイク、アッサンブラージュ、液状、回路、ネットワーク、偶有性そしてリゾームなどが含まれている。

最近流行の三つ語法に注目してよいだろう。アッサンブラージュ、液状そして複雑性である。社会をアッサンブラージュとして見るということは、多くの部分から合わさってできているという、社会の壊れやすい性質を強調することを意味する(この語を使用したのは哲学者のドゥルーズであるが、サッセン〔サスキア・サッセン(Saskia Sassen 1949~)、コロンビア大学教授。訳書多数〕やウォルビー〔シルヴィア・ウォルビー(Sylvia Walby 1953~)、ランカスター大学教授。訳書(編著)に『知識経済をジェンダー化する』(ミネルヴァ書房)がある〕のような多くの社会学者の著作において、社会学的にも展開されている)。社会を液状化したものと見る場合は、社会がどのような点で、固形ではなく絶え間ない変化と変動に晒されているのか、という点を強調することになる。あらゆる社会は、液状化しているかもしれない。しかし近年、液状化が加速化し、社会の主要な特徴になったといえるだろう。ジグムント・バウマン〔ジグムント・バウマン（Zygmunt Bauman 1925〜2017）ポーランド出身のイギリスの社会学者。リーズ大学教授。訳書多数〕の主張によれば、近代の液状化する社会（liquid society）はますます壊れやすく、アンビヴァレントで、不安定なものとなり、絶え間ない変化にさらされている。我々は、『リキッド・モダニティ』（Bauman, 2000=2001）、『リキッド・ラブ（*Liquid Love*）』（Bauman, 2003）、『リキッド・ライフ』（Bauman, 2005=2008）、『リキッド・タイムズ（*Liquid Times*）』（Bauman, 2007）、『液状化する監視〔邦訳書名＝私たちが、すすんで監視し、監視される、この世界について〕』（Bauman & Lyon, 2012=2013）に直面している。社会を『グローバルな複雑性』（Urry, 2003=2014）と見る見方は、物理学や複雑性理論から引き出され、世界の底に変動するカオスが存在することを示唆している。そこでは小さな出来事が大きな変化を引き起こす可能性がある（そしてその逆も真である）。すなわち、偶有性と予測不可能性の支配する世界である。

要約

この章では、「社会的なるもの」についての考え方を紹介してきた（社会は、我々をある特定の仕方で振る舞うよう強制する、群衆のような存在としての外的な事実として、また他者との関係性として、その両方を兼ね備えたものとして考えられる）。そしてまた

「社会学理論」への導入も行った。社会化、そして絆としての、闘争としての、ドラマとしての、言説としての、文化としての、合理的なものとしての、複数性をもつものとしての、相互行為としての、機械としての、ロゴとしての社会という主なイメージを通して、社会についてのいくつかの考え方を紹介することにより、理論についてさらに深く考える方法を準備しようとしたのである。これらすべてが（そして他もたくさん存在しているのだが）「社会的なるものの理論」についての研究の出発点を与えてくれるであろう。

さらなる探究

考えてみよう

1　日常言語の中で「社会的」という用語のさまざまな使用について考えてみよう。そしてこの章の最初のいくつかのセクションとつなげながら、「社会的」という単語の異なる意味を定義し明確化してみよう。今度は社会学的に興味を引くトピックについて考え（第1章39〜41ページ）、その何が社会的かを問うてみよう。

2　メタファーとは何か、そして「我々の生活が依存している社会についてのさまざまなメタファー」は実際に何をさし示しているのか、考えてみよう。つづいて、この章で扱ったいくつかのイメージを取り上げ、それらのメタファーが使用している言葉についても考えてみよう。そして、その言葉を身の回りの世界やあなたの関心を引く物事に適用してみよう。これらのイメージは、世界を違ったふうに見る手助けをしてくれるだろうか。どのようにして、違ったものの見方は、同時に何かを見ない方法でありうるのか。また、有名なブランドやロゴについて考えてみよう。ブランドやロゴを研究することは、どのように、社会が作動する様子を理解する手助けになりうるだろうか。

3 社会学理論とは何か、それは何をなそうとしているのか。以下の書籍の何冊かを見てみよう。さまざまな社会理論のグループをマッピングするためのブログページを開設してみよう。縦軸には歴史、横軸には文化や大陸を置いてみよう。

〔読書案内〕

社会理論は、あらゆる社会学の授業と研究の中心に位置する。この章では、社会学理論への簡単な入門を行った。初学者を念頭に書かれたものとして、ポール・ランサムの『はじめて社会理論を学ぶ人のために（*Social Theory for Beginners*）』（Ransome, 2010）、ショーン・ベストの『はじめて学ぶ人のための社会理論入門（*A Beginner's Guide to Social Theory*）』（Best, 2002）、ウィリアム・アウスウエイトの『社会理論（*Social Theory Ideas in Profile*）』（Outhwaite, 2015）がある。グレガー・マクレーナンは、「社会理論への最初の手引き」を彼の著書『社会学物語（*Story of Sociology*）』（McLennan, 2011）で行った。ラルフ・フェーブルとアンガス・バンクロフトの『死んだ白人とその他の重要な人物（*Dead White Men and Other Important People*）』（Fevre & Bancroft, 2010）は、社会学を学び始める学生の観点から書かれた小説で、「社会学の偉大な考え方」を紹介している。より充実したものとしては、古典的なリーディングスとしてチャールズ・レマートの『社会理論（*Social Theory*）第5版』（Lemert, 2013）がある。アンソニー・エリオットの『現代社会理論（*Contemporary Social Theory*）第2版』（Elliott, 2014）は400ページもあるヒット作、とても現代的で非常に優れている。その他のガイドブックとして、デヴィッド・イングリスとクリストファー・ソープの『社会学への招待（*An Invitation to Social Theory*）』（Inglis & Thorpe, 2012）、ロブ・ストーンズの『重要な社会学の思想家たち（*Key Sociological Thinkers*）第3版』（Stones, 2017）やスティーヴン・サイドマンの『競合する知識（Contested Knowledge）第5版』（Seidman, 2012）がある。

社会という観念は何を意味するのかに関する包括的な議論は、まさに、アンソニー・エリオットとブライアン・ターナーの『社会について（*On Society*）』（Elliott & Turner, 2012）に見ることができる。著者たちは、構造、連帯、創造という三つのイメージに焦点を定めている。身体についてはブライアン・ターナーの『身体と社会（*The body and Society*）』（1984=1999／原著第3版2008年）が古典であり、身体と社会を社会学的研究の主要な領域へと押し上げた。ダニエル・リグニーの『メタファーとしての社会（The Metaphorical Society）』（２００１）は、この章で展開したメタファーという考え方の延長にあり、八つのメタファーを提示している。読者が望めば、いくつかのメタファーについて引き続き調べることができるだろう。社会的絆の変容については、ロバート・ベラーほかの『心の習慣』（Bellah et al., 1985=1991／原著第3版２００７年）を参照するとよい。日常生活の中のドラマについてはアーヴィング・ゴフマンの『日常生活における自己呈示』（Goffman, 1956=1974）が今もって古典である。コンフリクトに関するリーディングスは、第7章の巻末に挙げている。フーコーと言説の古典的な例（そしてもっとも読みやすいもの）としては、『監獄の誕生』（Foucault, 1975=2020）における監獄と統制の変化がある。ロゴと社会のブランド化について非常に読みやすい古典的な著作は、ジョージ・リッツアの『マクドナルド化する社会』（Ritzer, 1993=1999）であるが、これは２０１４年にはすでに第8版を数えている。

第3章　社会——21世紀を生きる人間

人類の歴史の中では、文明が存在しはじめてからの期間はわずかなものでしかない。…それはまさしく未完成で、進行中の実験に他ならず、その成功はまったく保証されていない。

コリン・M・ターンブル
『豚と精霊——ライフ・サイクルの人類学』
（Turnbull, 1984＝1993）

地球という惑星を覆いつくす人間のグローバルな社会生活を理解することは、社会学の核心部分に位置する探究課題である。本章では、この課題に挑んだ試みのうち、最初期のものをいくつか紹介し、社会学者が今日において把握すべき主要な領域を明らかにする。さらに、21世紀の諸社会が全体としてどのような方向に進みつつあるのかを考察する。本章は現代世界の数多くの「問題群」を提示する。その究極的なねらいは、我々がどこへ向かおうとしているのかという問いを読者に投げかけることである。

■宇宙と進化――人類の世界がつくられるまで

まずは万物の起源から始めよう。今日我々が暮らす21世紀の世界を理解するためには、過去のことを多少は知っておかねばならない。ただし、歴史といっても、これから述べるのはごく簡略なものである。学校に通う児童が等しく教わるように、地球という惑星が誕生したのは約45億年前であり、宇宙が誕生したのは約140億年前である。そして地球は、宇宙に無数に存在する銀河のなかの一つの星にすぎない（ハッブル宇宙望遠鏡のデータは、1991年には銀河の数を1250億個と見積もっていたが、2015年には1700億個としている。膨大であるばかりか増加しているのだ！）。長い間、地球上にはいかなる種類の生命も存在しなかった。数十億年後、恐竜が地球を支配したものの、やがて絶滅した。6500万年前には霊長類が、1200万年前には類人猿が現れた。化石の分析によれば、火、道具、武器、簡単な住居、最小限の衣服といった文化の基本要素は、約200万年前に登場したとされる。現生人類が姿を現したのは約10万年前。場所はアフリカで、南西アジアと接する地域であった。いくつかの証拠から、最後の氷河期が終わったころの人口は約500万人だったと推測される。ところが紀元前5000年には1億人にまで急増している。過去の主要な文明（エジプト、チャイナ、アラブ、中央《メソ》アメリカなど）は、いずれも5000年前より遡ることはない。そして、それらの多くは消滅し、物事の基本的な枠組みという点では長続きしなかった。この時期以降に発展した社会は、主として、遊牧社会、農業社会、封建社会の三つである。しかしながら、我々が知る産業社会はたかだか300年の歴史しかもたない。現代の社会学の関心は、社会の歴史のうち、もっぱらこの小さな部分に限定される。ここまで世界の歴史を述べるのに要したのは、わずか20行たらずである！　もちろん、こうした歴史の描き方に異を唱える人は何百万人もいるだろう。例えば「創造論者」は、地球の歴史についてのもっと単純な見方——神によって数日間、あるいはせいぜい数千日で創造されたというもの——が広まることを望んでいる。

猿の惑星に社会学が生まれた

社会学が発展したのは、チャールズ・ダーウィン（1809〜1882）の進化と発生に関する学説が、人間の世界を説明する理論として、万能ではないにしても有力なものとなりつつあった時期である。結局のところ、霊長類を、地球上に生息する他の生物と区別するのは知能である。あらゆる生き物の中で(体の大きさに比べて)もっとも大きい脳が、知能を支えている。ダーウィンがさまざまな種類の植物や動物の研究と比較に勤《いそ》しんだのと同様に、草創期の社会学者、歴史学者、人類学者もまた、古今のさまざまな種類の社会の比較に注力した。古代のギリシャ、ローマ、東洋の遺物の吟味を通じて自らの過去への理解を深めることを目指す者もいれば、非西欧世界の人々の、西欧とはまるで異なる生き方に目を向ける者もいた。実のところ、それらの多くは西欧諸国が侵略し、植民地化し、キリスト教化した国々であった。正真正銘のエスノセントリズムのもとで、人々はこれらの文化を自らの文化より劣ったものと見なした。

諸社会の歴史は、一面では食料の進化として理解できる。食料なくして社会なし。初めのころ、それぞれの社会では食べ物を探して歩き回ることは欠かせない任務だった(狩猟採集民)。食料を採り尽くしてしまえば、別な場所に移動しなければならなかった。ところが、食料を栽培することを思いついた社会では、土地に定着した生活が可能となった。地理的な条件によって「栽培化・家畜化」できる植物と動物も変わる。定住地で植物を栽培し、動物を飼育するには、水供給システムの整備も必要である。食料生産は、世界各地で等しく増加したわけではないが、食料生産の拡大がとくに進んだ地域では、書記、生殖制御、工学、政治体制といった技術も発展した。

過去において生じた出来事のインパクトを意識することは、我々が謙虚であるためにはきわめて重要である。現代に関してことさら何かを主張しようとするときには、過去においてより重大な変化が生じていたことを思い起こすべきである。つまり社会学は、西欧のそう遠くない過去において起こった産業革命、フランス革命、アメリカ革命をはじめとする重大な変化の産物と見ることができる。これらの変化は、生活条件の激変（農村から都市へ移動し、資本主義のもとでの工場労働に従事しはじめ、世界中で移住者が急増した）と政治に対する期待の根本的な転換（伝統的な権威への挑戦、自由と平等と権利の追求）と結びついている。この新たに登場した「近代世界」のただ中において、そこに強固に組み込まれた新しいタイプの貧困、すなわち都市の大量現象としての貧困と階級システムのもとで、社会学は産声を上げたのである。草創期の社会学者の業績の多くは、これらの主要な変化を描き出すことに関心を向けた。実際のところ、今日においても、引き続き生じている変化を観察することに、多くの労力が注がれている。手はじめに、これまで指摘されてきた変化のうちのいくつかについて、そのあらましを示すことは有益だろう（表3-1）。社会学者クリシャン・クマーは、かつてこのように述べたことがある。「細かいことを抜きにすれば、19世紀の社会学は近代産業社会という独特な社会の解剖学の試みであったとみなして差し支えない」（Kumar, 1978）。社会学は、その当初より、さまざまな社会についての「理念型」を構成することに関心をもち、ある社会から別の社会への進化

表3-1　人類社会の形成――欧米社会における古典的基本類型（「理念型」）

我々はみな、程度の差はあるにしても、伝統世界、近代世界、ポスト近代世界を同時に生きている。

	伝統的（農業）	近代化（産業資本主義）	21世紀（グローバル資本主義）
経済と労働	農業、牧畜、漁業	商人資本主義、工場	グローバル資本主義、サービスと情報技術、失業、海外移転、ロボット化
技術	人力、畜力	工業的エネルギー源	ポスト工業的、情報、デジタル、エネルギー危機、低炭素
人口	高出生率、高死亡率、人口停滞	死亡率の低下、高出生率、人口急増	低死亡率、低出生率、人口増の鈍化、高齢化
統治	奴隷制、封建領主、王	国民国家、新しい社会運動	国際組織、世界（市民）主義、デジタルアクティヴィズム
環境	「自然災害」	産業公害	気候変動に伴う大災害、環境運動、低炭素社会
宗教	迷信、多神教から一神教へ	一神教から世俗主義へ	ポスト世俗主義、原理主義、宗教的多様性、「私だけの神」
コミュニケーション	記号、発話、手書き文字	印刷から電子へ	マスメディアとデジタル文化、メディアタイゼーションとデジタリズム
コミュニティ	部族、村落、対面、地元	都市、アソシエーション、二次的	グローバル・ネットワーク
知識と思想	宗教、民俗信仰	科学の勃興	相対主義、再帰性、相関主義、カオスと複雑性
支配と法	刑罰、抑圧、「自然法」	法と公式制度の増大、補償原則	訴訟社会、厳格な組織化と資金調達
健康	高死亡率	環境医学と「疾病モデル」	健康管理、薬剤依存社会、高度医療
価値	伝統的	「新しいものは善」	ポスト近代的多元主義
集団	一次的	二次的	ネットワーク型

役割と自己	属性主義	業績主義	個人主義、開放的、選択
文化	民俗文化	大衆文化	多文化、混交文化、ポスト近代、コスモポリタン
社会	単一的	産業的	複雑性（カオス）
時間と変化	非常に緩慢	変化の加速、創られた伝統	急激、高速、「スピード」
軍事	戦争の優越、ただし限定的かつ集中的	大衆国民軍、国民皆兵、「自由、平等、博愛」、内面の革命	「新しい戦争」、国家独占の終焉、先祖返り、断片化、脱制度化

経路を提示することにも力を注いできた。これに関連して社会学者が主張してきた見解は多岐にわたるが、いずれにしても、単純化と過剰一般化の危険がつきまとう。社会学者は歴史主義、すなわち、変化を必然的で予測可能なものと見なす傾向に伴う危険を自覚しなければならない。社会の発展は偶然に左右され、予測不能であり、均質ではありえない。もう一つ注意すべき批判がある。それは、これらのモデルが欧米文化という立ち位置から構成されており、どこにでも当てはまるものではないというものである。とはいえ、これらの枠組みは、社会の構造的な差異と変動を理解するための出発点としては有益である。

今日では、社会学はグローバルな研究課題を設定している。その分析は欧米世界にとどまってはいない（こうした社会学史の展開については第4章で取り上げることにして、ここではより広範な地球規模の変化のいくつかに着目する）。

21世紀世界の眺め——2016年の時点から

主に欧米の話だが、近代世界について、フランス革命から第一次世界大戦までの「長い」19世紀（1789〜1914）と、第二次世界大戦、冷戦を経て1989年のソヴィエト連邦の崩壊、天安門広場での虐殺に至る「短い」20世紀（1914〜1989）に二分する見方がある。このうち後半の短い20世紀は、自由主義、民主主義の西側と全体主義体制との対決、あるいは資本主義と共産主義の対決として理解されることが多い。社会学者、歴史学者、そして政治家は、これらの変化について微に入り細を穿った議論を展開してきた。しかし、いかなる説明を好むにせよ、20世紀がまぎれもなく血塗られた世紀であったことについては、大方の同意が得られるだろう。大きな脳をもった人類という動物は、どうしようもない愚か者でもあるのだ。ドイツの卓越した哲学者で、世界的な社会学者でもあるユルゲン・ハーバーマス（1929〜）は、比較的最近の著作『ポスト国家のコンステレーション（*The Postnational Constellation*）』で、次のような印象深い見解を披露している。

（20世紀とは）ガス室、総力戦、国家による大量殺戮と絶滅収容所、洗脳、国家安全保障機構、人口全体を対象とした監視を「発明」した世紀であった。それはまた、犠牲者、戦没兵士、殺害された民間人、土地を追われたマイノリティ、拷問、凍死、餓死、虐待、政治犯と亡命者を大量に「生産」した世紀でもある。暴力と蛮行という現象が、この時代の際立った特徴である。

いままでのところ、21世紀になっても事態はあまり好転していない。戦争、大量虐殺、宗教対立、パンデミック、大量貧困は克服されていない。世界の各地で紛争が頻発しており、アラブ文化と欧米文化の対立に加えて、9・11以降は「テロリズム」が勢いを増している。地球規模の温暖化は主要な国際問題となりつつあり、人類が22世紀まで存続できないと予測する者も少なくない。経済の中心はチャイナにシフトし、資本主義そのものが深刻な危機に陥るなかで、不平等と不公正が蔓延している。では、いま我々が生きている21世紀の世界とはどのようなものなのだろうか。

すでに述べたように、2015年、世界にはおよそ200の国々があり、73億人が暮らしている。いくつかの国は広大な国土を統治し、大量の人口を抱えている。とりわけ大きいのはチャイナ、ロシア、アメリカ合衆国、インドである。もう一方の極には、小さな島嶼国がある。人口が100万人未満の国が40ほどある。ローマの中にあるバチカン市国の人口はわずか1000人である（規模と人数では最小ではあるが、カトリック教会の総本山として世界に絶大な影響力をもつ）。他の極小国のうち、ツバル、ナウル、パラオ（人口

1〜2万人）を知る人は少ないが、キプロス、バルバドス、アイスランド（数十万人）などは比較的よく知られている。人口が100人（！）にも満たない島々は数多く存在する。

21世紀の世界を地図に描く方法はいくつもある。そして近頃は、グーグルマップをはじめとして、インターネット上で世界地図を眺めるという楽しみが登場した。つい最近まで、世界の国々を豊かな北側と貧しい南側とに分け、民主主義が発達した西側と発達していない東側とに分けることが多かった。第一世界（工業化した社会）、第二世界（移行期の社会）、第三世界（相対的に未開発で貧しい）に分けるというのも、20世紀のかなりの期間、よく使われたやり方である。のちに第四の国々（新興工業国、NICs）が加わったが、これらの諸国には、環太平洋〔という地理的条件〕と、いわゆる「アジア的価値観」という共通項がある。急激な社会変化が続くなか、こうした区別をすることはそれほど容易ではないし、その違いも以前ほどは明確ではない。奇妙なことに、社会学はごく少数の国々（いわゆる「欧米」諸国）にしか注意を向けてこなかったので、世界の状況について歪んだ見方を提示することも少なくない。私が本書で述べることの多くは、過去の社会学が抱える限界の証しである。もっとも、21世紀の社会学がよりグローバルなものになりつつある兆しはあり、本書はそのいくつかを読者に示すことができるだろう。

世界の社会学をリードする人物の一人であるアンソニー・ギデンズが指針を示している。彼は1999年のBBCリース・レクチャーに登場した。毎年、一流の知識人を招いてきたことで知られるこの番組で、ギデンズは「暴走する世界」と題する連続講義を行った。それぞれの講義は世界中のさまざまな場所で収録され、ワシントンでは家族について、ロンドンでは民主主義について、香港ではリスクについて、デリーでは伝統について語った。これらの講義はBBCリース・レクチャーのウェブサイトで聴くことができるほか、『暴走する世界』（1999=2001）というコンパクトな書籍にまとめられている。彼の主張の要点は、現代世界が急速に制御不能なものとなりつつあり、再び制御可能な状態に戻すためには持続的な分析が必要だ、というものである。彼は制御不能となって斜面を転げ落ちる巨大なジャガナート〔インドの山車、転じて大型トラック〕のイメージを示して、次のように述べた。

我々はこのような社会に生きる最初の世代です。その輪郭はまだおぼろげにしか見えていませんが、我々がどこに暮らしていようと、これまでの生き方が揺さぶられます。少なくとも現時点では、これは人間の総意によって導かれるグローバルな秩序ではありません。むしろそれは無政府的、場当たり的なもので、経済的、技術的、文化的な圧力の相乗作用によって左右されます。この社会は安定や安心を欠き、不安と緊張をはらみ、深い分断によって傷つけられます。多くの人々は、自分たちではどうしようもない力によって自由を奪われていると感じています。我々は、再び自分の意志によってこの状況を制御することができるのでしょうか？　私は可能だと信じています。（Giddens, 1999=2001: Lecture 1）

社会学者は、新たに生まれつつあるこの秩序を理解することを望み、変化の把握を目指した研究を数多く発表してきた。１９６０年代には、新しい秩序はポスト工業社会（アメリカ合衆国の優れた社会学者ダニエル・ベルによって提唱された考え方で、サービス労働、知識、情報、高度科学技術にもとづく生産システムを指す）と呼ばれた。１９８０〜90年代には、我々が生きている社会についての、さまざまな新しい概念が提起された。ポスト近代社会（ジャン・ボードリヤール、クリシャン・クマー）、後期近代（アンソニー・ギデンズ、ウルリッヒ・ベック）は、啓蒙と近代の終焉、断片化、差異、多元論の前景化を示唆していた。他の論者は、かつてマルクスが先鞭をつけたテーマを引き継ぐ形で後期資本主義、無秩序資本主義、カジノ資本主義について語った。２０００年前後、グローバル化とデジタル化が進むにつれて断片化と脆弱化の感覚が強まり、社会学ではリスク社会、個人化、世界リスク社会（いずれもドイツの卓越した社会学者ウルリッヒ・ベック（１９４４〜２０１５）の著作のタイトルである）、液状化する近代（ジグムント・バウマンの用語）についての分析が発展した。我々が足を踏み入れようとしているのは、情報時代およびネットワーク社会（マニュエル・カステル）、グローバル時代（マーティン・オルブロウ)、監視社会(デイヴィッド・ライアン)、ポスト近代社会(ジャン・ボードリヤール)、ポスト国家のコンステレーション(ユルゲン・ハーバーマス)である。社会学者は、非正規化(カス・ウーテルス)、マクドナルド化する社会(ジョージ・リッツァ)、ディズニー化する社会(アラン・ブライマン)について論じた。黙示録のごとき研究書も少なくない。すなわち、近代のダークサイド(ジェフリー・アレグザンダー)、歴史の終わりと最後の人間(フランシス・フクヤマ)、なじみある世界の終わり(イマニュエル・ウォーラーステイン)。話はここで終わらない。21世紀社会は9・11と2008年金融危機に遭遇した。あらゆる議論が「テロリズム」「新しい戦争」「蔓延する不平等」「環境カタストロフ」「経済の破綻」といったテーマをめぐって展開された。新たな論者が登場し、放逐(サスキア・サッセン)、金融化(トマス・パリー)、オフショア化(ジョン・アーリ)、災害便乗型資本主義(ナオミ・クライン)、17の矛盾と資本主義の終焉(デイヴィッド・ハーヴェイ)、クライシス(シルヴィア・ウォルビー)といったテーマで著書を発表した。このほか、デジタル化と「モノのインターネット〔IoT〕」が何をもたらすかに光をあてた論者たちは、ポスト資本主義(ポール・メイソン)、共感にもとづく文明〔シェアリング・エコノミー〕(ジェレミー・リフキン)、憤りと希望のネットワーク(マニュエル・カステル)について論じた。

このように、我々が経験しつつある時代の転換について、おびただしい数の分析が存在する。しかし、どのような概念を用いようとも、おおむね共有されている見解がある。それは、20世紀半ばのいずれかの時点で、善かれ悪しかれ、新しい「第二の大転換」が始まったというものである。この転換は資本主義を存続させつつも、**グローバル化**とさまざまな**多元的近代**（社会学者シミュエル・アイゼンシュタット（1923～2010）による）の生成に直面する。近代社会はますますグローバルかつデジタルに相互接続されてきた。そして、資本主義の歩みは危機と隣り合わせである。ただし、どのようなものであれ単一の近代を探究することは、はっきりと否定されている。これまで述べてきたことをまとめれば、むしろ、我々は多元的な過去から立ち上がる新しい世界を目撃している。多元的な過去は、多元的な未来につながる。未来は、さらに激しさを増す変化、不確実性、リスク、開放性、個人主義に満ちており、とどまることのない暴力、戦争、搾取、宗教的不寛容、不平等がともなう。強調すべき点は多岐にわたる。なかには暗く、悲観的で、陰鬱なものもあるが、逆に、楽観的で、明るいユートピア的なイメージもある（表3-3を参照のこと）。現代の変化について異なったテーマに注目して展開された分析があまりに数多く存在するため、ここではごく簡単に紹介することしかできない。

ぜひとも取り上げなければならないテーマは、不平等の拡大である。10億人以上が貧困線を下回る生活をし、一握りの富裕層が富の多くを所有し、それに付随するであろう権力を保持しているという事実。不平等は20世紀半ばには縮小した。しかし近年、急激に拡大してきた。この点については第7章で詳しく考察するので、ここでは他の重要なテーマについて取り上げることにする。

世界が一つの場所になる：グローバル化とグローカル化について

21世紀には、いかなる国も他の国々から孤立して存続することはできない。現代の交通──コミュニケーション──グローバル・メディア、デジタル・ネットワーキング、高速交通──によって、世界中の異なった場所にいる人同士が、瞬時に連絡を取り合うことが可能となった。世界はより速く、より小さくなっている。時間は加速し、空間は圧縮される。歴史をさかのぼると、国と国の間の移動には多大な時間と労力を要した。現在では状況が一変した。**グローバル化**とは、このような事態を指している。そしてこれと対になって語られる**グローカル化**は、グローバル化の奔流に飲み込まれつつも、ローカルなコミュニティがこれに変更を加える余地があることに着目する。

グローバル化がもっとも分かりやすく現れるのは経済の面、すなわちグローバル資本主義である。グローバル資本主義とは、グローバルな貿易、金融、消費そして業務移転のことである。これは世界の隅々まで資本主義市場が拡大したことと関わっているが、同時に、不均衡の存在とも関わっている。しかしながら、社会学者はグローバル化がどこでも作用していると考えている。世界銀行はもとより、国連、グリーンピース、ディズニーワールドまで。国際マラソン、グローバルコンサートにせよ、マスツーリズム、インターネットにせよ、ますます多くの人々が、地理的に限定されたコミュニティの枠を超えて移動していることを、我々は知っている。人々は地球上のあらゆる場所とつながっており、グローバルなものをローカルなものに変え、ローカルなものをグローバルなものに変えている。自らを「グローバル市民」と認識している人々もいる。あらゆる社会制度がグローバル化の影響を受けている。グローバル教育（大学の「外国人留学生」など）、グローバルヘルス（HIV、エボラ熱、ジカ熱など）、グローバルポリティクス（デジタル社会運動、国連など）、グローバル宗教（信仰の多元化、宗教対立など）、グローバル犯罪（組織犯罪、ドラッグ密売、サイバー犯罪など）、グローバル紛争（テロリズムなど）、グローバル人権保障、グローバル労働（移住だけでなく性的人身売買も含む）。膨大な数の人々が「住む場所を追われる」ことによる「グローバル危機移住」も、世界的な問題となっている。また、家族やパートナーが異なる国に住む「遠距離パートナー」やグローバル家族も広がりつつある。グローバル環境危機という重大問題もある。この世界がコントロール困難なものになるなかで、我々はグローバルリスクに直面している。

こうしたグローバルな変化は、いずれも、人間の社会生活のあらゆる局面で生じており、それぞれに議論の的になっている。あらゆる社会学はグローバル社会学とならざるをなければならない。

人口――過密状態の地球と高齢化する社会

このグローバル世界を眺めたときに最初に目を引く特徴は、それが膨大な人口であふれていることである。2014年時点の世界人口は73億人で、今後20年でさらに10億人増え、2050年には100億人に迫ると予測されている。我々は「過密」状態に押しつぶされそうになりながら生きており、この圧迫は今後も強まる。もちろん国による違いはある。チャイナ、インド、アフリカが世界人口の約50%を占めている。2016年の時点では、チャイナとインドの人口が突出して多く、前者は約14億人、後者は約13億人だった。これにアメリカ合衆国の3・22億人、インドネシアの2・22億人、ブラジルの2・05億人が続く。アフリカの人口は2050年までに倍増し、23億人になると予測される。これに対してヨーロッパ、北米、日本、オーストラリアでは出生率が低下してきた。世界の人口増加率は1970年代からやや低下したが、依然として年1・2%ほどであり、このことは毎年、世界の人口が実に7000万人――たとえばイギリスの人口（2014年央で約6460万人）を上回る――ずつ増加することを意味している。

人口予測についてはいくつかの重大な問題があるが、確実にいえるのは、人口が膨大で、

表３－２　世界人口の推移

1750年	7億9100万人
1800年	9億7800万人
1900年	16億5000万人
1950年	25億人
1999年	60億人
2015年	97億人（推計）

出所：国連『世界人口予測』2015年改訂

この２００～３００年で急増しているということだ。それは表3-2を見れば明白である。

歴史的には、人口密度が低い時期が大部分を占め、地球上で活動する人間は長らく数百万人にとどまっていた。旧石器時代には１００万人ほど、新石器時代で１０００万人、青銅器時代にようやく１億人といったところだろうか。たび重なる戦争と伝染病が人口を激減させた。西暦１３５０年、ペスト流行後には約３億５０００万人だったとされる。しかし、ひとたび工業化が始まると、世界人口はたちまち10億人を突破した。２００年後の現在では70億人を優に超える。しかもそのうち30億人以上は、この30年間に生まれた人々なのである！　このことは、社会生活が根底的な変化を被ったことを示唆する。一方では豊かさの拡大が、他方では地球の危険な過密状態が指摘される。指数関数的な人口増加とそれが引き起こす諸問題に関するトマス・マルサス（１７６６～１８３４）の先駆的な業績以来、人口の変動がもたらす社会的なインパクトについての議論が続いている。現在世界が直面するいかなる問題も、これに関わる膨大な数の人間によって増幅される。

社会学者が取り組むべき数多くの論点が提起されている。すなわち、出生率の低下、「高齢化する社会」（サラ・ハーパーによる必読書のタイトル）、人口ピラミッドの転換、地球の過密化にともなう世界規模の環境危機。人口が増えすぎたことによる弊害が大きいとしてその抑制が必要であると唱える者もいれば、人口の高齢化によるケア、医療、年金、リタイアメントといった課題にどう対処するかに注目する者もいる（国連（2013）によれば、1990年には9・2％だった世界の高齢化率（人口に占める60歳以上の割合）は、2013年には11・7％に増えた。2013年の高齢者人口は8億4100万人であるが、2050年には2倍以上に増えて20億人に達する）。こうした人口変動を分析するのは人口統計学者であるが、それが社会的にどのような意味をもつのかを明らかにするのは社会学者の役目である。

農村生活からグローバルシティへ——スラムの惑星

このような人口増加は、我々が住む場所の変化とも関わっている。多くの人々が依然として小規模なコミュニティに暮らしているとはいえ、世界人口の過半数は都市に居住している。この半世紀の都市人口の増加——1950年の7億4600万人（30％）から2014年の39億人へ——は驚異的である。中東その他の地域で都市が最初に出現したとき、都市には一握りの人々が住んでいたにすぎない。1700年にはロンドンがヨーロッパ最大の都市となっていたが、それでもせいぜい50万人だったと見られる。それがいまや（2015年）、850万以上の人口を抱える。ロンドンはグローバル金融の中枢を担う都市であるが、人口規模の面では世界で25位にとどまる。2014年の時点では、東京が世界最大の都市であり、都市圏人口は3800万人にのぼる。これにデリー（2500万人）、上海（2300万人）、メキシコシティ、ムンバイ、サンパウロ（それぞれ2100万人前後）が続く。数十年前には、世界の大規模な都市圏は先進地域の方に多かったが、現在では、大都市はグローバルサウスに集中しつつある。今後数十年で生じるであろう都市人口の増大のうち途上国が95％を占める。2030年、世界には41のメガシティ（1000万人以上が居住する都市のこと）が存在するとされる。2050年には、都市人口は60億人をはるかに上回ると想定されている。2014年から2050年までに生じると見込まれる世界の都市人口の増加のうち、インド、チャイナ、ナイジェリアの3か国で37％を占める（現在のところ、アジアとアフリカはもっとも農村人口が多い地域である）との予測がある（これらの数字は世界各国から収集された人口規模〔に関するデータ〕をもとに国連の一部門が定期的に「推計」しているものである）。

多くの大都市がグローバルシティであるとされる。グローバルシティという用語は、世界金融指数が採用する定義がそうであるように、一般的には、大企業による投資の拠点を指している。一見すると、都市は暮らしやすい。そこにはきらびやかな摩天楼がそびえ、大企業がオフィスを構え、洗練されたアートの世界がある。しかしながら、これらの都市の多くは世界の大スラム群を抱えてもいる。現在、8億2800万人がスラムに居住しており、この数は増え続けている。政治社会学者マイク・デイヴィスはスラムの惑星となりつつあるこの世界について論じた。貧民街とファヴェーラの世界については、ダニー・ボイル監督のアカデミー賞受賞作『スラムドッグ$ミリオネア』（2008年）や、フェルナンド・メイレレズとカチア・ルンジの『シティ・オブ・ゴッド』（2002年）で活写されている。物語の舞台はそれぞれムンバイとリオデジャネイロで、圧倒的な貧困、暴力、ドラッグ、犯罪、過密による過酷な生活を背景に、生き延びるための日々の闘いが描かれる（これと似たテーマのドキュメンタリーは、マーク・ヴォルカーの『第四世界』（2011年）である）。それだけではない。世界の都市は地球上の土地の2％を占めるに過ぎないが、エネルギーの60～80％を消費し、炭素の75％を排出している。都市はのちに取り上げる環境危機を加速させる。急激な都市化は生活環境――水、生活物資、下水処理など――に負荷をかける。長らく社会学者は、都市がいかに新しい形の社会生活を発達させてきたか、そして、いかに生活を破壊してきたかに旺盛な興味を示してきた。

資本主義、労働、経済――ネオリベラリズムとその破綻

現代は本質的に資本主義の世界である。資本主義はさまざまな形態をとるが、おおむね共通する主な特徴が三つある。すなわち、富を生み出す資産を個人が所有していること、利益を生み出すためにお金が投資されること、市場への政府の介入は最小限度（とされる

範囲）にとどまることである。商人が財貨への投資を通じて利益を上げる初期資本主義の存在は、12世紀のジェノヴァやヴェニスをはじめとして、歴史上、あらゆるところで確認できる。しかし、これと区別される近代資本主義は、一般的には、工業生産の拡大と結びついている。工業は、まず18世紀初頭のイングランドの紡績工場に始まり、やがてヨーロッパとアメリカ合衆国に、最終的には世界中に広がった。草創期の工場資本主義において、労働者は自らの労働力を（安い）賃金と引き換えに売り、この過程で資本家、つまり資産所有者は富を築いた。

18世紀の思想家アダム・スミス（1723～90）は、『諸国民の富』において、市場システムは、もっとも高い価値を提供する財貨とサービスを選択する消費者によって支配されていると主張した。彼は、市場メカニズムと呼ばれる仕組みについての思考を発展させた。生産者は、できる限り低い価格で最高品質の商品を供給しようと競い合う。つまり、起業家たちが自分の利益を増やすという個人的な動機で活動することによって、より効率的な生産と価値の絶えざる増大がもたらされ、誰もが利益を得る。スミスの有名な言葉によれば、偏狭な利己心が「最大多数のための最大善」に転化する。かれら自由放任主義者、あるいは「トリクルダウン」論者は、自由市場と競争経済は需要と供給の法則という「見えざる手」によって自らを調整すると主張する。この見方によれば、政府による経済統制は必ずや精巧な市場システムを乱す。生産者の意欲を減退させ、生産される財貨の量と質はともに低下し、消費者は不当に扱われる。

マルクスやウェーバーなど草創期の社会学者たち（のちにはポランニー、ウォーラーステイン、ハーヴェイら）は、これに異を唱えた。〔資本主義〕システムは合理的な市場というよりも、「機会と有利な条件に対する支配の確立に向けた……人間の人間に対する闘争」（マックス・ウェーバー『経済と社会』１９７８年）の場である。カール・マルクスが社会思想にもたらした主要な貢献の一つは、資本の作用についての痛烈な批判である。マルクスによれば、資本主義は不平等、搾取、労働者の貧困と窮乏化をもたらす。労働者は市場の中で不利な立場に置かれ、自らの労働力をその価値よりも安く売ることを強いられる（それゆえ所有者は利潤を懐に入れることができる）。結果として、資本の所有者との対立が激しくなる。この見方によれば、資本主義はアダム・スミスが言うような善良なシステムではない。それは、際限なき利潤追求によって駆り立てられ、少数の人々にのみ有利で大多数の人々にとって不利な、根本的に不安定で葛藤を含んだシステムとされる。

これらの資本主義についてのモデルは、いくぶん抽象的であり、理念型そのままの資本主義は存在しない。さまざまな形態をとり、数多くの段階を経てきた資本主義は、周期的に訪れる危機に直面し、適応のために形を変え続けている。19世紀の初頭および半ば、リベラル資本主義は自由市場、そしてその維持を支える政府や法的枠組みによって構成されていた。しかし、20世紀の初めには、組立ラインによる大量生産（しばしばフォーディズ

ム と呼ばれる) が登場した。果てしない利潤、投資、規模の拡大を伴いながら、労働は大衆にとってますます単調なものとなっていった。第二次世界大戦後、組織資本主義という新しい形態が現れた。これは管理された市場と「指令」を重視する政府を特徴とする。例えばイギリスでは1946年から79年にかけて、政府による経済政策の策定を通じて、かなりの「国家」介入が行われた。ところが1970年代から80年代にかけて、イギリスのサッチャー、アメリカ合衆国のレーガンによってネオリベラリズムが導入された。この時期には国家の介入が弱まり、世界規模で分散型の取引が行われるなかで、市場の影響力が増した。イギリスでは、国有企業の終焉、政府による福祉供給の削減、サービスセクターの拡大、消費の顕著な増加、雇用が保障された安定的な労働市場の解体といった出来事が、この変化を印象づけた。いずれの場面でも、危機と解体が強調された。そしていまや我々は、デジタリズムと結びついた〔資本主義の〕新たな段階と形態に足を踏み入れつつある。

アメリカ合衆国は常に資本主義の純粋型と見なされる。ヨーロッパと比べると民間市場がカバーする範囲が広い。しかしそのアメリカ合衆国においても、政府は経済問題について一定の役割を果たしている。たとえば、アメリカ合衆国の軍隊はすべて政府によって運営されている。そして2008年から09年にかけて、政府は金融危機に対して「救済措置」を発動し、企業と銀行の倒産を防ぐために介入せざるをえなかった。20世紀のかなりの期間、産業資本主義は東側諸国、とりわけチャイナとソ連(ロシア)との「冷戦」に対峙していた。中ソ両国とも、共産主義体制を採用し、のちに放棄した。1989年危機——ソヴィエト連邦終焉の前触れとなった東欧の革命、そして天安門広場での学生による抗議行動——の後、資本主義の完勝が確実視された時期があった。東欧諸国（ドイツ民主共和国、チェコスロヴァキア、ハンガリー、ポーランド、ルーマニア、ブルガリア）は市場主導もしくは資本主義のシステムに移行した。北朝鮮、ラオス、キューバのみが共産主義体制を維持した。1992年にソヴィエト連邦そのものが崩壊した。その10年後、国有企業の4分の3は部分的または全体的に私有化された。もっとも、東欧諸国における市場改革は一様ではなかった。好調な国々がある（スロヴァキア、チェコ共和国）一方で、（ロシア連邦を含む）他の国々は貧困と不平等の増大、競争の激化、社会の弱体化に直面しており、資本主義の負の側面が数多く浮上している。日本、韓国、シンガポールなどの環太平洋地域においても、それらとはまた違った、資本主義と社会主義の混合が見られる。今世紀、チャイナは中央政府による統制を維持しつつも、明確に市場システムへの開放路線を選択した。実に皮肉なことであるが、チャイナはいまや世界の先頭を走る資本主義システムとなった。たとえ思想的には、民主主義と自由主義を拒絶し、全体主義を志向しているとしてもである。

つまり資本主義は多様であり、適応的であり、つねに変容しつつある。我々の生活はますますグローバル・ネットワーク資本主義に巻き込まれるようになる。市場は国境を越え、一つの場所で起きた危機があらゆる場所に波及し、ローカルな資本主義はさまざまな形態をとる。ネオリベラル資本主義、国家資本主義、チャイナ資本主義、イスラム資本主義、アラブ湾岸資本主義が存在し、それぞれが社会学の研究対象となってきた。これらを覆っているのが、ある種のグローバル・ネットワーク資本主義である（一握りの人々によって支配され、世界人口の圧倒的多数は蚊帳の外に置かれる）。そこでは、社会の不安定性、社会の不平等性、経済の予測不可能性が常態となる。2008〜09年の「信用収縮」と世界経済危機の際には、銀行はその貸付に対して〔政府から〕数兆ドル〔約数百兆円〕におよぶ支援を受け入れざるを得なかった。この出来事は、従来の資本主義システムが終焉を迎えたことを告げていた。世界各国の政府は、いくばくかの安定を取り戻すべく介入を余儀なくされ、完全な規制撤廃というネオリベラル幻想のバブルは（一時的にせよ）崩壊したのである。世界史的な視野から見れば、現代資本主義の将来はきわめて不透明である。しかしだからこそ、その帰趨はあらゆる社会分析にとって中心的なテーマである。我々は、この揺らぎを抱えた資本主義世界にどっぷりと浸っている。ただしそれは、間違いなく変化の途上にあるのだ。

批判的経済学：資本主義は我々の世界にとって有害か

資本主義はあくなき利潤追求のもとで永続的な危機をともなうシステムである。1990年代のネオリベラリズムによる規制緩和と管理不全は、投資銀行リーマンブラザーズの破綻と2008年9月の世界的な金融危機を招いた。これに対する主な対応は金融業界を支援するというものであったが、一方で、他の領域に対する緊縮の仕組みを発展させることになった。「緊縮経済」（政府による支出の削減と切り詰めの徹底をともなう）は固有の問題を引き起こす。さらなる危機が予想される。社会学者は資本主義の特質について長らく議論を積み重ねており、以下のような重要な論点を提起している。

1　**不平等の拡大**――2015年現在、世界で最も豊かな62人が、貧しい方から数えて36億人が所有するのと同じ富を所有している。そして、人口の1%が世界の富の46%を所有している。経済力と政治力をもつ少数の人々は、大量の貧困層から隔絶されている。貧困層の多くは、いまや多かれ少なかれ社会生活から排除されている。これが、ありとあらゆる健康問題と人間の脆弱性を引き起こす。この不平等に歯止めをかけられるのか（Dorling, 2015; Sayer, 2015; Sassen, 2014=2017, 第7章参照のこと）。

2　**圧倒的な市場化**――21世紀、あらゆるものが売りに出されており、水も例外ではない。かつて一般財として政府の責任とされていたもの（刑務所、教育、医療、良好な交通機関、良好なエネルギー供給システム、良好な通信手段など）が、市場に移行した（私有化）。金で買えないものはあるのか。市場には道徳的な歯止めがあるのか（Sandel, 2012＝2012）。

3　**金融化の進展**――現代の資本主義は、貨幣と利潤というフィクションからなる世界であり、このなかで人々は大きな富を築く。それは「生産なき利潤」に他ならない。ほとんど生産せず、労働もせず、大事なのは、より多くの利潤を得るために人々が行う投資である。資本主義には、異なった種類の利潤と富が存在する。そこで次のような疑問が浮かび上がる。金のための金にはどんな効用があるのか。――誰がこの金を手にするのか（Lapavitsas, 2013）。

4　**債務の増大**――資本主義は投資に依存しており、通常、投資と債務には密接な関係がある。ある人物の投資は、多くの場合、他の人物の債務である。我々は次第に「借金を負った人間」になりつつある。資本主義は、学生ローンから住宅ローン、クレジットカードに至るまで、公私さまざまな債務の仕組みを生み出した。2015年、イギリスの世帯は平均で54万4000ポンド〔約8000万円〕の債務を負っていた。借金を背負いながら人々はどのように暮らしているのか。借金に歯止めはあるのか（Lazzarato, 2007＝2012）。

5　文化面での金融化の浸透――金、物質主義、市場、消費が世界の主要な価値基準となる。金融の論理が、ケア、正義、自己実現（human flourishing）といった人間に重点を置いた価値基準に取って代わった。市場価値は、社会にとってもっとも人間的な価値基準か（Haiven, 2014; Brown, 2015＝2017）。

6　プレカリアートの登場――超低賃金、雇用環境の劣化と不安定化などにより、生活の保障を欠き、寄る辺を失う人々が増えるなかで、新しい社会階級が生まれつつある。人々が次から次へとプレカリアートに転ずるのを食い止めるにはどうすればよいのか（Standing, 2014）。

7　見えないオフショア化――有力な「オフショア・リッチ」は、タックスヘイブンや所有する島に収入、資産、利潤を隠し持ち、民主主義を弱体化させる。オフショア化を減らすにはどうすればよいのか（Urry, 2014＝2018）。

8　汚職の拡大――私的な利益を上げるための権力の乱用が拡大している（着服、金融詐欺、政府機関と大企業の間の果てしない行き来）。資本主義のもとでどれくらい汚職が広がっているのか。

9　環境への悪影響――二酸化炭素の主な排出元は世界各地の大企業である（チャイナ（800万トン以上、23％）、アメリカ合衆国（550万トン以上、19％）、EU

（13％）、日本（１００万トン以上、4％））。資本主義は環境にいかに悪影響を与えるのか。

デジタル社会、メディア化、トランス・ヒューマン化する生活

近現代のメディアの発展について、印刷、映像、電子、デジタルという4つの革命を挙げることができる。グーテンベルク〔による発明〕以来、印刷は発展を遂げ、１７００年頃には新聞とジャーナリズムが現れた。19世紀初頭、新しいコミュニケーション技術が登場することで、根底的な変化が始まった。たとえば１８３９年頃のカメラの発明は、それ以前は実現不可能だった複製映像の世界の土台を築いた。これが、携帯型ビデオカメラからデジタル写真にいたる、記録されたイメージがあふれる現代の状況につながっている。１８７６年頃に発明された電話は、きわめて遠く離れた場所同士を接続した。それは、携帯電話による人間のコミュニケーションの劇的な再編成の前触れだった。１８７７年頃に発明された蓄音機は、１００年後のウォークマンやiPodの先駆けである。いまやiMusicやSpotifyがあれば、我々はどこにでも音楽を連れて行ける。その場で演奏される以外に音楽が存在しなかった昔とは大違いである。１８９０年、映画が発明され、「フィルムと映画の世紀」と呼ばれる20世紀を導いた。これらの新しい技術は多くの人々の日常的な経験

となり、いまでは家庭に直接入り込んでいる。ラジオとテレビは1920～30年代に姿を現し、1950年代末までに欧米の大多数の家庭に普及した。これらの技術は世界を変えた。

一方で、新たなデジタリズムがコンピューティング、ソーシャル・ネットワーキング、「モノのインターネット」をもたらした。2000年前後に実用化されたこれらの技術は、現在ではあらゆる主要な社会制度に組み込まれ、世界中の多くの人々の日常生活の一部となっている。2015年までに、世界人口の40%を大きく上回る人々がインターネットを利用するようになった（1995年には1%に満たなかった）。インターネットの普及にはばらつきがある。アジア＝48%、南北アメリカ＝21%、ヨーロッパ＝29%、アフリカ＝10%。平均的なユーザーのインターネット利用時間は、1日当たり4時間25分であるが、東南アジアの利用時間がもっとも長い。デジタル化とメディア化が21世紀世界の顕著な特徴となっており、世界を根本から変えつつある。友人関係と家族関係は、いまやスマートフォン、Facebook、Twitter なしでは成り立たない。学校、病院、職場は、教育・医療分野での「電子革命」を推進してきたが、コンピュータがハッキングされたりダウンしたりすれば機能停止する。犯罪の標的がIDの盗み取りとコンピュータのハッキングに移行する一方、〔犯罪行為の〕取り締まりによって新たな監視社会が形成される。サイバー教会、オンライン社会運動、デジタル民主主義、デジタル都市だけでなく、デジタルディバイドとデジタルセルフが存在する。我々が目撃しているのは新しいデジタル情報経済であり、それは資本主義に取って代わるとまでは言えないにしても、資本主義の姿を変えつつある（カステル、メイソン、リフキンを参照のこと）。さらに、現代のテロリズムはＩＳＩＳ（イラクとシリアにおけるイスラム国）において「デジタルカリフ制」すら創出した（Atwan, 2015）。その〔デジタル情報経済の〕影響を受けない社会制度は存在しない。我々のコミュニティ、社会関係、感情の構造は根底から変わる。新しいメディアの浸透によって社会生活が総体的な変化を被るなかで、大転換が起きている。これを受けて発展しつつあるデジタル社会学については、本書で折に触れて紹介するとおりである。

総じて、我々はデジタル〔社会〕に生きている。新たなメディアは、いまや人間の経験と切っても切れない関係にある。それらから隔離された社会で我々がなしうることはほとんどない。さまざまなデジタル技術が日常生活と制度に組み込まれてきたことで、これらがもたらすトラブルや心配事も相応に増えてきた。では「デジタルトラブル」とはいかなるものか。次のボックスではこの点について説明している。

批判的デジタリズム：デジタル世界に向けて取り組むべき課題

よく知られているように、デジタル世界は数多くの恩恵（情報、データ、アクセス、効率性、高速性、生産性、創造性、「選択肢」など）をもたらし、21世紀の生活にとって不可欠な構成要素となっている。それが消えてなくなるわけではないが、デジタル世界はさまざまな「デジタルトラブル」の火種も持ち込んだ。以下に挙げるのは、社会学者が問い続けるべき重要かつ魅力的な論点である。

1　デジタル監視と民主主義の機能不全――「あらゆるクリックがどこかに記録される」ならば、批判的デジタリズムは「我々のデジタル生活について、誰がどんな情報を取得するのか」を問い続けなければならない。メディアを騒がせたエドワード・スノーデンやジュリアン・アサンジの例から明らかなように、すでに政府は我々のインターネット利用履歴や通話履歴にアクセスしており、将来〔こうした監視は〕さらに拡大する。デジタリズムはプライヴァシー、自由に関する膨大な問題を提起しており、民主主義は脅かされることになるだろう。実際、ジョージ・オーウェルの『1984』の予見をはるかに超えたところまで来ているのかもしれない（「思考を深める――監視社会」145〜147頁参照のこと）。

2　デジタル犯罪と悪用――デジタリズムはなぜ、そしていかにして、かくも顕著に現代の犯罪に利用されるのか。ハッキング、フィッシング、著作権侵害から金融詐欺、ドラッグ取引、テロリズムにいたるまで。多くの人々にとって、インターネットは実に恐ろしい場所になった。それは、悪用、脅威、いやがらせ、いじめ、暴力、私的制裁〔自警主義〕、女性嫌悪、同性愛嫌悪、レイシズムの巣窟である。

3 デジタル化による非人間化、非人格化、プライヴェートの終焉――個人間の接触が機械によって置き換えられ、他方で、個人生活を他者と「過剰共有」する状況のもとで、デジタリズムは個人の対面的な人間関係をどのように形作っているのか。人間がいるあらゆる場所に、機械はすでに到着している。集団的なナルシシズムと有名人への憧れが「セルフィー」世代を生み出し、プライヴァシーが公開される。我々はいまや「つながっているのに孤独」であり、「会話を取り戻す」必要に駆られている（いずれも、30年以上にわたって人間とコンピュータの相互作用を研究してきたシェリー・タークルの言葉〔著書のタイトル〕）。多くの人々の眼前に、人間関係とコミュニケーションが減退する「ポスト・ヒューマン」の世界が迫りつつある。

4 デジタル化による仕事の消滅――新しいデジタリズムはどのような仕事の未来をもたらすか。次第にロボットやデジタルマシーンが仕事を引き受けるようになった。店舗、レストラン、図書館、教育、オフィス、会計、取引など際限がない！　従来型の仕事の解体が加速し、大量失業と臨時的・一時的な労働（しばしばプレカリアートと呼ばれる）の増大という新たな問題が生じている。

5 デジタル化による社会的不平等――デジタル生活にアクセスできない人々にとっ

て、どのように新しい形態の不平等がもたらされるのか。インターネットは自由市場個人主義を具現化し、諸国間、社会集団間、個人間のデジタルディバイドを拡大させ、新たなエリートと大衆を生み出す。

6 デジタル資本主義による中央集権化――デジタル資本主義は、いかにして「世界を支配する」「メガプラットフォーム」をつくり出すのか。現在ではGoogle、Amazon、YouTube、Facebook、Twitterといったグローバルデジタル企業が最大の利益を上げており、市場での消費／プロシューミングに向けて我々の生活を規制・再編する大規模な中央集権化が進行している。ウィキペディアのように開放的で民主的と見られるプラットフォームはごく少数にすぎない。

7 デジタル化による複雑性と過負荷――我々はいかにして「豊かさという災い」(アンドリュー・キーンの言葉)とともに生きることができるか。我々はいまや、これまではあり得なかった複雑さと速度を特徴とする世界――ペタバイトの領域――に踏み込んだ。ここで我々は、情報の過剰と、増殖する大量の選択肢に直面している。我々は扱いきれないほどの情報を抱え、生活のペースはあまりに速くなった。

8 デジタル化による沈黙――我々の脳は新しい思考様式に再接続されるのか。我々が密度の高い線型的な語りから離れ、読むという行為に代えて飛ばし読み、流し読み、ハイパーリンク、「ビッグデータ」に頼るようになると、知的な深さ、持続的な思考、論理的な議論が失われる。デジタル化によって物語と人間の主体性は死を迎えるのか。

9　デジタル化による乗っ取り——人工知能（AI）、ロボット、センサーネットワークは、いかにして、人間の生活を人間の管理の及ばないものに変えるのか。これまでSFの世界で描かれてきた悪夢のような世界が現実化している。

デジタリズムを批判する数多くの文献がある。例えば、シェリー・タークルの『つながっているのに孤独』（Turkle, 2013=2018）、『一緒にいてもスマホ』（Turkle, 2015=2017）、ニコラス・カー『ネット・バカ』（Carr, 2010=2010）、アンドリュー・キーン『ネット階級社会』（Keen, 2015=2019）を参照のこと。

環境とサステナビリティ——差し迫る世界の破滅

物事をもっとも広い目で眺めてみると、文明は、いや人間という種そのものが、現れては消えるものである。しかし過去においては、地球（環境保護主義のリーダー、ジェームズ・ラブロックいうところの「ガイア」）上に生きる人の数は希少で、人間活動が与える損害は相対的に小さかった。しかしいまや人口は増大し（繰り返しになるが、過去30年間で30億人増えた)、この惑星は疲弊しきっている。もし世界の気温が産業時代以前のレベルより摂氏2度以上上昇するのを我々が放置するならば、巨大な気候破壊が訪れるだろうし、2050年、あるいはもっと早いうちにそうなるであろうと広く主張されている。世界規模の気候災害が激増していることからも、この兆候はすでに現れている。インド洋での2004年の津波、2005年のハリケーン・カトリーナ、2010年のハイチ地震などである。『次なる破局(*The Next Catastrophe*)』(Perrow, 2011)、『世界リスク社会』(Beck, 2009=2014)、「新たな破局」(Urry, 2011)など、今日では多くの議論がある。

「環境」に関する議論は通常、経済学者、科学者、政治家の領分と見なされる。実際には社会学者にとっても大きな関心事なのである。つまるところ、環境に対する「危機」は社会的な事象であり、すなわち世界にダメージを与えているのは人間の行動ではないのか、と。社会学者が問いかける主要な問いは以下の通りである。社会環境の変化(消費主義、資本主義、永続的経済成長策など)が世界の環境をいかに形成するのか。いかにして「環境」に対する社会的対応の違い(メディア、社会運動、政府の政策など)が生まれ、「環境危機」に対する認識が形成されるのか。人間の行動が未来の環境にもたらす帰結(とリスク)はどんなものであり、いかにして環境被害が不平等に配分されるのか。持続可能な未来環境に通じる道が存在するとしたらどんなものか。人々が災害に対応する方法をいかに理解できるのか。——これらが災害社会学である。社会学者は「環境のドラマ」を、対立する政策が展開しエスカレートする領域として理解しなければならない。

これは無論、調査に値する、喫緊の社会学的な課題である。社会学者にとっての究極的な課題は、人々ならびに制度の「環境実践」がいかにして環境を変えるかを理解することにある。我々がどれだけ野生生物を絶滅の危機に晒し、過剰な狩猟・漁獲を行い、種と地球上の生命の豊かな生物多様性を破壊し、生態系にダメージを与えているのか。我々がどれだけ森林伐採と土壌侵食により大地を傷つけているのか——乱伐時代の熱帯雨林消滅のことである。我々がどれだけ水の供給に脅威を与え、大気を汚染し、都市に人口が密集し、あまりに大量のゴミを生み出しているのか。輸送システムがどれだけ車や飛行機や大型クルーザーを生産して、ゴミを環境に投棄しているのか。これらはすべて明確に人間が作り出したものなのだ。巨大な経済は巨大な問題を産み出すものである（産業時代の黎明以降、わずか90の企業がガス排出の約3分の2を産み出してきたのだ！）。資本主義がますます利益に貪欲になり、政府が螺旋状に永続する消費とともに経済成長を追求するにつれ、社会学者は、これらすべての成長と消費の限界はどこにあるのか、終わりはないのか、**持続可能な開発**や低炭素社会、ケアと保護を必要とする共通世界、すなわち「コモンズ」に対する共通価値の形成の重要性について、問わざるを得なくなっている。

これらすべての開発によって、人間世界はかつてないリスクに晒されていると主張する社会学者もいる。この件について論じた鍵となる著作は、ドイツの社会学者、故ウルリッヒ・ベック（1944〜2015）が著した『危険社会』（Beck, 1986=1998）であり、ベックはリスク社会という概念を作り出した。グローバルな技術変動は、容易には予測できない、いまだかつてない帰結を生み出すものとされた。遺伝子操作から核兵器、自動車と飛行機のネットワークの大規模な拡大、遺伝子組み換え作物、動物のクローン化、地球の乱伐、デザイナーチルドレンと代理母にいたるまで、これらはとてつもない帰結をもたらす。最小の行為が予測不能な悲惨な帰結をもたらすこともある。

社会生活の合理化――我々は人間を超えつつあるのか

この変化の大部分にとって鍵になるのは、変化が徹頭徹尾、科学、合理性、研究（とそれに伴う技術）によって形成されていることである。科学には長い歴史があるが（アラブ－イスラムの科学は13世紀までは先進的なものであったし、チャイナの技術は紀元前200年に作られた万里の長城に示されている）、ここ400年の間にますます西洋の特徴となってきている。量子革命は事物、宇宙、エネルギーに対する新たな理解をもたらし、人間を月に送り出し、宇宙旅行や衛星による監視の可能性を追求させている（もっとも〔議論含みとはいえ〕推定15万から30万人を殺害した広島／長崎の原爆投下を伴いもしたが）。生体分子革命は我々の生命と遺伝子をヒューマンゲノム計画のもとに可視化し、クローニング、デザイナーベイビー、人種優生学や人間生命の拡張を可能にした。さらに情報（コンピュータ）革命は携帯電話やインターネットによって比類なきコミュニケーションの可能性を生み出し、ロボットによる監視社会の可能性を高めた。

近代科学は我々が生きる世界に遍在しており、「組織人」ときに「超人間」を作り出す技術組織社会を生み出した。生活の大部分がいまや規則、合理性、責任の体系に規制された大規模な階層秩序をもつ官僚制の中で営まれており、多くの身体が新たな科学技術の介入にしたがっている。19世紀末にはマックス・ウェーバーが有名な「鉄の檻」という概念を用いてこれを認識し、記していた（フランツ・カフカの『審判』のなかでも巧みに描かれている）。20世紀初頭には、政府、教育、健康、調査、労働現場、メディアで作動する規制の浸透ぶりを確認することができる。それから逃れられるものはないかのようにすら見える。それは「品質保証」「健康安全」「監査」「説明責任」「定型作業」「監査文化」「監視社会」の世界であり、ジョージ・リッツアが『マクドナルド化する社会』（Ritzer, 1993=1999）と呼んだものである。第2章で見たように、マクドナルド食品チェーンの経営を支配するルールが、我々の社会生活をグローバルに組織化しつつあることが示唆されている。社会のマクドナルド化には多くの問題があるが、それなしには我々が慣れ親しんでいる世界はうまく作動しない。スーパーストアは倒産し、大学は破綻し、医療記録は利用できず、航空旅行は悲劇的結末を迎えることだろう。

しかしこの合理性は行き過ぎてしまう。我々は新しい人間が登場しつつあるのを目にしている。この「トランス・ヒューマン」(あるいは「ポスト・ヒューマン」な)存在は、身体や行動や主体性を機械によって変化させている。それは「バイオテクノロジー」、人工知能、薬品市場、薬剤管理、幹細胞研究、遺伝子スクリーニング、遺伝子治療、脳波、PET検査(がん検査)、CAT(標準注意検査)、MRI(磁気共鳴画像診断装置)スキャン、生殖技術、「サイボーグ」、デジタルセックス、デジタル「セカンドライフ」、遺伝子組み換え食品、先進人工器官、ロボット工学、臓器提供、臓器移植、臓器売買の世界である。近代科学と合理性は我々の身体に食い込み、かつての我々とは異なるものに仕立て上げ、その途上であまたの政治的・倫理的問題を生じさせている。

思考を深める：監視社会

合理化、デジタル化、情報の進展に伴い、人間の生活はますます監視されるようになった。あなたの生活が監視カメラ(CCTV)、侵入検知システム、あらゆる種類の評価、パスポートなどの公的監視をもちいた検閲に晒されている多くの領域について考えてみよう。それらについて我々はあまり気にしていないが、それらがさらに深く広く拡張すると、監視が我々の日常生活に触手を伸ばしてくる。「生体認証」では指紋、身体、脳、目などの身体的特徴がスキャンされる。「情報監視(dataveillance)」では個人のデジタル生活が「電子フットプリント」、クレジットの取引、バーコード、

ｅメール、インターネットの検索、携帯電話によって体系的にコード化され、すべてがビッグデータ用に「スクレイプされ、刈り取られる」。（ヒトゲノム計画のような）遺伝子スクリーニング、地理情報システムは日常生活を監視するためにＲＦ－ＩＤタグやＧＰＳ、監視衛星やドローンのような位置情報システムを導入するものである。ジョージ・オーウェルの『１９８４』の世界が近づき、現実はそれを追い越している。

　社会学者の課題はこの監視社会を描き出し、その一様ではない歴史を追跡し、それが人々と社会に与える影響――（安全で効率的な社会など）肯定的な影響もあれば、（自由の喪失、脆弱性、恐怖と抑圧の発生など）否定的な影響もある――を調査することである。エドワード・スノーデン（北米の活動家かつ内部告発者）とジュリアン・アサンジ（ウィキリークスの創始者）は自由と安全のトレードオフ、すなわち国家が社会を安全にするために我々について知る必要はどこまであるかという公共的な議論を提起した。中心的な問題は、公共の安心・安全と個人の自由とプライヴァシーのバランスである。これらは未来の、特に民主主義の未来にとって、たいへん重要な課題である。

　監視世界について多くの書籍や映画が制作されている。大衆映画では『ザ・インターネット』（１９９５）、『ガタカ』（１９９７）、『善き人のためのソナタ』（２００６）、『マイノリティ・リポート』（２００２）、『トゥルーマン・ショー』（１９９８）などがある。学術研究の良い手本は『ラウトリッジ社版 監視研究のハンドブック（*The Routledge Handbook of Surveillance Studies*）』（Ball, Lyon and Haggerty eds., 2012）である。Surveillance Studies Net（www.surveillance-studies.net）や State Watch（www.statewatch.org）なども参照のこと。

「脱世俗化」する社会における神の回帰――多数の信仰とともに生きる方法

しかし科学と合理性だけが、近代世界における唯一の信念体系というわけではない。宗教とスピリチュアリティ（霊性）もあらゆる社会で重要な役割を果たす。世界には何千もの固有の宗教があり、そのうち七つは巨大宗教であるが、信仰を持たない者も多い。キリスト教は20億人以上の信者がおり、2050年には約30億人になると予想されている（その成長は主としてアフリカにおけるもので、世界のキリスト教徒のうち10人に4人はサハラ砂漠以南のアフリカに居住している）。イスラム教は15億人以上の信者がおり、もっとも急速に拡大している。2050年までには「世界におけるイスラム教徒の数はキリスト教徒の数に匹敵するだろう」（Pew Research Center, 2015）。ヒンドゥー教徒は約10億人おり、仏教は人類の7％、4・88億人存在する。シク教徒も2700万人いる。ユダヤ教は比較的小さく、世界で1400万人の熱心な信者がいるだけである（そのうち600万人はアメリカ合衆国にいる)。その他、二つの信念体系は厳密には宗教ではない。チャイナの大部分は儒教(祖先崇拝)により形成されており、近年は共産主義という反‐宗教もある。また、およそ10億人の無宗教者がいる(うちヨーロッパに4000万人)。

社会学者は長い間、世界がますます世俗化していると主張してきた。世界が合理化するに伴い、神は消えつつあると。「神は死んだ」はニーチェの有名な箴言であったし、主として西洋諸国で、たしかに無神論者は増えていた。しかし一般的には、世俗化を唱える社会学者の言は誤りであったことが判明しつつある。ポスト9・11の世界は、過去に存在した直線的な世俗化観に引導を渡し、イスラム教や多様に分派する世界の宗教が再び脚光を浴びるようになった。我々はいまや「ポスト世俗化」時代に突入し、「神は復活」しつつある。世俗主義はいまや攻撃の対象となり、新奇で暴力的なイスラム教、ヒンドゥー教、キリスト教の宗教組織、ときには「テロリスト」となる組織が増加している。イスラム教の信仰やキリスト教がグローバル化によって強化され、過激に保守化している。アフリカだけでもキリスト教徒の数は、1990年には1000万人を下回っていたが、2015年には5億4000万人に増加している。

先導的な宗教社会学者であったピーター・バーガーによれば——彼自身はカトリックだが——、世界は現在「宗教的情熱で沸騰している」。この変化の中でも真に驚くべきは、これら勢力拡大中の宗教がより原理主義的——伝統的で、道徳的に保守的で、聖典と生きる福音主義者――になっていることである。2050年までにキリスト教徒の72%は、アフリカ、アジア、ラテンアメリカ、いずれかに居住していると推定されている。かれらはしばしばペンテコステ派〔三位一体の位格の一つ、聖霊の働きを強調する教派・集団〕である。信仰療法、悪魔祓いの祈禱を行い、神秘主義に耽溺する傾向がある。しばしばかれらは、相対的に貧しい者から資金調達する。貧者の世界に広がりつつあるこの新しい「キリスト国」は往々にして西洋からの転向の産物であり、西洋で失敗した宗教改革者が他の場所に関心を向けるのである。同様に世界中でイスラム教の政治化が進展しており、ジハード〔聖戦〕や宗教戦争が増加している。私がかつて書いたように、ISISは暴力殺人を行なう巨大な世界的脅威になりつつある(Atwan, 2015を参照のこと)。

この新しいグローバルな(そしてしばしばデジタルな)宗教秩序は、現存する新しい近代的世界と折り合いをつけるべく努力し――それは往々にして不可能なのだが――、世界中で公然と可視化されつつある多種多様な宗教経験とともに生きていきたいと望んでもいる。20世紀には多数の宗教対話が強力に進展されたが、同時に原理主義も際立って増加した。あまたの拡大傾向にある宗教運動は、絶対主義的な過去への回帰をさらに志向している。伝統的ジェンダー役割や伝統的セクシュアリティを復活させようとする、深刻で暴力的でさえある要求は、多元的近代のもとで競合する世界にますます根を張りつつある。

新しい宗教世界は、(かれらのかつてのライバルと同様)巨大な悪や暴力とともに、善をもたらす可能性もある。それゆえ社会学者ウルリッヒ・ベックは、我々がいかにしてグローバル市民となり、一神教的な宗教世界における対立をこえて、「真理ではなく平和」という新目標を携えた「宗教の世界主義化」につなげられるのかと問いかけている(Beck, 2008=2011)。グローバルな信仰運動の発生がその一つの対応策たりうる。社会学はかつて、世俗化不可避論を主張していたが、再考の必要に迫られている。

社会運動とアイデンティティ政治——デジタル活動家は世界を変えるのか

大衆動員と社会運動は、フランス革命に象徴されるように18世紀後半の西洋社会に姿を現した。19世紀中には定番の要素が現れ、(植民地化、移住、貿易を通して)世界中を移動し、より多くの集団や住民が新しい形の政治活動に携わっている。チャールズ・ティリー(1929～2008)は、社会運動の発生が投票箱の発展に伴うことを、人生の大半を費やして証明しようとした社会学者であった。『社会運動1768～2004(*Social Movements 1768-2004*)』という著作でティリーは、新しい社会運動は三つの事物をつなげたと論じている。新しい社会運動は大衆キャンペーンを発達させ、ターゲットとなる聴衆に集合的クレイムを行うために組織化されている。また大衆の集会、行進、示威運動から抗議活動、陳情、特定の目的集団の結成にいたる広範囲な政治活動のレパートリーをつなぎ合わせた。最終的に新しい社会運動は、自らを善なる大義ないし価値ある人間として提示し、多くの支持者と団結した。

社会運動は、近代の政治生活における主要な特徴となった。それは政治変化に推進力を与えるだけでなく、人生に意味を与えるものでもある。人々は往々にして、自分が誰であるかという感覚（アイデンティティ）をこれらの社会運動から作り出す。社会学者は、「アイデンティティ」がしばしば社会的行為と変化の基礎になると主張する。そのような組織運動とアイデンティティのリストは長大かつ驚異的なものである。女性運動、ゲイ・レズビアン・バイセクシュアル・トランスジェンダー（LGBT）の運動、環境運動、学生運動、反グローバル運動、生存権運動、動物の権利運動、土地のない人々の運動、先住民運動、人権・市民権運動、障害者運動、エイズ運動、緊縮財政運動、あらゆる種類の権利〔を求める運動〕がある。これらすべてが社会学の研究対象となり、現代の政治生活を把握する際の拠点となっている。

デジタル時代の到来以降、これらの運動は、社会学者のマニュエル・カステルが『怒りと希望のネットワーク（*Networks of Outrage and Hope*）』と呼ぶものを通して変化し、際立つ存在となっている。ウェブ・アクティヴィズム（Dartnell）、「オンライン・アクティビズム」（McCaughey）、「サイバー抗議」（Pickerill）、「解放技術」（Diamond）、「デジタル反乱」（Wolfson）、「人民プラットフォーム」（A. Taylor）、「情報政治」（Jordan）などである。スマートフォンやFacebook、Twitterのようなソーシャル・ネットワーキングが、流動的で、リーダーもおらず、自発的に発生する参加アクティビズムの中核となる。近年の例では占拠運動、エジプトのアラブの春、香港の雨傘運動、2013年のトルコ反政府運動、ロシアのプッシー・ライオットなどがある。これらの新しい政治が民主主義を促進すると述べる者もいるが、それらは支配的な権力集団に本当に挑戦しているわけではないと主張する者もいる。

グローバルに永続化する暴力――男性性という問題

暴力には多様な形があるが、歴史上ほぼあらゆる社会に見出すことができる。紀元前3600年以降、約1万4500の大戦争が発生し、40億人が殺害されたと推定されている。暴力は多様な形をとる。個人間暴力（殺人、虐待、レイプ、いじめ）、集団的暴力（ギャング、虐待）、合法的な国家による懲罰（戦争、死刑）、非合法暴力（テロリズム）など。手段として行われるものもあれば、儀礼的なものもある。社会学者には暴力発生率が社会集団や社会でどう異なるか調査する責務がある（アノクラシーとは、民主主義と独裁の混合形態であるが、民主主義より暴力が多いようである）。

20世紀の暴力は「新しい戦争」「テロリズム」「虐殺」「個人間暴力」「性暴力」、永続する「女性のグローバルな隷属」などの特徴があった。第一次世界大戦、ホロコースト、大粛清などの異常な虐殺があり、我々はますます「極端な」様式の暴力――人間性を超えた暴力——を生み出してきた。多くの暴力があるが、心理学者スティーブン・ピンカーのように、過去の暴力発生率を包括的に把握すると、暴力は減少していると主張する者もいる。しかし歴史家リチャード・ベッセルのように、暴力は「近代の強迫」であり、ますます容認し難いものになっていると主張する者もいる。皮肉なことに暴力が容認されないものになるにつれ、メディアやゲームの中で暴力は習慣化され、日常化している。

2015年に発生した、うんざりするほど多くの暴力は、世界の5分の1が紛争状態にあることを示している（世界中で約30の戦争が行われている）。これらの多くは国家内のものであり、「新しい戦争」とも「退化戦争」（Martin Shaw, 2003）ともいわれる。地域の人々への攻撃やレイプや虐殺が日常茶飯事となっている。2015年の主要な紛争地域はシリア、イラク（ISIS）、ウクライナ、南スーダン、ナイジェリア（ボコハラム反乱）、ソマリア、コンゴ共和国、アフガニスタン、イエメン、リビア、ベネズエラである。性暴力もある。ニコル・ウエストマーランドは、女性に対する15種類の暴力を挙げている（交際中の暴力、家族内暴力、公領域・制度における暴力など）。全世界を単位とする統計には問題もあるが、3人に1人の女性は、知人から日常的に殴打され、セックスを強制され、虐待されているとの主張がある。いわゆる「名誉」殺人の名のもとに、年間5000人もの女性・少女が（多くはレイプされたという不名誉のために）殺されている。世界中で1億4000万人の少女・若年女性が女性器切除（FGM）を受けている。推定

4000万人の女性・少女が世界中で毎年売買され、結婚するか売春するか奴隷状態に置かれている。約6400万人の女性・少女が幼妻となっている。毎年、女性は推定5000万件の中絶を経験し、そのうち2000万件は安全でなく、7万8000人の女性が亡くなり、数百万人が〔後遺症に〕苦しんでいる。

多くの暴力は、「名誉」や男性性と結びついている。戦争の口火を切るのは圧倒的に男性である。殺人を犯し、有罪判決を受ける90%が男性である（男性は大抵の場合、被害者でもある）。自殺し（およそ75%）、レイプし、虐待し、暴力団に参加し、暴力的なテロリストになるのも圧倒的に男性である。これらの暴力世界が示唆するのは、近代世界の男性性は危機にあるということだ。

21世紀のテロリズムを理解する：社会学的課題を設定する

2001年9月11日、ニューヨークの世界貿易センターとワシントンのペンタゴンへの自爆テロ（で約3000人が死亡して）以来、テロリズムは世界政治の中心舞台に躍り出た。社会学者は「テロリズムの社会学」という課題を設定している。かれらの問いは、以下のようなものである。

1 「テロリズム」は何を意味するか。ある研究によると100以上の定義が使われている（McDonald, 2013）。いかに定義し、どの定義を使うか。「ある人にとってのテロリストは、別の人にとっては解放者でもある」という公理をいかに理解するか。政治的暴力は国家によって正当化されないのか。

2　その歴史的文脈はなにか。おそらくフランス革命（１７８９〜99）での戦いを端緒とする特定のテロリズムについて考えてみよう。「近代テロリズム」の歴史について考え続けよう。古い暴力・恐怖・技術と新しい暴力との間に、違いはあるのか。

3　信仰に基づく革命と聖戦から環境活動にいたるまで、古い（固定的で、ローカルな）ものから新しい（柔軟で、グローバルな）ものにいたるまでの、テロリズムの多様性と種類を調べてみよう。テロリスト集団への入り口として、クリックできるウェブサイトが１５０以上、経験的に確認できる。アルカイダ、ボコハラム、ＩＳＩＳ、タリバン、ハマスは氷山の一角にすぎない。

4　テロリズムの原因は何か。いかにしてテロリズム集団が登場し、作動するのか。それらを生み出す世界の／社会の条件を考えてみよう（くわえて、おそらくある人をテロリストにしてしまう心理学的な問いについても考えよう）。

5　テロ組織は社会運動なのか。社会学者が論じてきた社会運動の古典的モデル、すなわち「緊張、アイデンティティ、クレイム申立て、資源動員」などの問題を扱うモデルでこれらの運動を理解できるか。

6　政府やメディアや住民や被害者が行うテロリズムに対する反応には、どういう類型があるのか。そしてその影響はどんなものか。国際警察や「国土安全保障」などのテロリズムへの抵抗（反テロリズム）はうまくいくのか。その意図した結果、あるいは意図せざる結果は何か。テロリズムについて記録した映画・書籍・詩について調べる必要もあるかもしれない。

7　テロリズムは社会統制の形式としていかに機能するのか。テロリズムおよび対立し合う政府による恐怖文化の構成。

8　社会変動においてテロリズムはどんな役割を果たすのか。道徳の境界や問題に対する公衆の意識や恐怖を変えるのか。

9　テロリズムは人権、自由、暴力、紛争解決、人間生命の繁栄と否定といった広範な問題に影響を与えるのか。

10　テロリズムは不平等といかにつながっているのか。

テロリズムに対する考察には、キャロライン・ケネディ－パイプの『テロリズムと政治的暴力（*Terrorism and Political Violence*）』（Kennedy-Pipe, 2015）やケヴィン・マクドナルド『我々の暴力世界（*Our Violent World*）』（McDonald, 2013）がある。

国民国家の発展――移住にともなう危機

今日、地球上に生きる人間は国民国家の内に生きている。これは新しい現象であり、かつては典型的というにはほど遠かった。かつて土地の集合体は、族長や王や皇帝やスルタン――宗教と結びついた権力と神権によって支配する専制君主――などにより種々の形で支配されていた。16世紀までは、民族集団は自分の版図に対して要求を行い、人々はその土地の領主が境界を設けた領土内で暮らしていた。しかしウェストファリア条約（1648年）とともに、地域の国内領土を区別する基準が設けられ、独立国家が承認されるようになった。旧式の帝国――ロシア帝国、オスマン帝国、大英帝国――は20世紀初頭まで存続したが、やがて崩壊し、新しい国民国家が登場し始めた。近代の国民国家は20世紀のナショナリズムのもとに行われた破滅的な戦争システムの中核にあった。

国民国家は、矛盾した存在のように思われる。国家とは、限定された地理的領域に対する有効な規則、主権、統治を伴った政治的組織であり、権威の独占を要求し、軍隊と官庁を統率し、「合法的に」暴力を利用できると信じている。それとは対照的に国民とは、宗教や言語やエスニシティや共通の生活様式によって結びついた人間や文化共同体のことを意味する。それは犠牲を捧げる対象、ときに一般人の命を捧げる対象である。それはナショナリズムと結びつき、強力なアイデンティティを生み出す（私はドイツ人だ。私はタイ人だ。私はマオリ人だ、というように）。ときにそれは実在するものというより、想像されたものである。想像の共同体という観念は、ベネディクト・アンダーソンが用いた印象的な言葉だが、ナショナリズムがどのように「出版資本主義」の出現や、専制君主や神の支配という概念の否定と結びついてきたかを示している（国民国家に関する近年の社会学的研究とその成果は、マイケル・マン、アントニー・スミス、サスキア・サッセンによるものであり、国家への関心よりも民主化に対する関心を有している）。ナショナリズムと国民国家は、人々の国境越えが増加するにつれ、移民問題を生み出した。「思考を深める――危機にともなう移住」では、その運動が、どれだけ現在の世界に存在するかを論じている。

思考を深める：危機にともなう移住

世界規模の移住があり、2015年の人口70億人のうち10億人が移民である。しかし21世紀の大きな特徴は「危機」と「強いられた」移住であり、人々は囚われ、「家」から避難し、移転を必要とし、自国を去る以外の選択肢がないことを知る。ますます多くの人が近年にはない規模で、紛争、迫害、戦争、暴力、人権侵害、流血、飢餓、地震、不安定な政治から逃れようとしており、我々はそうした人々のことを研究する。それは不平等とも深く関わっている。富める者は世界を容易に移動できるからだ。

2015年初頭、約6000万の人が世界規模で避難を強いられている。1950万の難民、3800万の避難民、1800万の亡命希望者がいる。これら難民のうち半分はわずか3カ国、アフガニスタン、シリア、ソマリアの出身である。貧しい発展途上国が数多の移民を受け入れている。トルコ、パキスタン、レバノンは難民の主要受け入れ国であり、トルコは200万の難民のホスト国である。社会学者はこのような移民の危機が生じる社会的条件を問い、人々がそのような状況にいかに直面しているのか、なぜ移動する人と移動しない人がいるのかを調べ、かれらがいかに定住したり、定住に失敗するのかを問う。社会学者は海を渡る移民、収容所の移民、戦闘区域に囚われた移民、子ども、高齢者、女性、若者など異なる社会集団がいかに問題に対処しているかを問う。これらすべての苦難が生じているところでは、新たな産業――人身売買――が発生する。包括的でグローバルな人道主義的国際組織はその解決に失敗している。

以下を参照のこと。

国連難民高等弁務官事務所『グローバル・トレンズ2014(*Global Trends*)』(UNHCR, 2015)

ケイティ・ロング『群がる大衆(*The Huddled Masses*)』(Long, 2015)

ハイブリッドなディアスポラ――コスモポリタニズムに向けて

結束を連想させる国民の問題とつながっているのは、21世紀の人々の差異に関する認識である。200の国家があり、数千の先住民と地方部族がおり、7000の言語が話され、異なる宗教、価値観、政治、生活様式がある。歴史上、国家の内外で多数の大量移住があり、人々が世界中を移動し拡散するのに伴い、グローバルなディアスポラ〔民族離散〕が生まれている。真の不協和音を醸す種々の声が、聞こえてくる。そのような多様性はインドやジンバブエのような異なる文化間にも見出されるが、一国内にも存在する。インドネシアには700の言語があり、ロシアには150の文化があり、多くのアラブ文化にはイスラム教の信仰を超える内部亀裂があまた存在する。この根深い差異の複合性の問題を、我々はまず真剣に扱うべきであり、しばしば論争へと発展する。まず我々はすべての社会のことを、これらすべての差異が混合され、かき混ぜられる**ハイブリッド**〔混合形態〕であると考えることが有益である。政治的イデオロギーはいうまでもないことだが、単一の社会も、統一された国民もない。そして**多文化主義**（一つの社会における異なる文化、ときには民族の混合）の問題が提起され、移民政策、社会結合、「外人《アウトサイダー》」への恐怖といった問題が浮上してくる。ナショナル・アイデンティティは批判に晒される。この問題に対処する能力は政府の同化政策、収容政策、統合政策、分離主義などに応じて変化する。これらすべてのことが**コスモポリタニズム**（世界市民主義）という古典的な概念に対する現代的な関心を呼び起こす。コスモポリタニズムはこれらの差異に対するある種の開放性と寛容を提起するのである。それは他者に対する寛容と共感の態度という社会構造を発展させることを意味し、他者と関わる意欲を含んでいる。最良の結果が得られれば、国境や境界が少ない世界、「他者」をスティグマ化することが少ない社会、人間の差異に対して共感的なグローバルな道徳共同体が生まれるだろう。

もっとも広い意味では、人々が差異について認識するのに伴い、我々はポ、ス、ト、モ、ダ、ン、と呼ばれる社会に突入する。**ポストモダニズム**は元来、統一性、線的一貫性、統合された全体や絶対的真理が（仮にかつて存在したとしても）終焉を迎えたことを認識した、建築と美術における20世紀の主要な運動であった。我々はますます多数性や複雑性に彩られた断片的な世界に生きており、そこではあらゆることが可能であり、フランスの哲学者ジャン＝フランソワ・リオタール（1924〜1998）が言うように、「断片とともに戯れて」いるのである。この言葉は1980年代に次第に流行語となり、我々が異なる文化を断片化されたものとして見る方法の形成に貢献した。

インターネットを使って21世紀の世界を観察しよう

社会学者は世界情勢の大きな俯瞰図を心に留めておかねばならない。それにはウェブサイトの利用が有益。以下に検索キーワードのちょっとした提案を用意した。これらをあなたの「お気に入り」リストに加えたなら、現状を知る上で役立つだろう。こうしてあなたは常に世界情勢をチェックし、現在進行形の事態を知ることができる。もっともすべての統計は問題を生み出すので、批判的に考える必要もあることを忘れないでほしい（第6章を参照のこと）。

・社会――世界銀行、The CIA ファクトブック、国連、ネーションマスター（NationMaster）、新・国際主義者（New Internationalist）、人間開発報告（Human Development Reports）

・人口――国連世界人口白書（UNFPA）、世界人口推計

・都市――国連ハビタット、世界都市人口予測、地球白書

・経済発展――国連、ＯＥＣＤ

・貧困――世界銀行貧困ネット、地球規模問題（Global Issues）

・環境――ワールド・ウォッチ機関、ダブリュー・アール・アイ（World Resources Institute）、IPCC（Intergovernmental Panel on Climate Change）、国連環境計画

(United Nations Environmental Panel)／環境・食糧・農村地域省UK（Department for Environment, Food and Rural Affairs)／ピープル・アンド・プラネット（学生活動）

- **人権**――アムネスティ・インターナショナル、ヒューマン・ライツ・ウォッチ、国連人権指標地図（Map of United Nations Indicators on Rights）、ILGA（International Lesbian and Gay Rights）
- **暴力・戦争・テロリズム・虐殺**――世界平和度指数、テロ指数（Terrorism Index）、ビジョン・オブ・ヒューマニティ、虐殺ウォッチ（Genocide Watch）、ストックホルム国際平和研究所
- **移民・難民・避難民**――国連難民高等弁務官事務所（UNHCR）、国際難民支援会
- **政治的自由と民主主義**――グローバル民主主義ランキング（Global Democracy Ranking）、フリーダム・ハウス
- **宗教**――信奉者（Adherents）
- **言語**――エスノローグ
- **価値観**――世界価値観調査（World Values Survey）
- **地図**――ワールド・アトラス（World Atlas）、グーグルマップ
- **人間の繁栄**――国連人間開発指数、世界幸福度調査、人間の安全保障指数、地球幸

福度指数

これらすべての簡便なガイドは『エコノミスト誌 世界統計年鑑 第25版』(Economist, 2015)にある。

これらの立ち位置は、原理主義の進展によってもっとも深刻な挑戦を受けている。原理主義は唯一の方法があると主張し、過去のどこかで発せられた声から(しばしば宗教的な)権威をもちだすような視点である。現代世界における多数の紛争の根底には、この分離・対立がある。

未来の社会想像と移りゆく時代の診断

社会学者は現代社会における広範な社会変動を研究する。いくつかの例を挙げてきたが、さらに付け加えることもできる。変化する家族がある(同性婚、グローバル家族、新しい生殖技術など、新しい形式の共同生活)、健康(AIDSや新しいグローバル疫病)、教育(初等・高等教育の世界的発展)など。本章を終えるにあたり、これらの研究が我々をどこに連れていくのかと問うてみるのが有益だろう。変化を包括的に評価することは可能なのか。当たり前だが、社会学者は占い師でもなければ、未来学者でもない。社会学者が、

表3-3　現代の診断──未来の社会想像

ディストピアに向かう方向──暗黒と、悲劇的世界という視点	ユートピアに向かう方向──希望と、誰にとってもより良き世界という視点
不平等の増大	不平等の縮小（公平な社会）
環境破壊	持続可能性、低炭素社会、コモンズ
暴力、テロリズム、戦争	平和維持、平和な社会
資本主義の危機の永続	新・経済秩序
宗教的不寛容と民族対立	共感、多信仰、多文化主義、世界市民社会
尊厳も権利もない浪費生活	礼儀正しさ、シティズンシップ（市民権）、人権社会
科学技術の非人間性と監視	人間的なデジタリズム──人道的社会
排除と追放──排除社会	包摂──包摂社会

我々の向かう場所を予測する義務はない。しかし未来の社会想像を構築することはできるし、時代の趨勢を診断することもできる。表3-3を見ると、社会学者が他に先駆けて発してきたメッセージがかなり複雑な内容を含んでいることがよくわかる。

悪い知らせ

まず本章では、悪い知らせはますます悪化するという、議論好きな私の友人で悲観的な社会学者を登場させよう。我々は環境激変の時代を生きている。巨大なスラム都市があり、デジタル上の人間抹殺、宗教戦争がある。暴力は至るところにあり、テロリズムは増加し、奴隷はいまだ普通に存在し、女性の命は残忍な扱いを受けている。不平等は悪化し、人種差別はますます深刻になっている。多くの人にとって現代は、恐怖が支配するリスク世界であり、統御不能となっている。移民の破滅的状況のもとでは、救助が必要な絶望的な避難民が大量に存在する。民主主義は市場化し、監視されて崩壊している。資本主義の危機は変質し、大量のグローバルな不平等を生み出している。世界の富の2分の1は、多かれ少なかれ世界を支配する人口のわずか1％の手元にある。これらの問題は、我々が直面している人口増加問題と混じり合いし、増幅されている。

これらすべてを分析する社会学的知識を収めた重要な文献は多数存在するが、さらにつけ加えることもできる。たとえば70カ国以上が同性愛行為を罰する法律を有しており、イラン、アフガニスタン、サウジアラビア、チェチェンなどの国では、ゲイのセックスは死刑になる。その「逸脱」を告白すると拷問を受け、ゲイの人は「治療のために」レイプされ、ときに暗殺部隊によって殺害される。女性、子ども、同性愛者の権利はどこでも侵害されている。

良い知らせ

しかし良い知らせは、最前線では、あまたの進歩が見られることだ。礼儀正しさ(Elias)、同情心(Sznaider)、共感(Rifkin)が増大し、暴力は徐々に減少した

(Pinker) と論じる人が現在、存在する。より良い世界を目指した組織もたくさんあり、世界情勢を観察する一助としてウェブサイトや定期報告書を作成している。典型例はワールドウォッチで、1984年から『世界情勢』という年次報告書を出している。人権問題は現在、世界的に取り上げられており、ケア、正義、福祉、安全、「環境」など、200年前にはテーマにならなかった事柄への関心も生じている。何十億もの人が苦しんでいるにせよ、多数の人々の生活が改善しているという報告がなされている。

もう一つ、明確に論争になっている例を取り上げてみよう。1990年に国連はミレニアム開発目標（MDG）のもとに、世界の貧困、乳児死亡率、識字率、女性の状況など八つの目標を掲げた。完全に成功したというには程遠いし、お金もかかったにせよ、これは多くの重要な変化を生み出した。このプロジェクトが終了した2015年の時点では、世界の貧困率は低下した。地球上で極端な貧困状態にある人の数は、1990年には19億人だったが、2015年には8・36億人と半分以下になった。貧困に対する戦争は、過去50年間に、それ以前の500年間に比べて、目覚ましい結果を残したように見える。また低所得社会における飢餓と、恒常的に栄養状態の良くない人の割合は、1960年には40％だったが、2013年には12・9％になった。2015年には飲料水にアクセスできる人が増え（90％以上）、衛生状態も改善している（屋外排泄は1990年以降半分になった）。低所得社会における子どもの死亡率も明確に改善し、1960年には1000人の出生のうち165人が死亡していたが、2015年には約43人になっている。識字率は1960年の16%から、2015年には91%に上昇している。あらゆるレベルの教育が承認され、特に少女の教育が有意に増えている。女性の状況については地球規模での懸念があるとはいえ、雇用においても政治制度においても、より男女平等に向かいつつある。

2015年にはそのプロジェクトはSDGs（持続可能な開発目標）へと拡大され、17の目標と169のターゲットが存在する！ その目標は、2015年から2030年の間に7000億USドル〔約77兆円〕の海外援助を使って、肯定的な変化を目指すものである。その17の目標とは、「あらゆる場所で、あらゆる形態の貧困に終止符を打つ」「あらゆる年齢のすべての人々の健康的な生活を確保し、福祉を推進する」「ジェンダーの平等を達成し、すべての女性と女児のエンパワーメントを図る」「持続可能な開発に向けて平和で包摂的な社会を推進する」「すべての人に司法へのアクセスを提供する」「気候変動とその影響に立ち向かうため、緊急対策を取る」などである。ここに社会学の重要なプロジェクトがある。これらの目標がいかに構築され、モデル化され、究極的には達成されるかを理解することである。

我々は前に進むことができる。過去500年間、一般の人々が自由と正義を獲得する戦いは、遠い過去にはまったく想像もできなかった仕方で、重要な課題とされてきた。現在、46%の人々がより「自由な」状態にある――民主主義の中で生きている――と主張する人もいる。もっともそれが本当は何を意味するかという問題はあるが。前世紀における多数の発展を振り返れば、感銘を受けざるを得ない。過去2世紀では、それ以前のどの世紀よりも、より多くの知識と創造的な芸術が生み出され、過去50年間で、かつてにないほど人々は知識や芸術にアクセスできるようになったというべきだろう。芸術、文化、音楽、スポーツ、人間の創造性の世界史は、社会学研究にとって素晴らしいトピックである。

近年、これらすべてが「進歩」するのに伴い、幸福と福祉と繁栄の社会学と呼ばれるものへの関心が高まりつつある。理論社会学は、人間の能力と繁栄についての議論を展開しており、経験的研究は「幸福」の測定を試みている。現在では何年にもわたって人間開発指数（HDI）は、経済指標の範囲を超えて、教育や環境についての測定も行ってきた。さらに近年の「地球幸福度指数（HPI）」は、エコロジカル・フットプリントと生活満足度と平均寿命を結びつけて幸福と福祉の測定を試みている（本章の付録〔169ページの表3-4〕では、何カ国かについて2015年の人間開発指数を掲載している）。

まとめると、世界情勢のバランスシートから、かなり矛盾した物語が読み取れる。社会学者はこれら変化すべてに埋め込まれつつ、その変化を研究し、世界を誰にとってもより良い場所にする方法にトライする。平均寿命、識字率、インターネット利用などの諸問題については、生活は少しずつ改善している。環境、テロリズム、政治腐敗などの問題については、事態は悪化している（国連ミレニアム開発目標2015〜16「未来情勢」を参照のこと。）未来は両義的なのである。

要約

社会学者の大きな課題は、常に変化する世界を理解することである。本章では現在、社会学者が研究・議論している、世界中の主要な問題について論じてきた。テーマは巨大で広範囲に及ぶ。資本主義の変容、科学と合理主義の進展、環境危機、「世俗化」と宗教の原理主義化、現代のテロリズムと暴力、国民国家の登場、移民危機、社会運動の変容などである。それらはいずれも社会学研究の下位分野であり、社会学者は、我々がどこに向かいつつあるのかという未来の視点から、これらを研究するのである。

さらなる探究

考えてみよう

1　「インターネットを使って21世紀の世界を観察しよう」という名の、自分自身のウェブサイトを始めよう。本章158ページにあるガイドラインのリンクを使ってみよう。

2　ここで議論した一つのトピックを取り上げ、それが自分の生活にどう関連しているかを考えよう。たとえば「デジタルトラブル」のボックスを見てみよう。これらのトラブルを自分が勉強する場所や職場や友人間で見つけられるだろうか（ところで最近のあなたの友だちとは誰のことだろう。みんなオンラインの友だちだろうか）。環境問題を見て、あなたがこの危機をどう経験しているか考えてみよう。あなた自身の行動について考え、いくつかの「データ」を収集してみよう。我々の土地や海や空気を汚染し、貶《おとし》め、破壊さえするのは人間の社会的活動であることを忘れてはならない。

3　あなたの知人について思い浮かべ、その人がどんな社会集団に所属しているかを考えてみよう。かれらとは何が違うだろうか。かれらと共通しているのは何だろうか。

〔読書案内〕

一般的な導入として良いのはヨーラン・テルボーン『世界（*The World*）』（Therborn, 2010）。近代の西洋世界の略史はメアリ・エヴァンズの『社会通史（A Short History of Society）』（Evans, 2006）。パトリック・ノランとゲルハルト・レンスキーの教科書『人間社会（*Human Societies*）［第12版］』（Nolan & Lenski, 2014）は、異なる社会類型について論じている。ロビン・コーエンとポール・ケネディの『グローバル・ソシオロジー』（Cohen & Kennedy, 2000=2003／原著第3版２０１３年）は広範囲な分野をカバーする良書である。『The Economst 世界統計年鑑 第25版』（Economist, 2015／日本語版（２０１９）は第28版の翻訳）は、世界の年間基礎統計についての簡便なガイドになっている。

社会変動に関する多数の書籍が本章では引用されている。アンソニー・ギデンズの『暴走する世界』(Giddens, 1999=2001)は短くて読みやすい。マニュエル・カステルの『情報時代(*The Information Age*)』(Castells, 2009は改訂版、初版は3巻本)はより包括的である。グローバル化とグローカル化については次の大部な3冊が役に立つだろう。ヤン・ネーデルフェーン・ピエテーズの『グローバリゼーションと文化(*Globalization and Culture*)[第3版]』(Pieterse, 2015)、ジョージ・リッツアの『グローバリゼーション——基礎テキスト(*Globalization*)第2版』(Ritzer, 2015)、ルーク・マーテルの『グローバリゼーションの社会学(*The Sociology of Globalization*)』(Martell, 2010)。もっと専門的なものとしてウルリッヒ・ベックの著作を参照のこと(Beck, 1986=1998, 2000=2005, 2008=2011, 2009, 2013=2014)。

特定のテーマについては、以下のものを参照のこと。人口学はダニー・ドーリングの『人口100億人(*Population 10 Billion*)』(Dorling, 2013)、資本主義はジェフリー・インガムの『資本主義(*Capitalism*)』(Ingham, 2008)とジェームズ・ファルチャーの『資本主義——簡略な紹介(*Capitalism*)第2版』(Fulcher, 2015)。環境はジョン・アーリの『気候変動と社会(*Climate Change and Society*)』(Urry, 2011)。テロリズムはケヴィン・マクドナルドの『我ら暴力世界(*Our Violent World*)』(McDonald, 2013)。社会運

表3-4　付録　グローバルな発展――2015年の人間開発指数（HDI）から国を選択

国別順序	HDI	国別順序	HDI	国別順序	HDI
高順位				低順位	
1ノルウェー	0.944	39サウジアラビア	0.837	147パキスタン	0.538
2オーストラリア	0.935	40アルゼンチン	0.836	152ナイジェリア	0.514
3スイス	0.93	41アラブ首長国連邦	0.835	171アフガニスタン	0.462
4デンマーク	0.923	42チリ	0.832	176コンゴ共和国	0.433
5オランダ	0.922	43ポルトガル	0.83	180モザンビーク	0.416
6ドイツ	0.916	50ロシア	0.789	181シエラレオネ	0.413
6アイルランド	0.916	67キューバ	0.769	182ギニア	0.411
8アメリカ合衆国	0.915	74メキシコ	0.756	183ブルキナファソ	0.402
14イギリス	0.907	75ブラジル	0.755	184ブルンジ	0.4
20日本	0.891	90チャイナ	0.727	185チャド	0.392
26スペイン	0.876	93タイ	0.726	186エリトリア	0.391
29ギリシア	0.865	110インドネシア	0.684	187中央アフリカ共和国	0.35
36ポーランド	0.843	130インド	0.609	ニジェール	0.348

HDIは国連人間開発指数のことであり、1990年以降毎年測定されている。これは3つの指標、すなわち平均寿命（出生後の平均生存年齢）、知識（成人の識字率と就学率）、まともな生活水準（1人あたり収入）の合成値である。2015年のHDIはオンラインですべての表に簡単にアクセスできる。

動はイモージェン・タイラーの『暴動する主体（*Revolting Subjects*）』（Tyler, 2013）、デジタル&メディア社会学はデボラ・ラプトンの『デジタル社会学（*Digital Sociology*）』（Lupton, 2015）とクリスチャン・フックスの『ソーシャル・メディア（*Social Media*）』（Fuchs, 2013）。宗教はウルリッヒ・ベックの『〈私〉だけの神』（Beck, 2008=2011）、マーク・ジュルゲンズマイアーの『グローバルな街角の喧騒におけるグローバルな市民社会における宗教（*God in the Tumult of the Global Square*）』（Juergensmeyer, 2015）。新しい合理性とトランス・ヒューマンはニコラス・ローズの『生そのものの政治学』（Rose, 2007=2019）とロージ・ブライドッティの『ポストヒューマン』（Braidotti 2013=2019）。監視はトマス・マティーセンの『監視社会に向けて（*Towards a Surveillant Society*）』（Mathiesen, 2013）、ジグムント・バウマンとデイヴィッド・ライアンの『私たちが、すすんで監視し、監視される、この世界について』（Bauman & Lyon, 2012=2013）。世界市民主義はロバート・ホルトンの『世界市民（*Cosmopolitanisms*）』（Holton, 2009）、ロバート・ファインの『世界市民主義（*Cosmopolitanism*）』（Fine, 2007）。国家はシニーシャ・マレーシェヴィッチの『国民国家とナショナリズム（*Nation-States and Nationalisms*）』（Malesevic, 2013）、都市はサスキア・サッセンの『世界経済のなかの都市（*Cities in a World Economy*）』（Sassen, 2006）。

第4章　歴史——巨人の肩の上に立つ

生まれる前に起こったことに無知であることは、相も変わらず子どものままであるということだ。歴史の記録を通じて我々の祖先たちの生の一部に組み込まれないとすれば、人間の命の価値など一体どこにあるというのか。

マールクス・トゥッリウス・キケロー（紀元前106〜43年）『弁論家』

世界の歴史の中で、多くの人々が、自分たちが生活する社会的世界の本質という謎に取り組んできた。どのようにして、そのような世界が出現したのか。社会的世界において自分たちはどのような場所を占めるのか。社会的世界を束ねる偉大な糸とは何だろうか。どの社会にも、自らの社会の本源について考える人々がいる。過去には、このような社会についての思考が、宗教的、霊的な方向に展開することがあった。この場合、多種多様な神々の創造物（神は数え切れないほど大勢おり、供犠のための犠牲が求められるほど重視されることも少なくない）として社会的なるものが探究、説明され、社会において人間が占める場所は、宗教の天蓋もしくはアーチの内に位置づけられる。また、社会についての思考が、政治的な方向に展開することもあった。この場合、社会は権力をもつ人々または集団（専制君主、皇帝、あるいは搾取する者とされる者のような集団）の創造物として説明される。社会的な事象が生物学の用語で説明される場合もある。この場合、それらは進化として、ホルモンによって駆り立てられたものとして、また、個々の脳や意志の結果として説明される。我々が生活する社会的世界についての思考の多様性には長い歴史がある。

ここでその詳細を追跡する余裕はないが、社会の本質については、歴史上、世界各地の数多くの思想家や芸術家によって、より体系的な考察が展開されてきた。東洋では、チャイナの哲学者、孔子（紀元前551〜479）が重要であり、アラブ諸国では14世紀のムスリム、イブン・ハルドゥーン（1332〜1406）の思想があり、アフリカでは詩人や民間の語り部の長い歴史がある。社会についての思想は、世界中で、そして世界史を通じて発展してきた。「社会学」は、ある意味で、ごく最近登場したにすぎず、そして、あまりにも西欧的なものである。我々は、人間が生活する世界について、長期にわたって真剣に考えてきた巨人たちの肩の上に立つ。我々の過去は、社会的なるものを理解しようとする創造的で芸術的な苦闘に満ちており、忘れてはならない重要な歴史がある。しかし、ここでは簡単に、社会学が過去200年にわたり、欧米を中心にどのように発展してきたのか、を問うことにする。

駆け足で欧米社会学の歴史を振り返る

社会の規模が大きくなり、科学的思考が発展するにつれて、「社会学」が新たな学問領域として次第に姿を現してきたというのは、驚くべきことではない。19世紀初頭の「大転換」以来、社会学は大学を基盤とした研究領域として、着実に欧米世界に浸透していった。21世紀の今、世界中のほとんどの国において社会学の存在が確認できる。現代のグローバルな生活の複雑さが、我々が社会についての真剣な（「アカデミック」ですらある）思考を育むことを要請し、現代世界がもたらす大規模な労働分業が生活を覆いつくす状況のもとで、多くの人々にその時間、才能、知力を社会学的思考の発展のために捧げることを求めていると言ってもよい。同時に決して忘れてはならないのは、現代社会学が欧米由来である、ということである。それは、社会学全体が欧米的な想定や価値観にどっぷりつかっていることを意味する。ただし、やがて本書のなかで明らかになるように、こうした性質は変化しつつある。

現代欧米社会学の源流――啓蒙主義が取り組んだ難題

思想あるいは知的世界は、哲学者カール・ヤスパースが『哲学入門』(Jaspers, 1951=2005) で枢軸時代と呼んだ紀元前800年から200年の間に出現したとされる。この時代には、チャイナの孔子、インドのブッダ、イランのゾロアスター、パレスチナのイザヤ、ギリシャのホメロス、プラトン、アルキメデスがいた。ここに見られるのは、社会、および人間の条件に関する「大思想および大思想家」の草創期における展開であり、後世の多くの者が他を圧倒するこれら人文知の歴史の流れに従ってきた。だが、近代西欧世界が明確に自らの知的形成を行ったのは、だいぶ後の、15世紀から18世紀にかけてである。それは、科学による探究を通じて、宗教からの解放、絶対主義者の教条主義や恐怖政治《テロリズム》からの解放、人間の「自由と権利」のための闘争を長きにわたって行った時代である。ここに見られるのは、迷信、呪術、宗教、教会、種々の君主制・貴族制からの切断である。同時に、スペイン宗教裁判や魔女狩り、30年戦争、イングランド内戦、フランスやアメリカでの根本的な革命にいたる長い歴史は、恐怖に彩られたものでもあった。これと背中合わせになっているのが、増えつづける奴隷とその最終的な解放である。この時代にはまた、重商主義的資本主義が次第に台頭し、ヨーロッパによる世界の大部分の植民地化（そして抑圧）が進んだ。さらにこの時代には、女性や奴隷、あらゆるマイノリティの自由のために闘う解放運動が姿を現した。

啓蒙主義は、ディドロ、ホッブズ、ホガース、ヒューム、カント、ロック、モーツァルト、ニュートン、ポープ、ルソー、ヴォルテールをはじめとする多くの人々と関連している。世界は合理的、科学的、進歩的であるべきだ、というのがその主張であった。啓蒙主義は急進思想の多様な流派を含んでいたが、合理的な思考を通じて進歩を実現するという希望があった。しばしば古代ギリシャを参照しつつ、啓蒙主義者たちは社会に関する非常に重要な問いを投げかけており、それらは現代の社会学にとっても決して無視できないものである。ボックス「思考を深める：啓蒙主義思想が取り組んだ難題」では、こうした大きな問いのいくつかを解説している。

思考を深める：啓蒙主義思想が取り組んだ難題

社会学は啓蒙主義という礎の上に築かれたと言われることが多い。啓蒙主義は、理性的な反省、科学の発展の時代であり、宗教や伝統的な「神話」からの解放の時代であった。啓蒙主義は一連の重大な問いに取り組んだ。例えば以下のような問いである。

1　人間の本性は何であるか？　そのようなものはあるのか？　あるとすれば、それは普遍的なものか？（ロックやホッブズ、ヒュームらの間での議論）

2　我々はどのように生きるべきか（ヴォルテールやルソー、カントらによって提起された道徳的・倫理的問い）。

3　社会はどのように存在し、どのような種類の社会があり、どのように変化、発展しているのか？　人間の秩序、人間の進歩はいかにして可能か？　「未開社会」や「野蛮社会」から「文明社会」への移行はあるのか？　やがて、諸社会の類型化の作業が試みられる。諸社会はどのように研究されるべきなのか？（コントなどが提起した社会学的な問い）

4　社会はどのように支配されるべきか？　権力は神の手、支配者（リヴァイアサン）、人民のどこにあるべきか？　民主主義の原理は可能か、またそれは望ましいのか？（トマス・ホッブズに倣ってホッブズ問題と呼ばれることが多い）

5　多様な宗教に対して寛容的になり受け入れること、すなわち宗教の自由は可能か？　その至高性を維持する際に、宗教にはどの程度まで組織的な暴力行使《テロリズム》が許されるのか？　社会を崩壊させることなしに、宗教の多様性を受け入れることができるのか？（チャールズ・テイラーの『世俗の時代』（Taylor, 2007=2020）で余すと

ころなく論じられている、宗教に関する問い）

6　個人とは誰であり、何なのか？　新たなる自己とはいかなるもので、近代的個人とは誰のことなのか？　これに関連して、人は利己的であるのか？　社会の基礎には、他者への集合的な関心があるのか、それとも根本的な利己心があるのか？（アダム・スミス問題と呼ぶことができる問い）

7　知識、真理、道徳とは何か？（デカルト的、カント的、ヒューム的問題）

繰り返しになるが、本書のような小著ではこれらの問いについて詳しく探究することはできない。『啓蒙の弁証法』（Horkheimer and Adorno, 1944=2007）におけるアドルノとホルクハイマーをはじめとして、こうした合理的・楽観的・西欧中心的と思われる世界観に異を唱えた者は少なくない。かれらが示唆するところによれば、そうした世界観が行き着く先には、あまりにも道具的・技術的・管理的な世界がある。それは現代の監視社会、合理性、脱呪術化、さらにはホロコーストの予兆に他ならない。にもかかわらず、大多数の人々が、これこそが科学の発展史における決定的な前進であると見なし、合理性は世界の批判的な解明を推進し、世界をより良い方向へと変化させるための道具であると見なしてきた。

1800年から1920年まで——初期の近代社会学

包括的で総合的な一つの「学問領域」としての社会学は、啓蒙主義の思想と18〜19世紀の大革命から出現したと語られることが多い。社会学は「新たなものの衝撃」から生まれた学問として見られている。かつて、社会生活がここまで激しく揺さぶられることはなかったと思われる。しかしいまや社会生活は、フランス革命、産業革命、新たに出現した国民国家、アメリカ独立、民主主義思想の進展はもちろん、世界規模での人口急増、新興都市の成長とそれに伴うスラムの拡大にも直面している。こんにち我々は、自分たちがかつてない社会変動の時代の只中にいると感じることもしばしばである。しかし、歴史をほんの少し振り返れば明らかなように、こうした変動は数世紀にわたって展開し続けている。当時の欧米世界に、新たな世界が生まれつつあり、急激で革命的でさえある変動の時代であると見る風潮があったことは間違いない。旧秩序が（実際そうだったのであるが）深刻なまでに衰退し、伝統的な生活がバラバラに押し流されてしまうと思われた。

社会学は、このような雰囲気の中で、いま現に何が起きているのかを見定めるために誕生した。眼前に到来した新たな近代社会の圧倒的な複雑さと規模を分析することが求められたのである。この新たな世界の重要な特徴とは何なのか？ なぜ、こうした変動が生じるのか？ 社会秩序は、そのような変動の只中でいかにして維持されるのか？ そして、新たな社会秩序はいかに研究されうるのか？ 社会の科学は現実に可能なのか？ もし可能なら、それはどのようなものであるべきか？　こうした〔近代社会と他の社会との〕違いを解明するという作業に取り組んだ社会学の創設者たちの多くは、社会学には、世界をより良き場所にするという使命があると考えていた。

この欧米社会学における最初の先駆者の二人が、奇才オーギュスト・コント（1798〜1857）と孤高の異才ハーバート・スペンサー（1820〜1903）である。コントは、フランス革命直後を生き、1838年に社会学という用語を作り出した人物で、社会学の創設者と呼ばれることも多い。コントによれば、社会は宗教的な社会から、哲学的な社会を経て、科学的な社会へと移行した。一つ目の時代は、ヨーロッパ中世がこれにあたり、世界が宗教によって導かれ、社会は神の意志であるとされる神学的段階である。ルネサンスとともに、社会に対する神学的アプローチは、世界が超自然としてではなく、自然として理解される形而上学的段階へと徐々に道を譲った。これに対して、近代世界によってもたらされたのは、科学的段階と技術の発展である。その推進者は、コペルニクス（1473〜1543）やガリレオ（1564〜1642）、アイザック・ニュートン（1642〜1727）といった科学者である。コントは、社会が一定不変の法則に従うと主張した。重力をはじめとする自然法則に従って運行される物理的世界と同じように社会にも法則があり、社会学の課題はそれを解明することである。こうした新たな科学的アプローチをコントは**実証主義**と呼んだ。この言葉は今日でも、科学的手法を示すの

表4-1　急激な社会変動——西欧思想家における進化論的類型論の伝統

「社会学者」	従来の社会	将来の社会	変化の要因
アダム・スミス (1723-1790)	狩猟、牧畜、農業	商業	自由市場の成立
オーギュスト・コント (1798-1857)	神学的、形而上学的	科学的、実証的	科学の進歩
ヘンリー・メイン (1822-1888)	身分	契約	法における変化
ハーバート・スペンサー (1820-1903)	同質—単純、軍事的	異質—複雑、産業的	人口における変化
フェルディナント・テンニエス (1855-1936)	ゲマインシャフト—共同体を基本とする	ゲゼルシャフト—結社を基本とする	コミュニティの転換
カール・マルクス (1818-1883)	封建制	資本主義（ただし社会主義に向かう）	経済的搾取
エミール・デュルケム (1858-1917)	機械的連帯	有機的連帯	人口密度と分業
マックス・ウェーバー (1864-1920)	伝統的	合理的—官僚制、世俗的	宗教（プロテスタント）と経済（資本主義）における変化
ゲオルク・ジンメル (1858-1918)	原始的生産	貨幣と近代性	貨幣の流通、集団規模の拡大

に広く用いられる。

コントより少し遅れて執筆活動を始めたハーバート・スペンサーも、ダーウィンによる発見を強く意識しながら、社会は不可避的に進化していくものであると考えていた。彼の場合、社会はあまり複雑ではない単純なものから、大規模で多元的な複雑さを持つものへと変化するとされた。軍事型社会は、階層と服従の関係を中心に構造化されており、単純で未分化である。自発的で契約で規定された社会的義務にもとづく産業型社会は、複雑で分化を遂げている。第2章（81頁）で見たように、スペンサーは社会を「社会有機体（人間の身体に擬せられる）」と同じように機能するものとして概念化した。社会有機体は、進化の普遍法則に従い、単純な状態からより複雑な状態へと進化する。スペンサーは進歩を「適者生存」（これは彼の言い回しであって、ダーウィンのではない）と見ていた。スペンサーは、さまざまなタイプの社会の発生を類型化して把握しようとする、当時続々と登場しつつあった思想家の一人である。こうした立場のうちいくつかについて、表4-1に要約を示した（110頁の表3-1も見てほしい）。

19世紀における古典的社会学の進展

19世紀と20世紀初頭には、社会の本質をめぐって途方もない知的労力が投じられたが、その多くは忘却されて久しい。歴史的資料を読むと、白人上流階級紳士の大群が、進化論の衝撃を受け止めつつ、広く世界を見渡して急激な変化を理解しようと試みていた時代の雰囲気を今も感じることができる。かれらは世界の諸社会を比較し、我々がどこからやってきて、これからどこへ向かおうとしているのかを理解しようとした。忘れてはならないのは、進化論は影響力を有していただけでなく、衝撃的なものであったということである。進化論は多くの正統的な世界観、とりわけ宗教的な世界観に異を唱えた。かれらはいずれも欧米人であったけれども、植民地を含むグローバルな世界を広く射程に収める独自の視座をもっていた。

この時代には何百人もの思想家がいた。だが、社会学史に関する現在の正統派の見解は1950年代までに確立したもので、3人の重要人物を古典的社会学の象徴と見る。我々は、もうすでに3人全員に会っている。カール・マルクス、エミール・デュルケム、マックス・ウェーバーである。かれらは社会学における三位一体であり、あらゆる社会学の学位で忠実に教えられる。今日もなお有効な当時の主要な議論のいくつかを、かれらが「切り開いた」という単純な理由からである。マルクスが分析したのは、資本主義の進展、経済や物質的世界の意義、階級・搾取・不平等の重要性、そして、社会主義社会の可能性である。ウェーバーが見出したのは、大規模な合理性の進展、官僚国家、脱呪術化した世界である。デュルケムが示したのは、社会的紐帯の意義であり、宗教や分業における変化を探った。3人とも宗教の役割を明確に示している。

本書ではすでにカール・マルクスの重要な研究に触れた（後ほどまた取り上げる）。なぜならマルクスは、産業資本主義による搾取のもとで貧しくなる大衆の生活を調査し、社会の階級闘争を分析したからである。初期マルクスの著作は哲学的であり、人文主義的と言われることが多い一方、後期における研究では、歴史の唯物論的理解、および生産様式の科学的分析が展開された（第6章を見よ）。1850年代になると、マルクスは労働者階級の運動に関する歴史的研究を生み出し、経済的基盤とイデオロギー的な上部構造の関係を分析した。人々は産業革命が生み出す窮乏の中で過ごしていたのだが、マルクスは歴史上の行為者と社会階級の役割を人間理解の中心に据え、経済的不平等と社会階級の役割を社会変動の重要な要因と見た。初期の社会学者の中で唯一（後にもそんな社会学者はいなかったが）、マルクスの研究は社会——20世紀の共産主義諸国——の発展と形成に重大な役割を果たした（ある時期には、おそらく世界の三分の一以上の国々がマルクスの研究から示唆を受けていた。そこに含まれるのは、ロシアやチャイナ、アフリカおよびラテンアメリカの諸国である）。マルクスの書いた文章は、その後、20世紀の主要なマルクス主義革命（とその失敗）に行き着いた（1918年のロシア、1949年のチャイナ）。

エミール・デュルケムは1887年から1902年にかけてソルボンヌ大学の教育学の教授をつとめ、今も変わらず重要である4つの研究書を書いている。『社会分業論』（1893=2017）で追跡したのは、「機械的」社会から「有機的」社会への展開である。『社会学的方法の規準』（1895=2018）で分析したのは、「社会的事実」の性質そのものであり、どのように社会的事実が研究されるべきかである。『自殺論』（1897=2018）では、非常に個人的な現象である自殺を取り上げ、自殺率の分析を通じて、まさしく自殺がどのように社会的にパタン化されているかを実証した。『宗教生活の基本形態』（1912=2014）は、アボリジニの事例研究を通じて、いかに「宗教がすぐれて社会的なるものであるか」を明らかにした。デュルケムが導いてくれるのは、人口の急激な増加と社会の道徳的秩序の転換に関する重要な議論である。デュルケムによれば、人口の高密度化により、人間のつながりの性質が転換する。社会が機械的連帯から有機的連帯へ、伝統的な類似性にもとづく結束的なコミュニティから、大規模で多様かつパタンが変化する分業にもとづく新たな産業社会へと移行するにつれて、いっそう規範の解体（アノミー）、社会的つながりの弱体化の傾向が強まる。古い形態のつながりが弱まるにつれて、新たな連帯やコミュニティを構築する方法が必要とされたのである。

マックス・ウェーバーの特徴は、人間の行為と意味により注目したところにある。ウェーバーは、「思念が帰結をもたらす」ことを我々に伝えた。新たな合理性は、資本主義や新興の官僚的世界の出現を促した。ウェーバーによれば、変容が起きるときは、思想や信仰の転換と結びついており、近代資本主義世界はプロテスタント（彼の言葉を借りれば「プロテスタント倫理」）の誕生と密接な関係にあった。ウェーバーは、社会学におけるフランツ・カフカと見ることができる。ウェーバーによれば、近代世界が行き着く先には冷淡で非人格的な官僚制があり、究極的には世界の大規模な脱呪術化につながる。

ただし書き――伏流する地下水脈

私のこれまでの記述はどちらかといえば正統派の単純化された歴史であり、通俗的な語りである。だが、いかなる歴史も、語られている内容そのままであるはずがない。ランドル・コリンズによる広く思想の歴史を見渡した壮大な研究が示すように、知識人の活動は、ある発想を取り入れつつ別の発想は排除するネットワークを通じて展開される。重要人物はいるけれども、社会学は歴史の浅い学問領域であり、その本質についての数々の雑多な闘争を伴いながら展開してきた。今となっては、そのいきさつが理解しにくくなっている場合もある。社会学には、さまざまな手段を用いて社会的なるものを理解しようとする、刺激的でありながらも表面には現れない伝統があった。初期の書き手の多くは、小説家や政治パンフレットの作者、社会改良家、政治家、写真家、ジャーナリスト、歴史家、聖職者、研究者であり、まさに有象無象の連中であった。この中には、大きな貢献をなしながらも歴史から除外されてきたフェミニストや黒人の社会学者がいたが、その歴史は近年ようやく書かれるようになった（デュボイスについては（Morris, 2015）、アダムズについてはディーガン（Deegan, 1990）を参照）。だから、私がこの「小史」を語るたびに想起してほしいのは、学問領域の起源にはまとまりなどなかったということである。これから見ていくように、今なおそんなものはない。だが、それは私の語りの範囲を越えることになる……。

■20世紀初めの社会学――専門職化

その底流はともかく、20世紀までに社会学は急速に「定着」し、「専門職化」し、学問領域として確立された。アルビオン・スモール（1854〜1926）は1892年にシカゴ大学社会学科を創設した。それは、ピティリム・ソローキン（1889〜1968）がシカゴ社会学に異議を申し立てた1930年代半ばまでは重要な組織であった。ソローキンは、1931年にハーバード大学社会学科を創設した。デュルケムは、1895年にボルドー大学にヨーロッパ初の社会学科を創設し、社会学が何であり、何をすべきかを表明したマニフェストのようなものとして『社会学的方法の規準』を出版した。イギリスで学問としての社会学が誕生したのは1907年、ロンドン・スクール・オブ・エコノミクスにおいてであり、その年にL・T・ホブハウス（1864〜1929）が初の社会学教授に就任した。ロンドンは20世紀の半ばまで中心的な位置を占め、実際のところ（リバプール大学を別とすれば）唯一の場所であった。ドイツでは最初の社会学講座が1918年に創設され、1923年には大きな影響力をもつことになる社会研究所が設立された。1919

年には、インド初の社会学科がボンベイ（ムンバイ）大学に設立される。だが、世界中の多くの国において、社会学は20世紀のうちのかなりの期間、ほとんど発展せず、一部の国では社会学は多かれ少なかれ禁止されていた。

欧米社会学の礎を築いた研究の多くはヨーロッパ由来であるが、20世紀の初めには、新たに「アメリカ〔大陸〕」の社会学が発達しはじめた。そこでは、アメリカ合衆国（とりわけ民主主義政治や経済的機会に関して、自らが世界で特権的な地位を占めると信じていた）が最も重要な役割を担った。実際、20世紀前半はアメリカ社会学の時代であると言ってもそれほど的外れではないだろう。世界中の社会が幅広く意識される段階から、アメリカ合衆国という一つの社会の働きにますます焦点があたる段階への移行が（残念ながら）進んだ。社会分析のモデルは次第に北米的になる。それは、アメリカ合衆国の社会生活を世界の社会生活の規範的な核とみなす北米的思考にもとづいている。アメリカ的生活こそが社会生活であった。資本主義と個人主義があらゆる考察の前提となった。

このような社会学の基礎には、**シカゴ社会学**があるというのが一般的な見方であるが、話はこれよりずっと複雑である。シカゴが、もっぱら都市研究や都市によって生み出された諸問題に焦点をあて、教科書（パークとバージェスによる『グリーン・バイブル』）を整え、論文を量産する大学院を新設したことで、この学問領域を世に広めたという名声を得たのは確かである。シカゴの社会学者によれば、都市は新たに到来した世界の重要な特徴となった。「アーバニズム」が「新たな生活様式」になるにつれて、ますます多くの人々が都市に生きていることを意識する。ここで多大な影響を与えたのは、ドイツのゲオルク・ジンメル（1858〜1918）であった。ジンメルについてはすでに触れたが、ジンメルは、都市は一次的接触ではなく二次的接触により特徴づけられると考えた。都市での接触はたとえ対面的なものであったとしても、もはや非人格的で表層的、一時的、断片的なものとなっている。都市の人々がよそよそしく、無関心で、投げやりな態度をとるのは、他者の期待から自らの身を守るためである。そしてこれは、おおむね都会人の特徴とされる洗練や合理性につながる。都市生活は新たな社会化の形式を生み出したのだ。

この時代で注目すべきは、最初の偉大なアフリカ系アメリカ人社会学者、W・E・B・デュボイス（1868〜1963）である。1920年代以降、デュボイスは、近代資本主義が人種や社会的差異の構造化に与える影響を明らかにした。彼が『黒人のたましい』（1903年）で提起したのは、二重意識の理論であった。「いつでも自己の二重性を感じている。アメリカ人であることと黒人であること。二つの魂、二つの思想、二つの調和することなき向上への努力、そして一つの黒い身体のなかでたたかっている二つの理想。しかも、その身体を解体から防いでいるものは、頑健な体力だけなのである」〔Du Bois, 1903=1992: 16〕。ここで述べられているのは、常に他者の目を通して自己を見るという、「黒人の」感覚である。デュボイスは人種の進歩の可能性を信じ、フィラデルフィアでは都市に住む黒人の生活に関する大規模な経験的研究を行った。これ以降、「人種分断」に真剣に取り組むアメリカの重要な研究の流れが形成されることになる。

戦時下の社会学

この「短い」20世紀は新たな問題に直面していた。二度にわたる世界大戦の惨禍、二つの世界的な革命（チャイナとロシアをはじめとする各国の革命）、植民地時代の負の遺産との折り合い、過酷な初期工業化に起因する損害や悲惨である。おびただしい人間が苦しみ、命を失った。それまでとは異なる社会的条件の組み合わせが、異なった分析をもたらしつつあった。ドイツにはファシズムが忍び寄った。その台頭するさまをするどく観察したのは、**批判理論**を展開した思想家集団であり、やがて（かれらの拠点の地名を冠して）フランクフルト学派として知られるようになる。テオドール・アドルノ（1903〜1969）、ヘルベルト・マルクーゼ（1898〜1979）、マリー・ヤホダ（1907〜2001）、エーリッヒ・フロム（1900〜1980）、ヴァルター・ベンヤミン（1892〜1940）、マックス・ホルクハイマー（1895〜1973）は社会批評・文化批評家として重要な知的遺産をのこした。

かれらの主要な関心は、広い意味でのマルクス主義的な（しばしばフロイト主義的でもある）発想を文化の働き［の分析］に適用することであった。例えば、かれらは大衆社会の到来、テクノロジーや官僚制の増殖、アドルノの言う「文化産業」、すなわち我々の生活を制御し、矮小化する産業の成長について考察した。知識社会学を展開したカール・マンハイム（1893〜1947）や、「文明化の過程」の理論で知られるノルベルト・エリアス（1897〜1990）も、フランクフルトを拠点としていた時期がある。しかし最終的には、いずれもナチズムの台頭から逃れて同地を離れ、大半がアメリカ——カリフォルニア（アドルノとマルクーゼ）やニューヨーク（ニュー・スクール）——、もしくはイギリス（エリアスとマンハイム）に身を寄せた。かれらの著作は難解な部分もあるが、現代の文化分析の形成に決定的な役割を果たした（今日、おそらくこうした立場のもっとも顕著な発展が見られるのは、ユルゲン・ハーバーマスの研究である）。なお、スターリン主義と毛沢東思想が支配する国では、社会学はほとんど姿を消した。この時期、二つの広大な大陸（ロシアとチャイナ）では、社会学という学問領域は容認されなかったのである。

■第二次世界大戦後の社会学——合意からマルチパラダイムへ

第二次世界大戦後、新時代の「専門的社会学」が成熟のときを迎えたと思われる。短期間ではあるが、一種の合意、すなわち「イデオロギーの終焉」（政治的理念の枯渇をいう）が見られたのである。これと密接に結びついていたのは、キングスリー・デイヴィス、ロバート・キング・マートン、タルコット・パーソンズといった機能主義理論家の研究である。事実、20世紀半ばにおいて、タルコット・パーソンズ（1902〜1979）ほど広く名を知られた社会学者はいなかった。あらゆる社会学者と同様、彼の考えは時期によって変化したが、〔主著である〕『社会体系論』は1951年に出版された。同書が先鞭をつけたのは、いかにして社会秩序は可能かを説明する壮大で包括的な理論の発展に向けた探究である。彼は一連の精緻な類型と枠組みを用いて、社会が機能するための前提条件を素描した。パーソンズによれば、あらゆる社会はいくつかの重要な機能を遂行しなければならない。社会は適応（Adapt）し、自らの目的（Goals）を達成し、統合（Integrated）され、最終的に自己を維持しなければならない（彼のいう潜在性（Latency））。この枠組みは略してAGILと呼ばれることが多い。こうした、社会が不可欠とするもの、すなわちあらゆる社会が安定的な社会生活を保つうえで必要とするものについての抽象度の高い体系的な記述は、類型論と100個近い図表に展開した。それは社会システムと、これと相互に接続される生体システムから世界システムにまでいたる諸機能の見取り図である。パーソンズの研究は、社会生活の多くの場面に適用可能である。たとえば、学校、病院、監獄は、それぞれシステムとしてどのように稼働し、運営され、機能しているのか？　これらはいずれも何らかの目標を達成しようとし、成員を各々の文化へと社会化し、滞りなく適応させようとするシステムとして把握される。社会という壮大なシステム――それはほとんどユートピア的な秩序である――が重要なテーマであった。

だが、この合意は長続きしなかった。パーソンズはこうした抽象的な社会のモデルを発展させる一方、他の社会学者はそれに対して批判的になっていた。1950年代末までに社会学は大学や専門職においていっそう公的に組織化されるようになったが、社会学の分裂は誰の目にも明らかとなり、社会学がどこへ向かうかについての数々の重大な内部批判に苦しめられるようになった。北米のマルクス主義者、C・ライト・ミルズ（1916～1962）が1959年に出版した『社会学的想像力』は、画期的な著作の一つとして認められるようになった（ミルズは数冊の著書をのこしたのみで夭逝したとはいえ、異端者としての名声を得た）。パーソンズと彼のジャーゴンに対する公平ではないかもしれないが痛快な攻撃から始まる同書は、当時の社会学の現状に対する批判として高く評価された。彼は当時の社会学は主に三つの誤った傾向に支配されていると見た。すなわち、極度の抽象性、些末な経験主義、方法論至上主義である。ミルズによれば、社会学は決定的に重要な方法を失ってしまった。ロシアからアメリカへの亡命者で、ロシア帝国のツァーリ体制での投獄から逃れてきたピティリム・ソローキンも、ミルズと似たことを言っている。いわく、社会学の研究はいまや「多種多様の、しばしば不協和音が響く諸理論のジャングル」となってしまっており、「きまぐれとうぬぼれ」（彼が書いた多数の本のタイトルの一つ）の傾向が〔社会学の〕発展を妨げている。現在にいたるまでこの性質は変わっておら

表4-2　コントからベックまで——男性欧米人学者による21冊の記念碑的著作

記念碑的著作とは道標である。それは、過去と決別し、未来に向けて新しい研究を生み出す何ものかの到来を指し示す。こうしたリストに載せるべき研究は何千とあるが、以下に示すのは小さな「見本」集である。このリストには、すでに著者が死んだ本しか載せていない！　私はこの表にフェミニストの仕事から発展した作品を含めていないが、それらについては表4-3を見てほしい。少なくとも専門的社会学者であれば、以下に挙げた本の大部分を知らないということはありえないだろう。

発行年	著者	書名	要点
1. 1824	オーギュスト・コント	『実証政治体系』	社会学という用語の導入
2. 1846	マルクスとエンゲルス	『ドイツ・イデオロギー』	史的唯物論の概略を提示
3. 1886	チャールズ・ブース	『ロンドン民衆の生活と労働(*Life and Labour of the People in London*)』	大規模調査により都市の貧困を測定
4. 1897	エミール・デュルケム	『自殺論』	自殺統計により自殺の社会的な差異を示した
5. 1889	W. E. B. デュボイス	『フィラデルフィアの黒人（*The Philadelphia Negro*)』	アメリカの黒人についての初の本格的研究
6. 1904	マックス・ウェーバー	『プロテスタンティズムの倫理と資本主義の精神』	観念が歴史をつくる、この場合は、宗教が資本主義をつくる

7. 1900	ゲオルク・ジンメル	『貨幣の哲学』	貨幣の仕組みが変わると人間関係も変わる
8. 1921	ロバート・パークとアーネスト・バージェス	『社会学という科学への入門（*Introduction to the Science of Sociology*）』	シカゴ大学に新設された本格的社会学科から生まれた、初の本格的テキスト
9. 1918-20	W. I. トーマスとフロリアン・ズナニエツキ	『生活史の社会学――ヨーロッパとアメリカにおけるポーランド農民』	移民と都市生活に関する革新的な方法・理論・データを提示し、高い評価を得た5巻本
10. 1929	ロバート・リンドとヘレン・リンド	『ミドゥルタウン』	アメリカ小都市（マンシー市）のコミュニティ生活を、階級システムを中心に綿密に観察
11. 1934	ジョージ・ハーバート・ミード	『精神・自我・社会』	個人と社会の連関をとらえるための哲学的な基礎
12. 1944	マックス・ホルクハイマーとテオドール・アドルノ	『啓蒙の弁証法』	「どうして人類は真に人間的な状況に進むのではなく、新たな未開状態にはまり込むのか」を問う
13. 1949	ロバート・キング・マートン	『社会理論と社会構造』	20世紀中盤の機能主義を明瞭に提示

14. 1950	デイヴィッド・リースマン、ネイサン・グレイザー、ルーエル・デニー	『孤独な群衆』	社会は伝統指向から外部指向へ移行する
15. 1951	タルコット・パーソンズ	『社会体系論』	統合された社会秩序について理論的に詳述
16. 1959	C. ライト・ミルズ	『社会学的想像力』	社会学の誇大理論と方法論偏重に対する左派からの批判
17. 1956	アーヴィング・ゴフマン	『行為と演技——日常生活における自己呈示』	ドラマとしての社会生活についてのミクロ社会学的な考察
18. 1970	アルヴィン・グールドナー	『社会学の再生を求めて』	主要な社会学理論に対する、左派による再びの本質的な批判
19. 1975	ミシェル・フーコー	『監獄の誕生』	よく知られた、監獄と犯罪についての言説理論
20. 1984	ピエール・ブルデュー	『ディスタンクシオン』	社会階級に関する20世紀終盤の重要著作
21. 1986	ウルリッヒ・ベック	『危険社会』	「モダニティ」とそのリスクについての影響力のある解説

ず、ソローキンの観察は正しかったように思われる。専門的社会学者は、社会の分析にあたって、前提となる理論や体系の見かけの首尾一貫性にこだわるけれども、現実には、その時々の傾向や流行を追うという過ちから抜け出せず、社会学は拡大しつつ分岐し、細分化されたマルチパラダイムの〔複数のパラダイムが並立する〕学問領域であり続けている。

1968年とその周辺――象徴的な年

話を前に進めよう。戦後、大学や各種の学校に広く浸透していくと、社会学は飛躍的に拡大しつつ勢いを増し、その地位が向上してファッショナブルな雰囲気さえまとうようになった。社会学は、学問領域としてますます人気を博した。1970年代半ばまでは流行の先端だったと言ってもよく、研究分野は急激に広がった。このような社会学の隆盛は、さまざまな点で、世界規模で生じた1968年の急進的な学生運動と関連している。1968年は分水嶺を告げる象徴的な年である。

・世界各地での高等教育の大規模な拡張の開始。
・ホロコーストと第二次世界大戦の直後に生まれたベビーブーム世代が成人となった。他の世代と同様に、この世代も一枚岩ではなかったが、初めて本格的に「若者文化」を自称したのはこの世代だった。

・「新たな社会秩序」が到来しつつあるという「気配」が感じ取られており、希望と楽観にあふれていた。世界は今にも変わろうとしていた。

・そうしたなかで、新たな時代（ポストモダン）が生まれつつあった。それは個人主義の時代、すなわち「衝動的な自己」や「わたし中心の時代」であり、新しい市場と消費の時代であり、脱形式主義の時代であった。

・国際連合の１９４８年の宣言以来の人権の発展。公民権運動から女性運動にいたる展開。

・絶え間ない戦争と国際間紛争。とくにヴェトナムにおける戦争。

・スピリチュアルな「水瓶座の時代」の夜明け。対抗文化運動の進展。

・マルクス主義世界の再生と緩やかな死の同時進行。

・主としてマスメディアを通じた地球意識の広がり。トッド・ギトリンの言う「世界中が目撃していた」という状況がますます広がった。シンボルはグローバル化していた。

これらはきわめて大きなテーマ群であり、「１９６８年」は、一つの年ではなく時代（おおよそ１９５０年代後半から１９８０年代初頭）を指している。この期間に社会の重要な変化が定着したのであり、社会学の顕著な進展はこの時代と密接な関わりを持つのである。いまや社会学は、大学で人気を集める専門領域（そして数々のジョークのネタ！）

となった。実際、この時代の特徴は、専門的社会学の急速な発展であり、社会学が大学の教育課程に広範に組み込まれるようになったことである。20世紀半ばのイギリスの有力な社会学者、A・H・ハルゼーが、イギリス社会学についての（昔ながらのスタイルではあるが）詳細な解説を残している。彼は、1940年代には200人足らずの学部生しかいなかったにもかかわらず、2000年には「イギリスの大学では2000人もの社会学者を教え、24000人もの学生がいる」と驚嘆の声を上げた（Halsey, 2004=2011）。イギリスでは、社会学は1960年代半ばに教育課程に導入された。欧米世界では、社会学は大学でますます人気のある研究領域となった。

この時代に繁栄しはじめた社会学は、社会学の伝統的な正典や正統派に対してさらに批判的となり、デュルケムやウェーバーよりもマルクスの仕事からより大きな影響を受けるようになっていた。アルヴィン・グールドナー（1920〜1980）はそうした社会学者の一人であり、彼の『社会学の再生を求めて』（1970=1978）は、新しい時代の到来を告げているように思われた。グールドナーは、社会学における反省性の向上、すなわち社会学は社会を観察するのと同じやり方で自らを観察する必要があると主張した。社会学は常にその時代の文脈と結びついているが、社会学的思考はこのことを十分に織り込む必要がある。これは、他のすべての事象と同様に、資本主義による社会学の構造化についての真剣な分析（が求められること）を意味していた。

社会学的思考の基盤を拡張する――崩れゆく専門領域の壁

１９６８年以後の社会学に顕著な特徴の一つは、知的基盤のゆるやかな拡大と従来の前提の問い直しであった。そのような動きを黙殺する社会学者もいたし、当時の風潮を厳しく批判、批難する者もいた。だが、好むと好まざるとにかかわらず、社会的なるものの研究は広がりをみせ、もはや社会学者だけが携わるものではなくなった。今では、主流の社会学のほかにも別の経路や学者が存在しており、社会的なるものの観察における社会学の専門性の優位に異を唱えている。こうした新たな探究には、カルチュラル・スタディーズやフェミニズム、ジェンダー研究、メディア・コミニケーション研究、ポストコロニアル研究、多文化主義、人種・反レイシズム研究、クィア・LGBT（レズビアン・ゲイ・バイセクシュアル・トランス）研究、グローバル・スタディーズ、デジタル・スタディーズ、人権研究などがある。きわめて多くの異議申し立てに直面することになった。他方で、関連する学問領域との橋渡しも進んだ。地理学は「空間研究」になり、歴史学は新しい文化史・社会史やオーラル・ヒストリーに取り組み、人類学者は「文化人類学」を展開してきた。大きな書店に行けば、変化は一目瞭然だろう。古風な社会学の本棚はやや小さくなる一方、こうした新たな領域は独立したコーナーへと発展した。社会学の本棚に食い込むだけでなく、まるごと置き換えてしまうこともあった。専門的社会学は、社会的なるものの領域で昔ながらの主張を貫こうとしたけれども、現実にはいちじるしく多様化した。今では、学者は社会的なるものを多岐にわたる分野の内側から研究する。社会学は拡散し、「純度」が低下したのである。

ポストモダニズム、多文化主義、そしてフーコーへ

こうした多様化に影響を与えたものはいくつもある。第3章で見たように、ポストモダニズムは1980年代半ばには社会学の流行語となり、単一の包括的な真理の探究が終焉するという世界の変容を表現した。同じく1980年代には**多文化主義**が到来した。多文化主義は、あらゆるところに広がったけれども、アメリカでもっとも重要な意義をもっていた。多文化主義が批判したのは、単一論理の文化、すなわち一つの声だけで語られる文化という考えである。1968年という、勢いの良かった時代日々に、黒人や女性の歴史が発見されたことですぐに明らかとなったのは、欧米の白人中産階級男性に有利な研究生活には、計り知れないほどの偏りがあるということである。大勢の人々の声が沈黙させられていた。そのことを確認するには、大学や学校の教員や経営陣を見るだけでよい。女性や女性の世界観は滅多になく、黒人の声もほとんどなく、欧米以外の声は失われ、クィアの声は封じられた。一つの突破口は、より多くの女性やエスニック集団から直接、大学教員を採用することであった。だが、研究内容や学問領域も変わり、キャンパスでは何が教

えられるべきかについて対立が激化した。いわゆる「文化戦争」である。シラバスや知識の構成要素に対する異議申し立てが続いた。そして、その影響は社会学にも及んだ。何人かの新たな書き手が現れ、かれらは社会をめぐる思考に重大な影響を与え始めていたが、社会学者ではなかった。ミシュル・フーコー（1926〜1984）については、第2章ですでに触れたが、彼はあらゆる人文学や社会科学に甚大な影響を与えた。また、哲学者ジュディス・バトラー（1956〜）の著作は、ほとんどカルト的と言ってもよいほど熱狂的に支持された。

解き放たれるフェミニズム

こうした拡張の最良の例は、学界へのフェミニズムの参入である。1970年代に社会学は、過剰なまでに男による、男についての、男のための学問であるとして激しく批判された。従来の社会学には多くの場合、「男性中心主義」の課題設定が潜んでいた。女性の社会学者がほとんどいなかった（いたとしても「女性史の中の日の当たらない部分」であった）だけでなく、対象テーマ（そして多くの前提）は暗黙裡に男性に関するものが大半を占めていた。すなわち、男性と産業、男性と階級、男性と教育、男性と権力こそが社会学のテーマであった。いまこそ女性を巻き込むときである。そのための転換を過去50年以上にわたって見出すことができる。宗教（なぜ神々や聖職者は圧倒的に男性なのか）や犯

表4-3　社会学の研究テーマの拡大──フェミニズムが与えた影響

フェミニズムによる社会学の視野の拡大	研究の例
家事労働	アン・オークレー『家事の社会学』(Oakley, 1974 = 1980)
感情労働	アーリー・ホックシールド『管理される心──感情が商品になるとき』(Hochschild, 1983 = 2000)
ケア	セルマ・セーフェンハイゼン『シティズンシップとケアの倫理 (*Citizenship and the Ethics of Care*)』(Sevenhuijsen, 1998)
セクシュアリティ	ゲイル・ルービン「セックスを考える (*Thinking Sex*)」(Rubin, 1984)
性暴力	リズ・ケリー『性暴力を生きのびる (*Surviving Sexual Violence*)』(Kelly, 1988)
母親業	ナンシー・チョドロウ『母親業の再生産』(Chodorow, 1979 = 1981)
若年女性、少女	アンジェラ・マクロビー『フェミニズムと若者文化 (*Feminism and Youth Culture*) 第2版』(McRobbie, 2000)
ジェンダー	ジュディス・バトラー『ジェンダー・トラブル』(Butler, 1990 = 2018)

女性と犯罪	キャロル・スマート『女性・犯罪・犯罪学（*Women, Crime and Criminology*）』（Smart, 1976）
男性性の再考	レイウィン・コンネル『男性性（*Masculinities*）第２版』（Connell, 2005）
国家と女性	シルヴィア・ウォルビー『家父長制の理論（*Theorizing Patriarchy*）』（Walby, 1990）
レズビアンの生	アーリーン・スタイン『セックスと感性──レズビアン世代の語り（*Sex and Sensibility*）』
人種の再考	パトリシア・ヒル・コリンズ『黒人フェミニスト思想（*Black Feminist Thought*）』（Collins, 1990）
帰属	ニラ・ユヴァル＝デイヴィス『帰属の政治（*The Politics of Belonging*）』（Yuval-Davis, 2011）
フェミニストの方法	リズ・スタンレーとスー・ワイズ『フェミニズム社会科学に向って』（Stanley and Wise, 1983＝1987／原著第２版1993年）
コロニアリズム	チャンドラー・モーハンティー『境界なきフェミニズム』（Mohanty, 2003＝2012）
フェミニストの認識論	サンドラ・ハーディング『フェミニズムにおける科学問題（*The Science Question in Feminism*）』（Harding, 1986）

罪学（なぜこれほど多くの犯罪者が男性なのか）など、多くの古い論点に新たな視点が付け加えられた。さまざまな方法論と理論が精査され、それらに含まれる男性がもつ客観性への執着が検討された。そして過去の理論を幅広く振り返り、なぜ女性が無視されてきたのかを解明しようと試みた。こうした作業は、歴史に記されることのなかった多くの女性社会学者の発見につながった。ハリエット・マーティノー（1802〜1876）、ジェーン・アダムズ（1860〜1935）、シャーロット・パーキンズ・ギルマン（1860〜1935）、マリアンネ・ウェーバー（1870〜1954）、アンナ・ジュリア・クーパー（1858〜1964）、ベアトリス・ポッター・ウェッブ（1858〜1943）などがその例である。彼女たちの物語は、徐々に回復されつつある。だがとりわけ重要なのは、フェミニズムが、社会学に多くの新たな研究課題をもたらしたことである。表4-3に示したように、ケア、感情、性暴力、ドメスティック・バイオレンス、出生と再生産、家事／家庭内労働などがある。これらは、フェミニズムが光を当てる以前には、社会学の研究課題からすっぽりと「抜け落ちて」いたのである。

カルチュラル・スタディーズの台頭

20世紀のさいごの数十年、社会科学で「文化論的転回」が起きたことは疑いようがない。ヨーロッパでは、文化論的転回の着想はグラムシ（1891〜1937）、フーコー、ブルデュー、ハーバーマスなどから得られた。全員、簡単にではあるが本書で触れることになるだろう。イギリスでは、文化への関心は、文芸的社会主義から生み出された。リチャード・ホガート（1918〜2014）、レイモンド・ウィリアムズ（1921〜1988）がこれにかかわり、マルクス主義者スチュアート・ホール（1932〜2014）と、いわゆるバーミンガム大学現代文化研究センター（BCCS）の研究へと発展した。BCCSは、1970年代には文化、アイデンティティ、階級、ポスト・コロニアリズム、メディア、人種、ジェンダーについての研究で卓越した地位にあった。アメリカでは、文化についてのより穏健な関心、すなわち象徴、言語、市民社会に重点をおく研究が、ジェフリー・アレグザンダー（1947〜）、スティーブン・サイドマン、アン・スウィドラーらによって展開された。それらは多様ではあるけれども、文化の働きに見られる葛藤や変化を理解することが、いっそう関心の的となった。

浮上するポスト・コロニアルの視点

ポスト・コロニアル理論は、もう一つの例である。ポスト・コロニアリズムは、かつて他者により植民地化されていた国々に目を向けた。とりわけ、18〜19世紀にイギリス、フランス、スペインが多くの国々に対して行った侵略や、行使した影響力が検討された。これら〔欧州諸国〕の植民地主義の思想家による支配が浸透する過程で、先住民は、自身の歴史とともに、自分たちが何者であるかについての固有の感覚を失った。ポスト・コロニアリズムは、エドワード・サイードの重厚な著作『オリエンタリズム』(Said, 1978=1993)によって確立された。彼は、植民地化(従属、支配)された諸民族の知識の多くが、いかに植民者によって形成されているかを明らかにした。過去にきわめて頻繁に起きたことだが、社会学者のアプローチ自体が、植民者の立場を正当化するものであり、支配者の思い込みを隠蔽することさえあった。いまやポスト・コロニアリズムは、多くの知的伝統をふまえつつ、無視された(「サバルタン」)他者の声に光を当てる。さらに、多くの社会学が、こうしたかつての科学と共犯関係にあったと主張する。たしかに啓蒙思想なるものは、科学、合理性、進歩を未来構想の手がかりとする欧米流の世界観の支柱であり、植民者の強力な武器となったのかもしれない。そうだとすれば、社会学なるものは科学的進歩ではなく、植民地に対する抑圧の加担者だったかもしれない。これを深刻に受け止めることが具体的に何を意味するかといえば、他の文化からの他者の声によりいっそう注意深く耳を傾けることである。

社会学のクローゼットからのカミングアウト——クィアになってみる

社会学の200年の歴史のほとんどの期間、社会学はセクシュアリティの複雑さに注意を全く払っておらず、異性愛と同性愛の懲罰的な対比を当然視していた。そこでは、同性愛は嘆かわしく、病的で、罪深い違反者とみなされた。同性愛（homosexual）というのは1870年代に発明された言葉であるが、第1章で触れたスティグマ化されたアウトサイダーの古典的な実例である。社会学においてさえそうだったのである。だが、1968年以降の社会学の新しい波に乗って、1969年のゲイ解放戦線と1990年代のクィア運動がこうした状況を少しずつ打開しはじめた。女性や黒人、ポスト・コロニアル集団とともに、ゲイやレズビアンは、世界中の多くの国で声を上げるようになる。この動きは、社会学の著作の大半に見られる、あからさまな同性愛嫌悪や異性愛規範に対しても異を唱えた。1980年代後半以降、クィア理論が学界に参入し、ジェンダーおよび性のカテゴリーの安定性に疑問を投げかけた。批判的セクシュアリティ研究の分野は国際的にますます注目を集めており、いまや主要な関心領域の一つとなっている。

社会学的想像力と社会学の未来

社会学は（常にそうであったように）まとまりのない学問領域である。これが様変わりすることはほとんどありえない。よく見ると、何百もの理論や方法や関心領域が存在する。教科書はこれを単純化していくつかの学派に集約しようとする。だが、本当に重要なのは、社会学はきわめて見通しの悪い領域であるということだ。少なくとも、社会学には複数のパラダイムが並存している（**マルチパラダイム的**）と言うことはできる。フェミニズムにはじまり、カルチュラル・スタディーズを経て、デジタル分析にいたるまで、数々の新規開拓の結果、社会学はますます混迷の度を深めている。社会学の未来は、よりいっそうの専門化、細分化、目新しい「〇〇の社会学」の乱立に向かっているのだろうか? おそらくそうだろう。

ここで注意してほしいことがある。この章は主流の欧米社会学史の簡単な入門のようなものである。啓蒙主義と近代産業資本主義によって形成されたことから、社会学は白人キリスト教(もしくはユダヤ教)男性が卓越的な地位を占めていた世界である。欧米世界は、豊かで、しばしば植民地を支配する側である欧米と関連のあるごくわずかな数の社会にばかり焦点を当ててきたので、社会学はその基調を保ってきた。その結果、他の多くの国々は、〔社会学ではなく〕「人類学」、あるいは「開発学」のような専門的な分野が研究するようになった。遠慮せずに言うと、世界の4分の3以上、すなわち、チャイナ、イスラム諸国、アフリカ、アジアとラテンアメリカのほとんどの国が、主流の欧米社会学による世界記述の大半から抜け落ちることとなる。20世紀のほぼ全体を通じて、大多数の欧米社会学がみせた傲慢さには、じつに驚嘆すべきものがある。今日、いくつかの変化が視界に入ってきており、欧米からグローバルな世界へと目を転じる人も少なくない。社会学は、数多くの非欧米諸国で発展しはじめており、すぐれた研究は、欧米のバイアスに過度に引きずられることなく、独自の方法を見つけている。もちろん、欧米から学ぶべき教訓はある。

だが、いま求められているのは、チャイナやインドネシアや韓国の社会学といった、さまざまな国々の地元産の社会学である。その先に、21世紀のグローバル社会学が見えてくる。

とはいえ、その多様性と声の複数性にもかかわらず、何が社会学にまとまりをもたせるかといえば、結局のところ、社会的なるものの意義についての共通した批判意識である。社会学は想像力であり、思考様式であり、批判意識である。だからこそ、社会学はたえず世界のいたるところで必要とされるのである。これから本書では、社会学することが何を意味するのかを明らかにしたい。社会学することは、いかなる多様性や意見対立、文化的差異が存在していようと、社会的なるものについての共通した批判意識を発展させること以外のなにものでもない。第5章から第7章は、この社会学的想像力を伸ばすために何を追求すべきかを読者に伝えることを目的としている。関心を集める領域、理論の傾向、方法論的な技能は移り変わるかもしれない。常に時々の流行というのはあるのだろう。だが、社会学の本質にある知恵は、時をこえて必要とされるに違いない。

思考を深める：21世紀の社会学

いまや社会学は少なくとも200年ほどの歴史を有し、変化し続けている。以下に、現在進行中の注目すべき傾向のいくつかを示した。これらは21世紀の社会学を方向づけるだろう。

1　グローバル化――社会学は、いっそう「欧米の覇権」から脱却し、次の三つの視点を認めるようになるだろう。ナショナルあるいはローカルな視点（一つの場所のみを研究すること）、比較の視点（さまざまな国や地域を比較すること）、グローバルな視点（世界の相互接触を検討すること）である。次世代の研究者はトランスナショナルな社会学を発展させるだろうが、そこでは、複数の言語を使えること、文化を横断することがよりいっそう求められることになるだろう。

2　デジタリズム――社会学は、いっそうデジタルになるだろう。重要な傾向のいくつかについては第6章で論じるが、第3章でも問題を提起してある。次世代の研究者には、ありふれた日常のデジタリズムが引き起こす多くの問題を打開する批判的なデジタリズムの発展が期待される。

3　多領域性――研究者は、学術的な研究と思考における複雑性の上昇に、いっそう本気で立ち向かわなければならないだろう。近年の社会学で懸念されるのは、狭い視野と関心に閉じこもる傾向があることである。こうした傾向がつづくと、社会学は危機的状態に陥るだろう。次世代の研究者には、批判社会学的分析につながる広範な研究領域に注意を向けること、そして、幅広い知的な関心や思考をうまく取り入れることが、いっそう期待されるだろう。

4 価値意識――社会学は、自らの価値基盤にいっそう意識的になるだろう。社会学は客観性と価値中立性を追求し続けてきたけれども、社会学は価値に対する何らかの立場を選び、その偏りに自覚的になる必要があるだろう。次世代の研究者には、自らを反省的に振り返り、社会生活や自らの生活における価値の役割を理解し、すべての者にとって「より良い」世界に向かうよう公共的に貢献する社会学を構築することが、いっそう期待されるだろう。

5 大学をこえて――社会学は、現代の大学に目立つ「管理・資金・評価」モデルにいっそう従属するようになる。こうした傾向が続き、大学が無味乾燥な研究しかなされない場所となるなら、将来の社会学者は、創造的な研究に取り組める大学外のコミュニティや世界に、いっそう関心を寄せるようになるだろう。

要約

社会について考えるという営み自体のはじまりはかなり昔まで遡ることができる。もっとも、近代欧米社会学は啓蒙主義と産業革命の産物であり、「専門分野としての形」をとりはじめたのは200年ほど前である。本章では駆け足で社会学の歴史を振り返った。だが、社会と同じく社会学は、絶えざる変化の中にある。近年の社会的傾向（デジタリズムなど）や批判的傾向（多文化主義、フェミニズム、クィア理論など）は、社会学という学問領域を変化させつつある。近年の世界は数々の発展を遂げ、（過去にはヨーロッパとアメリカ合衆国に支配されていた）「欧米」社会学の多くの部分にいっそう難題が突きつけられている。近い将来、すべての国や地域、集団に対して適切な関心が向けられ、こうした歴史が再構成されるときが訪れると予測することは可能である。

さらなる探究

考えてみよう

1　社会学の歴史について、自分なりの「タイムライン」を構築してみよう（オンラインでできるはずだ。役に立つプログラムがある）。重要な理論家、国、思想、歴史の局面について考えてみよう。

2　「枢軸時代」や「啓蒙主義」とは何を意味するのか？　当時の思想のいくつかを取り上げ、それが初期の社会学であったかどうかを考えてみよう。

3　世界には220ぐらいの国がある。興味がある国の中から一つか二つを選び、それらの国の社会学史が、私がこれまで論じてきたものとどれくらい異なっているか調べてみよう。なかには社会学史が存在しない国もあるかもしれないし、存在したとしても、きわめて歴史が浅かったり、まったく異なる軌跡をたどった国もあるかもしれない。たとえば、日本の社会学やインドネシアの社会学、ポルトガルの社会学、チャイナの社会学史について考えてみよう。それらはどんな姿かたちをしているだろうか（レイウィン・コンネルの『南からの理論（*Southern Theory*）』（Connell, 2007）が刺激をあたえてくれる。オンラインの探索は必須であろう）。

〔読書案内〕

広範囲にわたる思想・哲学史については、カール・ヤスパース『哲学入門』（Jaspers, 1953=2005）、ランドル・コリンズ『哲学の社会学（*The Sociology of Philosophies*）』（Collins, 1998）、ユヴァル・ハラリ『サピエンス全史』（Harari, 2015=2016）。啓蒙主義の伝統については、アンソニー・パグデン『啓蒙主義とその現代的意義（*The Enlightenment and Why It Still Matters*）』（Pagden, 2013）。社会学理論の歴史はアラン・スウィンジウッド『社会学思想小史（*A Short History of Sociological Thought*）』（Swingewood, 1984=1988／原著第3版2000年）を参照。A・H・ハルゼーの『イギリス社会学の勃興と凋落』（2004=2011）は、イギリス社会学の全体像を描いたきわめて貴重な記述である。ジェニファー・プラットの『イギリス社会学会の社会史（*The British Sociological Association: a Sociological History* ）』（Platt, 2003）は、重要な組織の歴史を明らかにする。ジョン・ホルムウッドとジョン・スコット編『パルグレイブ版イギリス社会学必携（*The*

Palgrave Handbook of Sociology in Britain)』(Holmwood and Scott eds., 2014)はイギリス社会学の現状を概観する。私の『エセックス社会学の五十年(*Imagina tions: Fifty Years of Essex Sociology*)』(Plummer, 2014)は、一つの学科に注目したものである。アメリカの最近の動向については、クレイグ・カルフーン編『アメリカの社会学(*Sociology in America*)』(Calhoun ed., 2007)に解説が収められている。社会学の草創期における女性の歴史は、パトリシア・マドゥ・レンガーマンとジル・ニーブルジューブラントリーの『礎を築いた女性たち(*The Women Founders*)』(Lengermann and Niebrug-ge-Brantley, 1998)を参照。ローズマリー・トン、ティーナ・フェルナンデス・ボッツ『フェミニスト思想(*Feminist Thought*)第4版』(Tong and Botts, 2014)もあわせて参照。セクシュアリティについては、ジェフリー・ウィークス『セクシュアリティ』(Weeks, 1989=1996/原著第3版2010年)、ケン・プラマー「批判的ヒューマニズムとクィア理論(Critical Humanism and Queer Theory)」(Plummer, 2011)、「批判的セクシュアリティ研究(Critical Sexualities Studies)」(Plummer, 2012)を参照。人種と人種差別については、レス・バック/ジョン・ソロモス編『リーディングス 人種と人種差別の理論(*Theories of Race and Racism: A Reader*)』(Back and Solomos, 2009)を参照。欧米社会学のバイアスを含んだ発展と新しい方向性についての批判的な解説としては、レイウィン・コンネル『南からの理論(*Southern Theory*)』(Connell, 2007)、パトリシア・ヒ

ル・コリンズ『黒人フェミニスト思想（*Black Feminist Thought*）』（Collins, 1990）、ガルミンダ・K・バンブラ『社会学的想像力の再検討』（Bhambra, 2007=2013）などがある。

第5章 問い——社会学的想像力を育むには

社会学的想像力によって、私たちは歴史と生活誌（バイオグラフィ）、さらには社会のなかでのこの二つの関係を把握することができる。これこそが社会学的想像力の任務と約束である。

C・ライト・ミルズ『社会学的想像力』

(1959/2000＝2017: 20)

今こそ聖杯、すなわち社会学的想像力を探す段階にさしかかった。非常に複雑で、常に変化し、政治性を帯びた人間の社会生活の流れについて――少なくともその一部分だけでも――考え、理解し、その意味を解するための方法を我々はどのようにして発達させることができるだろうか。いかなる「精神のフレーム」の発達が必要で、いかなる批判的な問いが提起されるべきなのか。C・ライト・ミルズの影響力ある著書『社会学的想像力』は、数世代にわたり社会学者を触発してきたが、私も彼のアイデアで本章の枠組みを設けつつ、最終的にはこれを拡大して12の重要な課題を挙げていくこととする（316〜319頁を参照のこと）。

　この議論は、社会学をいかに研究し教えるかの中心的な特徴（一般的には、**方法論**、**理論**、**経験主義**という三つの関心がある）に連なるものである。方法論者は、社会調査のツールや統計的データを今以上に洗練されたものに変えることに自身の知的なエネルギーを費やすが、かれらいわくそこでは「良い計測と洗練されたリサーチデザイン」が求められる。理論家は、美しくも錯綜した人間の思想と洗練された思考に専心することが多く、我々の思考を可能な限り正確にして、論理的かつ明瞭なものに変えていき、一般的かつ抽象的な社会的思考の原則を確立させていく。経験主義者は、社会生活の細部の調査に心を奪われることが多く、できるかぎり克明に詳細を描き出そうとする。かれらいわく「物語の真実は、調査の細部に宿る」。こうした区分は古いものであり、事実に対して快さを感じる者と、抽象に対して喜びを覚える者との間で線引きした、おなじみの常套句である。社会学の研究を行うことは、ほぼ不可避的に「方法論」のなかでは一つか二つの道に進むこと（「経験主義者」と「方法論者」に及ぶことが多い）を意味するが、「社会学理論」のなかでも一つか三つの道に進むことを意味する（たいていは男性の「理論家」によって担われ、「理論家」はたいてい男性ではあるが）。方法論者は、理想的な世界で研究を行うための方法について語り、理論家はより一般的な法則や理解を探すための方法について語り、経験主義者は「事実」を与えてくれるだろう。

社会学的な問いを地図にする

次の二つの節では、これらのアプローチの基礎を見ていく。しかしここで、方法論や抽象的な理論化へのフェティシズムに対する反論も加えておきたい。もちろん、「方法」や「理論」は、物理学から数学にいたるいかなるフィールドや学問であれ、まじめな研究であれば常に重要なものである。しかし、これらは誇張されすぎることもあり、理論と方法はただの道具、目的のための手段にすぎないという点に留意すべきである。社会学の課題とは、我々が暮らす経験的な社会的世界の理解を深めていくことであり、これはどんなルートを選んだとしても最適に実現できるものである。また社会学的課題とは、経験的な社会的世界へのアクセス可能性を維持しつづけることでもある。本章では、社会について考える方法を養うための簡単なガイドラインをいくつか示す。次に、研究の実施と先行研究の妥当性評価の両面で発展が求められる、基本的なスキルもいくつか提案する。毎度おなじみながら、これらはスタートラインにすぎない。次のボックスは、これらを要約したものである。

【1】構造を探す——社会生活の根底にあるパタンは何か

はじめに、社会学的マインドの中心にある慣習は、社会的なパタンを探し続けることである。社会生活にはランダムで偶発的な要素が多々あるが、よく見てみると、それらの累積のもとに秩序を見て取れることも多い。この感覚を研ぎ澄ます用語として、社会構造、制度、社会化の形式、慣習とハビトゥスといったものがある。

考えてみよう：社会学的想像力を生み出すための問い

社会学とは獲得された意識の形態、すなわち批判的な想像力である。ここでは単純に、想像力を育む良い慣習を成長させる鍵となる12のアドバイスを挙げる。

1 根底にある構造と社会的パタンを調べる
2 社会的な行為と意味を理解する

3　ミクロ／行為とマクロ／構造を架橋する
4　生きられた文化に共感する
5　物質世界を調べる
6　時間と歴史の意識を養う
7　動き続ける――偶有性、変化、流れを見る
8　社会生活を場所と空間の中に位置づける
9　生活誌につなげる
10　権力を真剣に受け止める
11　複雑性、多数性、矛盾について考える
12　不平等のマトリックスを分析する（本章ではこの12番目の項目については議論せず、第7章で独立させて集中的に扱う）

しばしば、社会構造、制度、社会形式、慣習とハビトゥスを、根底にある社会生活のパタンとして単純に捉えてみよう。

日常と慣習

もっともシンプルな出発点として、あなた自身の、あるいは誰か他の人の典型的な一日

について考えてみよう。その日は、完全に混沌としたものに見えるかもしれないが、たいていの場合、完全に秩序を失っているわけではない。たしかに一日をタイトかつ厳格に過ごせる人もいる。映画『主人公は僕だった』（2006年）の主人公、ハロルド・クリック（税務署で働くさえない会計検査官）は、時計に支配されている男として登場する（彼は自身の生活について物語る誰かの声も聞こえる）。

彼は朝、歯を磨く際に歯ブラシを動かした回数（38回！）を数え、バスに間に合うように家を出る正確な時刻を日ごとに把握して毎日オフィスに向かうので、一度もバスに乗り損ねたことがない。仕事では、すべての出来事が時間で区切られ、時間によって組み立てられている。彼は儀式、時間、物語る声に支配されている男なのである。映画『恋はデジャ・ブ』（1993）も同様に、同じことを正確にやり続ける男を描いており、映画のキャッチフレーズにも「彼は人生で最悪な日、幾度となく繰り返してきた日をまた過ごしている」とある。主人公は気象予報士のフィル・コナーズで、目が覚めるたびにその日が2月2日であることに気づく。2月2日は毎朝6時に始まり、目覚まし時計代わりのラジオから流れる、ソニー＆シェールの「アイ・ガット・ユー・ベイブ」のまったく変わらない曲を耳に彼は目を覚ます。〝前〟日の記憶が完全に残っているため、彼は無限の「タイムループ」にとらわれているという感覚を抱いている。しかし、変化のない小さな町の中で、同じことを同じ形で繰り返さざるをえないのである。

では、あなた自身の一日、あなた自身の環境に目を転じ、そのパタンと構造を図にしてみよう。あなたが毎晩パーティーに行き、かなり遅い時間に目覚め、一日のほとんどをのらりくらり過ごしているにしても、おそらく一つのパタンの中に収まっていることだろう。ほとんどの欧米人は、その大多数の日々を同じ日課に従って過ごしている。ベッドから出て、浴室までよろよろと歩き、何らかの朝食をとり、何らかの仕事や一日の「イベントスケジュール」(友人に会う、仕事に行く、子どもの送り迎えをする、料理をする)を開始する。19世紀後半の影響力のある社会哲学者にしてプラグマティストのウィリアム・ジェームズは、これを「慣習のフライホイール(勢車《はずみぐるま》)」「いったん動き出すと強力に回転し続けるという比喩」と呼んだ。我々の生活のほとんどは慣習とルーティーンの中で生きられ、これこそが社会生活を動かしている、と彼は主張したのである。

ストリートとその社会秩序

では、あなた自身の生活を少し――あまり遠くに行きすぎないように――越え出てみよう。そして、あなたの隣人を見回してみよう。社会学者は長きにわたって街やストリートを散策し、眼前に現れる生活のパタンに注目してきた。そこで明らかになったのは、我々が生活している空間が、特定の生活様式を発展させるということである。

イライジャ・アンダーソンはアフリカ系アメリカ人の社会学の教授で、『ストリートのコード』(Anderson,1999=2012)の著者である。彼の研究では、フィラデルフィアのジャーマンタウン通り沿いの多様な文化的背景をもつ住民に見られる儀式や価値観、社会的なエチケットが観察されているが、この通りは市の幹線道路で、世界中の多くの中核都市が直面している甚大な社会的・経済的困難を映し出すものであった。アンダーソンはその書の冒頭で、一緒にこの通りをぶらついてみようと読者に誘いかける。その長い道のりを彼と進んでいると、上流社会の人々の中でももっとも裕福な者から最貧困者へと住民が変わっていくのに応じて、その通りの形状や文化も変化していく。通りを進んでいくにつれて、ストリートの社会的パタン(どの集団がどこへ行くか、かれらの流動的な価値観、ストリートでの行動規範)が変化するのだ。かれが目にするのは、「上品な」家族と、より粗野な「ストリートの」家族の違いであり、洗練されたエリアと都会の荒廃が具現化したエリアに分かれているのである。アンダーソンの研究は、過去150年にわたって都市生活の形と構造を地図化してきた都市社会学の伝統に属するものである。あなたもすでに直感的にお分かりのように、都市には立入禁止のエリアもあれば、セレブが暮らす鼻持ちならないエリアもある! あなたに期待されていることを、ストリートが教えてくれる。ロンドンのメイフェアを散策してみれば、ブリクストンを散歩するときとはかなり異なった人々に出会うだろう。社会学者たちは、長きにわたって多くの都市の特徴を地図化してきた。たとえばチャールズ・ブース(1840~1916)は、ロンドンの貧困を地図にしたし、シカゴ学派の社会学者たちも1920年代と1930年代における「地区」の分析で名を馳せた。そして近年は、郵便区やZIPコードに紐づけられるライフスタイルの地図づくりに専心する産業さえ存在する。

牢獄としての世界

ずいぶん遠くまで行ったので、我々はいまや社会的秩序の地図化をさらに進めることができる。我々は、社会のすべてを次から次へと湧き出る社会的秩序とパタンとして見ることができ、こうした秩序とパタンは、特定の「問題」(家族、学校、職場、教会、政府、証券取引、牢獄の問題)をめぐって絶え間なく産出・再産出されるものである。では、ここでいうパタンとは何だろうか。

たとえば、家族について考えてみよう。子育て、セクシュアリティの規制、アイデンティティと世代別組織などを構成するのに役立つ構造を、すべての社会は有している。しかし、よく言われているように、家族組織の多様性は、時代と場所が異なれば相当大きなものとなる。たとえば結婚にも契約によるもの、強要や強制によるもの、選択によるものがある。人は異性のパートナーとも同性のパートナーとも結婚する。人は多くのパートナーと結婚することもあれば(複婚)、一人のパートナーと結婚することもある(単婚)。人は同じカテゴリー内で結婚することもあれば(同族結婚)、その外に出ることもある。人は大家族を構えることもあれば、小さい家族を構えることもあり、子育ても自身の手によるものもあれば、さまざまな他人の手を借りることもある。そして、家族はより広範囲な家族（拡大家族）に近くなることもあれば、そうならないこともある。このように、あらゆる多様性があるにもかかわらず、パタンと構造は常に存在するといえるだろう。

そしてこれをもっと進めると、世界中すべての社会が、一定の特定可能なパタンを発達させるということができる。フランス社会はタイ社会ではないし、タイ社会はオーストラリア社会ではない。社会構造とは、予測可能な人間の行為のパタンのことである。そして人間の行為は、生きていくうえで重要な問題の周辺に集積するが、それも社会ごとに異なるものなのである。

【2】社会的行為とその意味を探る

——人は他者に対する行為の意味をどのように理解するのか

社会学の最初の仕事は、社会構造の広範にわたるさまざまなパタンを発掘することであり、究極的には、それらがどのような働きをするのか理解することである。しかし四六時中この疑問にかかずらうだけであれば、我々はそれほど先には進めないだろう。というのは、社会をパタンの牢獄の中に捕らえるものとして見ることに、人はすぐに反旗を翻すからである。人はこれよりもはるかに能動的である。人間は、社会的行為と他者との相互行為に絶えず携わるなかで、自身や他者の生活に変化を加え、その中で発見したものに挑もうとするからである。人間の生は決して受動的なものではなく、常に動き続けるものであり、この構造ゆえに行為が可能になることが多いのも事実である。

この意味で、社会学が思考の対象とする基本的な構成単位として、人間の社会的行為と相互行為がある。人は世界の中で他者に対して行為し、他者とともに社会的世界を創出する。それゆえ人は、現存する社会秩序、構造、牢獄、パタンを一方的に受け取るだけの受動的な存在ではない。事実、人間の行為は世界を変え続けているのであり、他者と関わることで、社会生活を常に動かし続けているのである。我々は歴史的な行為者なのであって、決して孤独な個人の群れではなく、我々が何者であるのかという意味も常に他者に依存している。社会学者は、**社会的行為**、**自己**、**主観性**、**ハビトゥス**を真剣に調べていくのである。

社会的行為

マックス・ウェーバーは、一世紀以上前に**社会的行為**に関するもっとも有名な説明を行った。彼によると、単純に言えば「社会的行為」とは、人々が他者について有している意味を考慮したうえでの、人間の生を指す。これは「**相互主観性**」と呼ばれるものにも関連し、人々はともに相互行為する他者の精神に関わることを通じて、社会生活の意味を理解するのである。チャールズ・クーリーも同様の見方をしており、彼は「我々は他者の精神の中に住んでいる」と主張した。

そのため社会学者の仕事には、固有の現実や特性を有した、異なる種類の社会的行為を調べることが含まれる。このような社会的行為を手短にリスト化すると、以下の項目が含まれよう（リストは完全なものではない）。

・合理的行為——我々の行為は、目的と手段によって形成される（例：科学　自己利益を最大化する道を進むことが合理的であると主張する者が、特に経済学者にいる）。

・価値的行為——我々の行為は、（しばしば個人的な）価値によって形成される（例：道徳的ないし倫理的な立場をとるとき）。

・実践的行為——我々の行為は、日々の問題解決によって形成される。

・道具的行為——我々の行為は、自身の目標を追うことで形成される（例：我々は知識や学びにアクセスするための手段として、教師を利用する）。

・感情的行為——我々の行為は、情緒によって形成される（例：我々は葬式では泣く）。

・伝統的行為——我々の行為は、慣習によって形成される（例：歯磨きや車の運転）。

・身体的（embodied）行為——我々の行為は、身体の機能・動き・企図と密接につながっている（例：身体を清潔にすること、セックスのプレイ、衣服をまとうこと。第

2章66〜69ページを参照のこと)。
・革新的行為——我々の行為は、創造性に導かれている(例:芸術、音楽、執筆活動)。
・技術・デジタル的行為——我々の行為は、さまざまな種類の機械に結びついている(例:コンピュータ、スマートフォン)。

もちろんこのリストは端緒にすぎず、個々の領域が重複することも多い。これらの行為の範囲を網羅的に記述したい人もいるだろうが、その場合は情緒、身体、創造性、価値、実践といったものが含まれる。多くの社会科学は、合理的行為に焦点を合わせる傾向があるが、社会生活の多くは合理的行為だけでは成り立たないことが非常に多い。さらに近年は、私がかつてデジタル的行為と呼んだもの(たとえばスマートフォンの使用)に携わる機会もますます増えつつある。デジタル的行為は、別の種類の領域にあり、また異なる関係性や意味をもたらすものである。

社会学者はこれらの行為について、科学・ジム・学校・ストリートでの振る舞い・愛情・対立といったものの中で研究しなければならないが、これは心理学とは異なるものである。心理学者ならば、個人の動機を研究するだろうが、社会学者は社会的行為の創出と、人々が他者との生活にどのように適応するかを見る。あなたは午後や夕方に遭遇した「社会的行為」のいくつかを好んで調べるかもしれない。つまり、人々はどのように他者に適応し、意味はどのように生じるのだろうか、と。思い出してほしいことがある――あなたが社会的行為に携わっているとき、あなたは決して一人ではないのである。

実践とハビトゥス

事実、これらの行為をさらに取り上げてみれば、いくつかのパタンにまとまっていくのを目にするかもしれない。そこで、何人かの社会学者は実践のロジックに言及し（ピエール・ブルデューがここでの重要人物である（337頁、342〜344頁も参照のこと））、社会的世界の中での身体と実践の重要性を再び強調した。この視点は、人々が合理的で一貫した仕方でのみ行為するといったかなり素朴な視点、まさに人々が行為するか否かを自問すると考えるような視点とは対立するものである。現実には社会的行為は実践的であることが多く、行為するための暗黙裡の慣習的・実践的な論理に従って動くのである。我々は、特定の身体の性質や情緒に実践的にかかわっており、こうした身体の性質や情緒を、異なる人々とともに別々の環境の中で日常的に経験しているのである。こうした文脈で、我々が肌身離さず持ち歩く社会生活を通じて習得する慣習の体系を指し示すために、社会学者はハビトゥスに言及する場合が多い。もろもろの儀礼、感覚、何かするたびに生じる「ゲームの気分」を、我々は培っていく。このように考えれば、個人的な習慣という単純な概念を越えて、我々は社会的な慣習の中に常住しているという、広い物の見方に到達できる。社会学の主要な仕事の一つは、日常生活を支えるこのような諸原理の働き、すなわち共通感覚に根差した社会的行為の諸形態を理解することである。というのも、我々はどんなときも、こうした行為の理解とともに日常生活を送っているからである。また、こうした社会的行為の形態がある意味で世界そのものを動かす。そして社会的行為は、主観性や個性のような他の観念にも結びつく。ほとんどの社会学的研究は、人々が活動の中で構築する意味に焦点を当てるが、次章ではこうした研究の行われ方に少し目を向けてみよう。

【3】行為と構造を架橋する
——ミクロとマクロ、個人と社会をいかにして結ぶか

社会生活を徹底的に組織する「社会構造」とさまざまな大きなパタンに社会学者が着目することを見てきた。これと同時に、社会学者は「社会的行為」を調べるが、これは能動的な人間の他者への志向であり、構造の変化やそれへの挑戦を続けるものである。社会学者の関心は二つからなる。一つは、社会がどのように動いているのかという、集合的かつ広域で幅広い関心である。もう一つは、諸個人によって生きられた生活に対する関心である。ここから、すべての社会学者が繰り返し考えてきた重要な問題のうちの一つ——拘束的な構造と創造的な行為とをいかにして同時に処するかという問題——に逢着する。これは行為／構造間の緊張関係（ミクロ／マクロ問題と呼ばれることもある）であり、社会学

が抱える永遠の緊張関係である。

個人主義と社会的なるもの

社会学では多種多様な形で問題が生じるが、それは遠く離れたところにあるわけではない。社会はどのようにして、個人性や個性的な人間性を育みながらも、結合や集合性を発達させられるのか。どのようにして個人は社会の中にいることができ、個人とともにある社会ができるのか。我々はどのようにして拘束されながらも自由を得ることができるのか。どのようにして個人は社会の中に住み、社会が個人の中に住むことができるのか。どのようにして我々は、全体主義や独裁政治にいたらない形でコミュニティや絆を得ることができるのか。どのようにして我々は、利己的でナルシスティックな利己主義者にならず、創造的で思いやりのある個人になれるのだろうか。要するに、どのようにして我々は、人生と社会の中での個人性と社会性のバランスを発展させつつ、それを保つことができるのだろうか。個人に焦点を当てすぎると、個人主義と還元主義のそしりを受けることになる。構造に焦点を当てすぎると、決定論、全体主義、抽象化のそしりを受けることになる。

この問題を最終的に扱わない社会学者（あるいは何らかの学問分野から社会について考える人）を見つけるのは難しいだろう。多くの形で議論がなされ、その一部も多くの形で解決されたかもしれないが、社会に関する大きな問題であることに変わりはない。もし

「個人」が勝った場合、利己主義と自己中心に支配された崩壊的な無秩序を我々は間違いなく目にすることになるだろう。もし「社会」が勝った場合、集団の恐怖がはびこるなかで、個人性の痛ましい喪失を必ず目にすることになるだろう。この問題に関する思想家のリストは、膨大なものとなる。プラトン、アリストテレス、ホッブズ、ルソー、モンテスキュー、アダム・スミス、カント、ゲーテ、ド・トクヴィル、マルクス、デュルケム、ウェーバー、ジンメル、デューイ、ミードのほか、現代の社会学者の主な業績として、デイヴィッド・リースマンの『孤独な群衆』(Riesman, 1950/2001=2013)、ロバート・ベラーらの『心の習慣』(Bellah, 1985=1991)、ロバート・パットナムの『孤独なボウリング』(Putnam, 2000=2006)、エリオットとレマートの『新個人主義(*The New Individualism*)』(Elliott & Lemert, 2009) がある。ようこそ、社会学のクラブへ!

思考を深める:行為-構造の難問への六つの入口

行為-構造をめぐる議論は複雑なものであり、これを扱った多くの重要な理論的研究が生み出されてきたが、その中には晦渋なものも少なくない。社会学者がこの難問の解決を試みる際のいくつかの方法を以下に挙げるので、見てほしい。

1 生活誌的なライフヒストリー――人の生活誌を研究し始め、社会構造が人々を抑制するありようを見出す（ミッチェル・ダナイアーの『スリムのテーブル（*Slim's Table*）』を参照のこと）。

2　**構造分析**——外面に現れる社会的事実を手がかりに構造の観察を進めて、実際にいる人々のところまで下りていき、かれらの生活がどのように形作られているかを明らかにする（レイウィン・コンネル、特に『男らしさ（*Masculinities*）』を参照のこと）。

3　**文化的な布置**——文化的な意味と個人にとっての意味を同時に見るとともに、両者を往還する（ノルベルト・エリアス『文明化の過程』を参照のこと）。

4　**構造化理論**——作動過程にある構造の二重性を見る：社会構造は社会的な行為を可能にすると同時に、社会的行為はまさに構造そのものを創造する（アンソニー・ギデンズ『社会の構成』を参照のこと）。

5　**ポジションと関係**——ハビトゥスの中にある諸々の関係と実践を研究する（ブルデューの業績と、ビバリー・スケッグス『階級とジェンダーの形成（*Formations of Class and Gender*）』を参照のこと）。

6　**エスノグラフィ**——希望する研究対象に接近し、実際の状況の中で動いている行為と構造を見る（ポール・ウィリス『ハマータウンの野郎ども』を参照のこと）。

【4】生きられた文化の強調
――意味に満ちた象徴的な世界をいかにして把握できるか

本書を通じて繰り返し見てきたように、人間にとっての社会生活は常に「意味」に結びついている。

アズテック族の社会、古代ローマ人の社会、啓蒙主義時代の社会、世界の大都市あるいはペルーの丘の頂上にある小さな部族の社会。どんな社会であっても、人間は生まれてから死ぬまで、身の回りの世界を理解するための方法を探し続けている。この意味に満ちた世界を把握する際に重要になる考えが文化である（第2章参照のこと）。文化は人間に固有のものである。他のありとあらゆる生命の形――アリからシマウマまで――は、より画一的で種に特有の仕方で行動する。文化こそが、他のほとんどの動物から我々人間を真に区別する。我々人間は、意味をつくる動物である。そして意味はさまざまな結果をともなう。人々がどのように自分の人生に意味を与えるかが重要な現実的問題となる。

文化は「生活様式」と「生活設計」、「重要な意味の網の目」を集めるための「ツールキット」、「日常生活の断片、パッチワークのための布、端切れ」と見なせるかもしれない。あるいは、文化とは創造的なツールと応答からなる一組のセットと見なすこともでき、これらは移ろいゆく生活の中で、日常生活の諸問題の解決を試みるのに役立つ。文化の核心にあるのは、言語、シンボル、ナラティヴ、物語、儀礼、価値、役割、アイデンティティ、神話、信念、実践、有形物などにほかならず、これらによって人々の生活様式が作られ、この生活様式を完全に理解する秘訣が文化である。文化は頑なに変化を拒むもの、全員一致のものでは決してないため、文化を単一のもの、完全なもの、固定されたものとして捉えるのはいずれにせよ危険である。実際はまったくそうではなく、文化は常に生き続け、変化し、競合し、議論され、修正されるものであり、文化に属するメンバーも実践的な行為の膨大な流れの中で、文化を支えたり、反発したりする。文化とは常に雑多にして多層的、多種多様なモザイクであり、過去だけでなく、未来への橋渡しともなっている。

文化によって示唆されることは、常に矛盾し緊張に満ちた、数え切れないほどの社会的世界の存在である。文化を見渡した際に、その膨大な差異を見つけてもまったく驚くことではない。特定文化の内部を見ても、同じことである。文化は総意や画一性というものを支持しない。そうしたものは文化というものの本質からしてもありえない。したがって、調和的で秩序だった満場一致の総意として文化を語ることは完全に無意味である。「ムスリム文化」、「労働者階級の文化」、「女性文化」、「イギリス文化」、「ゲイやクィアの文化」について、短絡的に語ってしまうと、まさに嘘をでっち上げることになる。人間の社会的世界は両義性、矛盾、緊張に満ちあふれたものであり、決して満場一致の総意ではないことは、社会学者であればすぐに理解できる。あらゆる時代であらゆる人々が営むものとしての社会生活は、これらの緊張から生じる。この点を理解することはきわめて重要である。その理由として、文化を平板化かつ均一化し、モノローグや一枚岩、金科玉条のように過度に不変な形式に変えてしまう文化観は、社会学的思考にとってきわめて危険であり、このような文化観によって、多くの日常的な思考の中にあるステレオタイプが培養される。人間の文化でもっとも顕著な特徴の一つは、人々によって異なる地域や時代にまたがって信じられるようになる事物が広範囲に存在しているということである。第2章で見たように、宗教が良い例である。人々が信じるようになるものや、かれらが社会生活をどのように理解しているかをめぐる価値判断に、社会学者の関心があるのではない。そうではなく、このような信念がどのように生じるようになったかを示すこと（歴史的な問い）、信念が学ばれ、人々の生活の中に組織されていく方法（社会化の問い）、信念が果たす全般的な役割や課題（機能的な問い）に、社会学者の関心があるのだ。

このような文化はどこにでもある。社会学者は、主流で支配的な文化を捉えるのみならず、膨大な数の異文化の研究にも大いに関心を払う。社会学者は基本的に、これらの世界に入りこみ、その中にある言語や物語、儀礼、アイデンティティの理解を試みる。この仕事は**エスノグラフィ**と呼ばれることが多く、これは文字通り、生活の方法を記述するものである〔ethno（人々の、民族の）＋記述（graphy)〕。あなたの身近にある生活の方法についてで考えてみよう。これは社会学者が研究した文化の一部である。

占星術の文化、サイバーカルチャー、あらゆる種類のドラッグカルチャー（麻薬文化、ヘロイン文化、LSD文化など）、エスニック文化（黒人、アジア人、ムスリムなど）、環境団体、フェミニスト団体、空飛ぶ円盤カルト、ゲイとレズビアンとクィアの文化、銃をもつ権利の文化、余暇文化、音楽文化（ロックグループ、ジャズバンド、オーケストラ、オペラなど）、政治文化（右派、左派、中道）、人種至上主義（ナチス、クー・クラックス・クラン、スキンヘッド、ブラックパンサー党、イギリス国民戦線など）、あらゆる種類の宗教やスピリチュアルの文化、学校文化、スポーツ文化（ボクシング、フットボール、ランニング、水泳など）、若者文化（テディ・ボーイ、モッズ、ロッカー、パンク、ゴス、ヘビーメタル、レイヴなど）。

このリストには、付け加えようと思えばまだまだ続きがある。これが、多くの社会学者が取り組んできたこと、すなわち小さな社会的世界とそこでの生活様式の研究である。社会学者はここでは理解（Verstehen）という方法を用いる。社会学者は人々の近くに行ってかれらの世界の中で生活し、そこで何が起こっているかを理解する。このように文化を分析しようとすれば、言語、シンボル、物語、役割取得、情緒、身体、アイデンティティ、価値について考える必要が生じる。理想的には、社会学者は生活のすべてに浸透している

表5-1　文化を分析する

考える対象	問い	学問的なつながり
言語	言葉、スラング、この文化の中で用いられる言葉の中で特別な意味があるものは何か。	言語学
記号とシンボル	重要なシンボルを調べ、記号の連鎖と記号化のプロセスを見る。	**記号論**
物語とナラティヴ	人々が語る物語（ナラティヴ、神話、説明など）を聴く	**ナラティヴ理論**
理解と役割取得	人々が他者と出会う、すなわち他者の目を通じて世界を見る方法を理解する。	マックス・ウェーバーは「**理解（Verstehen）**」の語を用いた。G・H・ミードは役割取得の概念を発展させた。
感情と共感	他者が何を感じているのかを看取する。	感情社会学（クーリー、ホックシールド）
アイデンティティと役割	人々がどのように自分自身を見るようになるのか（自分とは何者か）、人々はどのような役割を演じるのか。	**ドラマトゥルギー**（ゴフマンを参照のこと）、役割と演技の理論、現代のアイデンティティ理論
身体	人々が自身の身体を用いる際の重要な企図（projects）とは何か。	心身二元論をめぐる議論、**身体化**と「身体理論」
価値	生活を導く価値を知る	態度と価値の研究

これらの競合する意味を理解するように努めるのであり、これらの意味は、表5-1に示しているように、人々が自身の生活に対して与える記号、ジェスチャー、言語、ナラティヴ、物語の中にある。

【5】物質世界を探る——我々は身体、経済、環境にいかに制約されているのか

社会学は文化的でシンボリックな人間の社会生活に魅了されているが、これだけでは十分とはいえない。というのは、詩人のテニスンが「血を見るような無慈悲な争い」と表現したように、我々も紛れもなく物質的世界、野蛮で物理的な現実をもった世界に生きているからである。

あなた自身の生活と社会的世界について考えてみよう。すると、次のようなことが明らかになる。それは、あなたの身体が生理的＝生物学的（biological）に拘束されており、あなた自身が食べ物、水、住まい、安全、健康の維持などを通して確実に満たされなければならない欲求を有する動物であるという事実である。あなたは、莫大な物理的な力が生んだ世界に浮かぶ大地の上に生きている。その物理的な力は、進化、環境、経済からなり、そこにはあなたの「土地」、過密人口、「財産」、「技術」、あなたを取り囲むデジタル的世界、そして究極的には法や政治の力も含まれる。このほか、人間の奥深くに眠るさまざま

な能力もある。こうした能力の中には、開拓されるのを待っているものもあれば、そうでないものもある。また、軽々しく実現を望むこともできなければ、放念することも簡単にはできないものもある。我々が意味を付与しなくとも、これらは存在するだろう。これが物質的な社会的世界、すなわち「蹴ることができる世界」、本当に実在する世界、我々の願望を超えた世界、観念や文化といった領域を超えた世界、我々の創作物がない世界なのである。我々は、毎日の中に存在するこれらの物理的な条件に直面している。数多の思想家の中で、この世界を看取するうえで重要な役割を果たしたのが、ダーウィンとマルクスという2人の近代的な思想家であった。

もっとも一般的なレベルでは、**唯物論**（**実在論**もいわばその相棒として関連づけられることが多い）という哲学的立場があり、現実がもつ性質をすべてその表面から、すなわち物質という観点から説明する。世界はまずもって物質的、物理的、触知可能で、身体と資源から成り立つ。（紀元前460-370年頃のデモクリトスのような）もっとも初期の唯物論の哲学者は原子論者であり、かれらは宇宙や物質は純粋に機械的な仕方で集められた原子から成り立つにすぎないと考えた。唯一の実在である原子のつながりによって、世界と生命の成り立ちが説明されたのであり、そのため社会的世界も、観念や意識から独立した絶対的な存在をもった外部にある世界とされたのである。唯物論の中でも極端なものでは、あらゆる種類の**観念論**や意味にもっとも重きを置く理論に対して、反対の立場をとる。

この意味で社会学は、（観念とイデアの世界に注意を向ける）観念論者と、（物質と唯物論に注意を向ける）唯物論者との間で起きた、哲学界のもっとも古い論争の一つに足を踏み入れることになる。対照的に、プラトンからカントにいたるまでの初期の観念論の哲学者は、社会的世界は精神ないし観念のうえに成り立つと論じた。後に見るようにこの対立が、社会学でずっと続いている論争の一つである、実在論者と観念論者の論争の発生に一役買ったのである。

こうしたことすべてに心を煩わせる必要はない。もっとも直接的かつ具体的なレベルでは、物質的な世界は、進化（evolutionary）、経済（economic）、環境（environmental）――私はこれらを三つの「E」と好んで呼ぶ――の研究に社会学者を向かわせる。進化について考えると、身体的な緊張や制約に目が向く。経済について考えると、生存のために入手する資源（鉱物、油、陸、住居）と生産技術に目が向かう。環境を分析することで、我々はより広い世界の存在に気づくとともに、我々の諸種の行為を大きく制限するもの、さらには地球上の土地と希少資源をめぐる現在の獲得競争にも気づくようになる。これらの力すべては、ほとんどの場合、我々のコントロールをはるかに超えて作用する。我々は、脳の機能やホルモンといった動物的な性質さえも、（たいていの場合）コントロールできない。我々が使用するテクノロジーが鋤《すき》であろうが、コンピュータであろうが、あるいは販売可能な商品となった日用品（商品化と呼ばれることが多い）であろうが、我々は豊かな資源や初めて自分が携わる労働環境をコントロールすることができない。今日ではよく知られているように、環境および空気、火、土、水という四大構成要素は、人間に対する災害や環境破壊の原因となって猛威を振るうようになるかもしれない。また津波、火災、地震といった他の大災害についても、毎日耳にしているところでもある（もちろん、災害の社会学というものもある）。

【6】歴史と時間への関心を高める——時の流れの中で、人間の社会生活の過去、現在、未来をいかにしてつなぐことができるか

社会的なるものには必ず過去、現在、未来があり、社会的なるものは常に動いている。移民、音楽、大衆運動のどれを研究していようとも、社会学者であれば、これらの歴史、そして今この場でこれらがどのように営まれているのか、さらに究極的には今の動きが今後どこに向かっていくのかを理解したいと思うだろう（とはいっても、社会学者は未来学者ではなく、未来を知ることは決してできない）。「社会的なるもの」は常に動いているのだ！

すべての社会的な事物には過去があり、社会学はそうした事物の歴史的側面、考古学的側面、系譜学的側面の調査を必要とする。これに加え、過去は多元的なものであるとともに、常に現在という瞬間の中にも存在しつづける。すなわち、社会的な事物が姿をあらわ

すときは、ずっと多様な形をとり続けるのである。エイブリー・ゴードンの『消えないもの（*Ghostly Matters*）』（Gordon, 2008）では、アメリカ合衆国における数世紀にわたる人種の抑圧が、今なお幽霊のように生き続けている様子が示されている。さらにこうした社会的な事物の歴史は、壮大で華々しくもあり、また同時に小さな無数のしずくのようなものでもある。国民国家の歴史についても重要な研究（たとえばマイケル・マンによる集団虐殺の研究や、チャールズ・ティリーによる社会運動の研究がある）がなされてきたが、その一方で、あらゆる下らないもの（トイレ、電話、トマト）の社会史に関する研究もある！　現在の社会的な事物に目を向け、それらがいかに過去にとらわれているかを調べてみよう。過去と現在が未来を予測する場合でさえ、過去は常に現時点において構築されたものでり、その現在もまた失われた過去へと変貌していくのである。

この問題は、時間の複雑さの問題を提起する。「時間的順序」が全体として形成されたものを見るような、時間の社会学を予想したかもしれないが、時間とは単に「自然」で所与のものではなく、人為的につくられた非常に問題含みのものでもある。我々は常に時計を所持してきたわけではないし、時計も世界中でまったく同じものだったわけでもない。しかし、時計が発明されるやいなや、我々の生き方は時計によって間違いなく劇的に変わった（時計と時間地図（time map）の社会学もある。ゼルバベル（Zerubavel, 2003）を参照のこと）。我々が時間感覚をどのように構成しているのか、その方法に時間の社会学は目を向ける。時計とさまざまな測定器を通じて時間を客観的に構成するのか。日々の時間の流れをどのように経験しているのかという観点から、時間を主観的に構成するのか（時間の現象学と呼ばれる）。さらには過去の記憶（社会的な記憶）を構成するのか。社会学の中で記憶とは、個人の心理的な特徴として見なせるものというよりはむしろ、我々が生活している集団によって部分的に構成されたものと見なせるものである。記憶とは、集合的なものである。

時間の動きの一部は、「世代」という概念を通じて組織される。すべての人生は、特定の年齢コーホートを通じて組織される。たとえばサッチャーやレーガンの政権時代に生まれた人々、ルワンダ虐殺を生き延びた人々、中国革命のさなかに育った人々、ホロコーストの生存者といった人々はすべて、かれらを結束させる共通の体験を共有しているのである。これらの体験は、かれらの人生にとって固有なものであり、時が経つにつれて、かれらの人生をつなぎとめるものとなる。世代として人生を送るということは、自分たちの人生をエスカレーターに乗って過ごすようなものである。集団全体（ベビー・ブーマー、ジェネレーションX、ミレニアル世代）が絶えず動き続け、特定の世代コーホート内や、かれらに共通、ないしかれらにしか共通しない一連の経験の中を前進していくことで、お互いが結びついていくとともに、この世代には入らない人々との間には大きな違いも作られる。このエスカレーターに乗って進めば進むほど、ちょうど反対側でエスカレーターから降りる人との距離がますます大きくなっていく。こうした人生の歩みの中で、たくさんの問題も立ち現れる（たとえば、「ホロコースト生存者の第三世代」が直面している問題に関するアーリーン・スタインの研究を参照のこと（Stein, 2014））。

【7】 動き続けよう ――偶有性、流動性、社会生活の流れをいかにして調べるか

上述の事柄と密接な関係があることとして、人間の社会生活（および社会学）を一つのプロセスとして、つまり流動性のあるものとして見る必要性がある。あらゆるものは変化し、人生は流れていき、変わらないものはない。ハラスメント、殺人、健康システムのうちどれを分析しようとも、これらが偶有性によって形成されるために、すべて変化する。社会学の主題というものは、それがまさに社会学の主要な分野をなしていても、決して固定され安定したものではない。ある時点で出された見解も、次の時点には変わりうる。1時間のうちに形成された集団も、次の瞬間には変化する。状況は変わり続けている。人生物語も刻一刻と変化していく。社会とは、終わりのない変化という沸騰した大釜であり、変わらないものなどない。あらゆる社会学的な発見も一秒経てば時代遅れのものとなる。すべての「発見」は短命で、せいぜい発見がなされた瞬間しかもたない。この意味では、社会学は世界が動き続けるかぎり、常に時代遅れなものとなる。ゆえに、ある重要で難解

な問題も生じやすい。光陰矢のごとしともいえる時間のただ中で、何が形や価値を保つものとなりうるのだろうか。絶え間ないこのあらゆる変化の中で、恒常性はどこにあるのだろうか。社会的な行為が変わり続けるなかで、我々はどのように生きるのか。

私の多くの発言と同じように、これは単純な考え方ではない。人生とは、甚大な社会的結果をもともない、不確定で予測不可能なありとあらゆる出来事の中を進んでいく一つの流れである。生物学的、個人的、社会的に強大な力によって人生が決定されているとしても、一部の科学がうそぶくほどには決定されていないことが多い。ちっぽけな偶然要素が、因果関係を変えるほどの強大な力を発揮しうるものである。同様に、多くの偶有性が積み上がっていくと、ほとんど気づかれぬままにそれらが一定の結果やパタンになることもある。奇妙にも、この偶有性の考え――完全に発展した社会学的な理論や哲学的説明にとっては間違いなく価値あるものではあるが――には欠落しているものが一つある。人間は傷つきやすく、その生命は危うく、我々は偶有性に苦しんでいるということである。思いがけない偶然の発生は、我々の日常生活の一部であり、社会学者はこれを把握しなければならない。

この偶有性の中心的な役割は、歴史、文学、芸術の中では人気のテーマで、ここではグウィネス・パルトローとジョン・ハナーが主役を務めたピーター・ハウイットの映画、『スライディング・ドア』（1998）を題材に考えてみたい。映画の中ではまず、主要人物であるヘレンが仕事をクビになってしまい、いつもと違う時間に帰宅するなかで、出発寸前の地下鉄に飛び乗ろうとする。このとき映画は、ヘレンが閉まろうとするドアをなんとか押し返して電車に乗るという現実を描写する。もう一つの別の描写の中では、すんでのところで電車に乗り過ごした様子が示されている。この時が決定的な時点だった。第一の瞬間的契機（moment）の場合、ヘレンは地下鉄の車内でジェームズに出会うが、帰宅すると、彼氏のジェリーが元彼女と浮気している現場に出くわしてしまう。別の時間的契機の場合、ヘレンは地下鉄を乗り過ごすが、ひったくりに遭ったために怪我をして病院に行き、最終的に家に着くも、彼氏以外の何者も家にいなかった！　一つ目の時間的契機、言い換えれば偶有性に満ちた選択肢の一つ（a contigency）において、彼女の人生はさまざまな可能性に満ちている。映画の中では、大きく異なる結末に対応する形で、二つの異なる現実を作っていく二つの時間的契機が展開していく。第一の時間的契機では、ヘレンはジェリーと別れ、ポジティヴで喜びと愛情に満ちた関係をジェームズとともに築いていく。別の時間的契機では、ヘレンが彼氏にだまされ続けることで、彼女の人生は暗転していく。人生の中の一瞬の出来事が、その後の人生を大きく左右する。古典的な例でいうと、自宅の玄関のドアから意気揚々と飛び出したら、ちょうどやってきた大型トラックに轢かれてしまうといったものである。何が起こりうるかを語ることは決してできない。一瞬がきわめて重要で、物事が今の状況とは異なる可能性は、どこにでもある。

似たような話を語る映画や物語はたくさんある。それにもかかわらず、我々は大半の時間や人生の日々の中で、自らの存在のありかたや、それが偶然の発生を通じて形成されるといったより幅広い可能性の実現を食い止めているのであり、これは社会的な慣習を作るという強固な傾向性によるものである。人間の存在の莫大なポテンシャルやリスクは、慣習というフライホイール（勢車《はずみぐるま》）によって常に狭められている。世界のひどくやかましい混乱は常に狭められているので、我々は大半の人生、日常の大半において、よくパタン化された慣習に従うことができる。我々は人生のありとあらゆる可能性に耐えきれず、行動・思考・情緒の中でよく形作られたルーティンとして、日々の可能性を狭め制限しなければならないのである。大まかにいえば、我々はゾンビのようなものになるのである。しかしこれは、変化が偶然に生じる全面的な可能性を宿した、多くの不安定な瞬間を止めてしまうものではない。

【8】場所と空間の中のローカルな社会生活――人間の社会生活は状況的なもの、グローバルなもの、公的なものによってどのように形成されているのか

すべての社会生活は、場所と空間とともに流れ動いていく。社会的なるものには地理学と幾何学がある。状況や文脈の流れの外では何も起こらず、社会学は構築、組織化、そしてこれらが行われる空間の影響について常に問いを発している。こうした何かは、ストリ

多元的に考えること：ムスリムの経験の多様性

哲学者のウィリアム・ジェームズとハンナ・アレントは、多元的な世界とあらゆる人間がいかに異なっているかを深刻に捉える必要性を強調している。事実、すべての社会学者にとって重要な教訓は、単一的な見方を避け、多様性と複数性という視点から物事を見ることである。研究対象の多様性を探してみよう。たとえば、「ムスリム」について語る際には多様性の認識が必要になる。というのは、ムスリムにも多種多様なムスリムがいるからであり、15億人以上のムスリムが約50の異なる国々で人口の大半を占めており、それぞれが独自の文化を有している。インドネシアのムスリム、マレーシアのムスリム、パキスタンのムスリム、ニューヨークのムスリム以外にも、さまざまなムスリムがいる。さらにムスリムは、スンニ派（最大でもっともオーソドックスな派）とシーア派に分かれる。ヴェールを身に着ける女性もいれば、身に着けない女性もいるほか、ヴェールの着用という実践もまた多種多様である。いくつかのムスリム社会（エジプト、ソマリア、アラビア）では女子割礼が一般的であるが、他の国ではそうではない。いくつかの社会（パキスタン、アラビア）では名誉殺人が見られるが、他の国ではそうではない。ベドウィン族の世界は、石油資源に恵まれた湾岸諸国の資本家たちの世界とはかけ離れている。インドネシアでは、女性に性的欲求を抱く男性と見なされ、男性的な女性として振る舞うトムボイと呼ばれる人々がいるが、一方でトムボイのガールフレンドは、自分自身を男性に性的欲求を抱く正常な女性として捉えている。イランではトランスジェンダーは一般的である。クィア／ゲイのムスリムや「新たなアラブ男性」もいる。世界中にジハード（聖戦）という形で戦う、さまざまな過激派集団もいる。エジプトにはムスリム同胞団、アルジェリアにはイスラム革命防衛隊、レバノンにはヒズボラ、ヨルダン川西岸地区にはハマース、アフガニスタンにはアルカイダ、シリアとイラクにはＩＳＩＳがいる。これらのより軍事的な方向性のすべてに、独自の文化、言語、世界観、アイデンティティ、知識が備わっている。アラブ世界の中のアラブ人はきわめて保守的で、東南アジアのムスリムとは異なっているが、東南アジアも変わりつつある。

社会学者は常に差異を認識し探さなければならない――これは社会生活の黄金律なのである。

ートの慣習を見ているとき、そしてすでに見た都市の地図化の中に見受けられる。はるか一世紀以上も前、チャールズ・ブースはストリートとロンドンの貧困者の生活を地図に示した。アメリカ合衆国では、シカゴ生態学派として知られる、強固で古典的な社会学の伝統により、我々の生活の中で都市部がもつ重要性が記録されたが、そこでは地方の空間やそこで営まれる生活との対比がはっきりとなされた。都市に住むか、地方に住むかは重要な問題であり、知られているように、より多くの人々がいまや「グローバルシティ」の空間に住まうようになっている。こんにち我々は、郵便番号の社会に住んでいるのであり、そこでは地域、都市、地方、ストリートがライフスタイルを知るうえでの手がかりになっている。そして、人々が演じる役割がさまざまな場面によっていかに異なるかについては、すでに見てきた。世界があるローカルな場所からグローバルな場所へと動いていく道筋についてもすでに見た(第3章参照のこと)。

空間と社会的なるものについて考え始める際には、ちょっとした練習問題が役に立つかもしれない。異なる社会空間や状況、場面を緩やかに流れていく(と同時にこれらを構築する)一種の乗り物として、あなた自身、あなたの身体、あなたの精神を考えてみよう。すると、あなたの身体から出てくる五つの空間に遭遇するかもしれない。第一に、空間の現象学があり、これはあなたが住む世界を理解するための精神的な地図である。あなたが住み、動き回るエリアについて考えると、他の誰とも異なるあなた自身の空間感覚をもっていることに気づくだろう。第二に、あなたが何らかの社会状況(学校の教室、街角、職場、教会、公衆トイレ)の中に入っていくにつれて、どのように振る舞うべきかについての何らかの期待があなたを待ち受けていることに気づくだろう。他の社会状況での振る舞い方と同じように振る舞うことは許されない。確実なのは、一般的な振る舞い方のいくつかは、ほぼすべての空間に結びついているということである。ここに状況と共存の社会学が存在する。これを敷衍すると、人々はさまざまな集団（社会的世界とそこでの視点）を通じて、互いに結びつくことが多いことが分かる。この意味で社会は、異なった種類の複数の世界、すなわち先に略述した複数の異なる文化の小片から成り立つものとして地図に表すことができる。社会とは均一な総体ではなく、一連の社会的世界が互いに絡み合ったものなのであり、ネットワーク（我々が生きるなかで通っていく関係の連鎖）でもある。インターネットの到来とともに、ネットワーク社会としか呼べない仮想空間を通じて、より多くの人々が自身の生活を営んでいる。最後に、社会生活が特定の社会的世界の中に位置づけられていたところから、グローバルな世界という、はるかに広大な感覚へと移行していることも分かる（第3章参照のこと）。いまや人生の多くは、世界中の他者へとつながっている一つの鎖の一部と見なすことができる。空間はますますグローバル化しており、社会学はこれらのつながりを探り出さねばならないのである。

【9】生活誌とつながる――現実の人々、体現された人々、感情的な人々をいかにして理解するか

社会学者は、地球上の何十億の人々すべてを研究することはできない（とんでもない！）。だからといって、現実に生きられ、豊かな生活誌を備えた情緒的な生活を見失ってしまうと、社会生活から引き離された抽象的なものの中に簡単に迷い込んでしまう。人

間の生活の網の目が生活誌に根づいたものであることを、社会学者は決して忘れることはない。ゆえに何をしようとも、社会学者は現実にある身体的な生活へと戻っていくのが常であり、自身の経験を観察し、言うべきことに耳を傾けねばならない。ライフヒストリーにつながることは、社会学が社会生活から遠く離れたものになってしまう（そうなることも多い）のを防ぐために必要な矯正手段であり、これには諸種の行為、構造、歴史とライフヒストリーとのより広いつながりも含まれる。これを体現した素晴らしい研究を、ピエール・ブルデューの『世界の悲惨』（1999［1993］＝2019-2020）に見ることができ、その内容は、意気消沈したパリジャンが人生の苦悩や矛盾について語るインタビューによって占められている。

人生の物語を仔細に研究すると、社会生活の多くの特徴が明らかになる。失業のライフストーリーによって明らかになるのは、個人の失敗ではなく、より広い経済の仕組みである。同性愛は個人の病理ではなく、法律とジェンダーの社会的意味によって深く形成されている。我々の身体は単なる生物学的なものではなく、身体の企図や時間の感情的な構造に結びついたものである（第2章参照のこと）。したがって、社会学の中心的な道具となるのは、常に生のナラティヴであり、人々が自身の生について語る物語を共感しながら聴くこととなる。研究がどれほど広範囲に及び、どれほど多くの人々を研究したとしても（何千人にも上ることも多い）、社会学は常に一人の具体的な生についての深い研究を必要とするのであり、これによって全体の状況を把握することは現実には不可能であることを思い起こすのである。

【10】権力を真剣に捉える——ここで起こっていることを誰がコントロールしているのか

社会生活と権力はどのように関わっているのだろうか。社会学は権力を社会的なるものの顕著な特徴と見なす（たとえそれが社会的なるものと競合していたとしてもである）。人々が自分自身の生に影響を及ぼしそれをコントロールすることが可能であるとともに、他者によるコントロールに抵抗することも可能なプロセスとして権力はゆるやかに定義できるが、権力は多くの形をとるとともに、支配と服従をめぐる諸問題を提起する数多くの論争を生み出している。

大きな権力と小さな権力、目に見える権力と目に見えない権力

多くの社会は政府を有し、異なった種類の権力（異なった形式としてはたとえば、権威主義の国、君主制の国、神政主義の国、全体主義の国、民主主義の国がある）を行使しているという点において、権力を広義には特定できる。権力はまた、無数の小さなものという形でも存在し、この中にはたとえば、日常生活（学校、仕事、男性と女性の間、家族内、

友人間、人種やセクシュアリティのような差別のフィールド内）において直面する選択、ルール、規制といったものがある。一般的に前者は「権力の社会学」のトピックであり、後者は日常生活の「ミクロポリティクス」と見なされることが多い。いずれにしても、社会生活の研究の中で権力は、遍在し、いたるところに姿を現すものである。権力をめぐる問いとして、ここで起こっていることを、誰がいかにしてコントロールしているのか、という問いがある。

権力のいくつかの形式はきわめて見えやすく、これらの発動はすぐに看取できる。専制的な支配者や暴君、奴隷の身分あるいは囚人と看守について考えてみよう。そこでは強制、物理的なコントロール、さらに究極的には他者の身体への残忍な暴力を通じて、権力が維持される。また、権力のいくつかの形式は、他者に譲渡されるものである。我々ははじめに選んだ民主主義の政府に権力を譲渡しており、政府は我々の代わりに権力を行使するものと想定されている。子どもは両親に権力を譲渡し、両親は子どもの最大の利益のために権力を行使するものと想定されている。さらに権力のいくつかの形式においては、隠された形で作動するものもあり、我々はそれと気づかぬうちに、他者が我々の生を統制することに同意することもある。権力の作動が、階層化の仕組みの背後にあるものを把握するための重要な特徴となることもきわめて多い。

権力に関するもっとも明白な説明には、支配集団による別の集団への支配を強調するものがあり、社会学ではおそらくその説明がもっとも関心を集めている（むしろ、関心を集めすぎているかもしれない）。（プラトンとマキャヴェリを経由して、パレート、モスカ、ウェーバー、マルクスへといたる）長大な歴史が理論化には伴っているが、こうした「権力のエリート理論」では、すべての社会には他者を支配する小集団（政治階級や支配的なエリート）が必ず存在するとされる。ただし、この支配的な小集団の性質がいったい何であるかが問題となる。それは経済的な集団（マルクスの支配階級）かもしれないし、宗教的なリーダー（イランのような神政国家）かもしれないし、知識人（知識階級の支配下にあるチャイナ）かもしれないし、複数の集団の組み合わせかもしれない（チャールズ・ライト・ミルズによるアメリカ合衆国の権力システムに関する１９５６年の有名な研究『パワー・エリート』では、企業のトップ、政治的なリーダー、軍のトップが三つの主要なエリートとして区別されている）。これらは、「司令塔」を占拠している人々とされる。さまざまな派閥に属するマルクス主義的社会学においては、これらの支配集団は究極的には階級へとつなぎ戻され、支配階級は支配的な経済階級とされる（ラルフ・ミリバンドの『現代資本主義国家論』のような著作に見られる）。他の権力論者は長きにわたって、権力は「権力のエリート理論」が想定する以上に分散しているものであり、はるかに広範囲にわたる集団に結びついていると論じてきた（これは長きにわたって権力の多元理論と呼ばれてきたものであり、ロバート・ダールの『統治するのはだれか』（Dahl, 2005[1961]

=1988）がこれにあたる）。

権力について考える際の重要な問題として、人々がそれと気づくことなく支配と服従のシステムの中に身を置くことがある。これは「意思決定の不在（non-decision making）」と呼ばれてきたものである（人々は自身の生についての意思決定をいかにして行わないか）。ある問題は政治の中に組み入れられ、他の問題は締め出される。こうしたことはどのようにして起こるのだろうか。この文脈で展開された重要な概念として、ヘゲモニーがある。ヘゲモニーは、イタリアのマルクス主義者のアントニオ・グラムシ（１８９１〜１９３７）が『グラムシ獄中ノート』（1998［1929–35］=1981）の中で展開した概念で（もとはギリシャ由来である）、人々が国家の強制的なルールを盲目的かつ無批判に受け入れるようになるありようを示したものである。人々は自身の利益に反するような政府にどのようにして賛同するようになるのか。多くの政治理論家にとっては、より広範囲に及ぶ決定的な転回が起こった。その転回とは、文化そしてフランスのマルクス主義者のルイ・アルチュセール（１９１８-１９９０）が「国家のイデオロギー装置」と呼んだものの効果に注目するものであった。これらの重要なメカニズムとしては、メディア、組織化された宗教、学校（教育カリキュラム）、商業化された大衆芸術（映画や音楽など）があり、市民が国家に服従し、支配的な価値観をかれらに受け入れさせ、影響を及ぼす形で作動する。これにより、ヘゲモニー（hegemonic）がそのまま維持されるのである。この種のアプローチが意味しているのは、社会学には、権力の作動を理解する一つの方法として、メディアに特別な注意を払う必要と、いつ同意が中断するかを考える必要があるということである。

人々の反抗を押しとどめるものは何だろうか。何が人々の反抗を阻止するのだろうか。我々社会学者は問う。その理由を示そうとすると、答えは長大なリストになるだろう。惰性と慣習は反抗を完全に抑え込む。メディアによるイデオロギーの操作によって、人々は自身の真の利益に目を向けられない。多くの時間を政府に付き従うことによって、政府から十分な満足感を得るようになる。人々の生活にとって、極端な種類の反抗が払う対価は甚大なものである（数千人、時には数万人が亡くなった大半の革命の悲劇的な結果を考えてみよう）。そしてもっとも興味深いことに、多くの人々は実際には政府や他者の権力に日々抵抗している。つまり、社会の中には永続的な不平不満と抵抗があるのである。あらゆる社会には、無数の小さな仕方での抵抗や反抗の隠された伝統がある。一度これを分析し始めると、権力は社会の日常生活に浸透していることが分かるだろう。権力はどこにでもある（と同時にどこにもない）！　フーコーこそ、権力を自身の理論の中心に据えたのであり、社会学者にとってはその権力こそが、社会生活の中心的な特徴をなしているのである。

それでは、話をあなた自身の社会生活に戻そう。権力がいかにあなた自身の社会関係

（権力は広く行きわたり、あらゆる状況を循環している）に遍在しているかを考えてみると理解しやすいかもしれない。もっと言えば、権力はあなたの身体や精神にも実際に入り込んでいるかもしれない。言い換えれば、日常生活は権力関係（家族内、友人との間、学校や仕事）を通じて、どのように組み立てられているのだろうか。これは、粗暴な力や単純な抑圧の問題ではなく、社会がどのようにして多くの細かい規制の形式と実践によって我々の存在を満たしているかという問題である。いわば幼少期以降、我々はこの権力によって作られており、我々の観念、身体、行動は我々を規制する権力システムの中にある。

家族、学校、監獄、病院、ストリート、メディア、我々の知識や日々の出会いの中にも権力が作動している様子が見られ、権力はあまねく浸透している。そしてもちろん、フーコーが「権力があるところには、抵抗がある」と言っているように、権力に抵抗することもできる。しかし抵抗したとしても、我々は新たな領域の権力とコントロールに遭遇するのであり、我々の社会運動もそれ自身の規則を有する。こうしてみると罠にはめられているようにも思えるが、その仕組みを把握することこそが、もう一つの社会学の課題なのである。

【11】　複雑さと矛盾とともに生きる
——社会生活の対立や謎とともにいかに生きるか

社会学に関する最も腹立たしい神話の一つに、社会学は誰にでも分かるような簡単な題材を扱うというものがある！　社会学を真剣に学ぶためのガイドラインとして、先に示した12の小ポイントを真剣に受け止めるならば、すでに知的な挑戦を、あるいは脅威さえ感じることだろう。社会学は、永遠の難題と知的な謎を提起する！　つまり、社会学は生きる意味と格闘するのである。また、ここに述べたことすべてにかかわって、さまざまな問題が存在する。生きるということは謎の連続であるという意識がなければ、社会学あるいは社会の中で長く旅し続けることはできない。あらゆるものには、それと正反対のものが含まれているように見える。生活とは一つのパラドックスである。もっともよく直面する緊張関係には、次のようなものがある。

・社会とは自由なものなのか、あるいは決定されたものなのか。その両方である。
・社会とは物質的なものなのか、観念的なものなのか。その両方である。
・社会とは進歩するものなのか、退化するものなのか。その両方である。
・社会とは個別的なものなのか、一般的なものなのか。その両方である。

まだまだ続けることができる。人間の社会生活とは、社会学的思考も含めて、救いがたいほどの矛盾や対立を抱えている。あらゆる社会的な事物には対立が見られる。対立した都市、対立した自然、対立したコミュニティ、対立したアイデンティティ、対立した自己、対立した環境、対立した意味、対立した歴史、対立した市民権、対立した知識、対立した空間、対立した未来、対立した正義、対立した価値といったものがある（これらはすべて、最近の書籍のタイトルである！）。社会学の中にはこのような緊張関係がどこにでもあり、実際にこうした緊張関係を中心的なテーマに据えた書籍も刊行されている。古典では、ロバート・ニスベットの『社会学的発想の系譜』（1966=1975-1977）があるが、この書では世俗的なものと聖なるもの、権威と権力といったよく知られた緊張関係が示されている。より近年のものでは、クリス・ジェンクスによる編著『社会学の中心的な二項対立（*Core Sociological Dichotomies*）』（Jenks, 1998）の中で、こうした類の有名な緊張関係が20以上にわたって議論されている。論争は、唯物論と階級闘争に関するマルクス理論の核心部分にも見られる。正常は異常や病理と不可分であるとデュルケムが主張した時にも、そこには論争があった。他方を欠いて一方のみで成立するということはありえない。反対意見と緊張関係は互いを糧に成長していくのである。

繰り返しになるが、ここには何も新しいことは書かれていない。これらの矛盾や緊張関係は、世界中のさまざまな哲学の長きにわたる歴史の中で認識されている。ヘラクレイトスにとって、知覚される事物とは変化がもつ二つの基礎的単位の調和である。たとえば、月は満ちることと欠けることとの調和である。またプラトン（紀元前424～348年）

にとって、知覚される事物は理想主義と物質主義の亡霊である。中国思想では、現実がもつ二つの相反する側面が陰陽（あるいは天地）の観念で描かれ、これらが互いを補ったり統一体を創造したりすると考えられた。ドイツの哲学者、G・W・ヘーゲル（1770〜1831）の研究の中では、観念や社会は必然的に、矛盾や相反する傾向性を貫いていくものであると考えられた。ヘーゲルは、これらを弁証法（相反する二つのもの（命題と反対命題）が対立する際に新しい形式が出現すること（統合））と呼んでいる。たとえば、フランス革命のような出来事が、平等という偉大な理想とともに暴力の急増（恐怖政治）をもたらしたことをヘーゲルは分析しているが、これらの対立によって、究極的には新たな立憲政治の可能性に到達することができた（これは永遠の弁証法的なプロセスという次のパートの内容になる）。

　こうした理論的な論争や哲学的な論争と、社会学が目指している試みとの間には大きな違いもある。人間が生きる社会生活の中で何が起こっているのかを見るために、社会学者は経験的な世界に常に戻らなければならない。社会学者は、生きられた矛盾に目を向ける。社会学は経験的な学問であり、社会学者は常に理論という天上の世界から地上の世界へと戻らなければならない。そうした意味で、社会学者には、人々が社会の中でいかにしてこれらの矛盾とともに生きているのかを示さなければならないということが分かっている。哲学者は頭の中でもろもろの矛盾を分類するかもしれないが、社会生活の日常的な実践はそれほど単純なものではない。我々は多元的な世界を生きているのであり、人間の社会生活は手に負えないほどに矛盾、差異、緊張、両義性に満ち満ちている。社会学者はこのことを遅かれ早かれ認識しなければならない。これらの緊張を観察し、考え抜き、相反する道の間で往還を重ね、最終的には緊張関係を思考の中で扱うという離れ業を身に着けなければならない。緊張関係は常に存在する。微妙なバランスの上に成り立つ綱渡りではあるが、そうした緊張関係は、我々がともに生きなければならないものである。そのために実際にはどうしたらよいのか、そのいくつかの方法が次章の関心事になる。

これらの緊張関係とともに生きることは容易ではないが、社会学を実践することは、必然的に社会生活を逆説的なものとして認識することを意味する。安易な答えはほとんど存在しない。我々はそうした事実を支持するのだが、生活にはつまるところ、緊張、矛盾、パラドックスが至るところに満ちあふれているのである。連続、矛盾、偶有性を有し、そして我々がそこで生きている社会生活について考え抜き、言い換えればともに生きていくことが社会学の任務となる。生きていくことと同じく、社会学もまた一つの謎なのである。

要約

社会学は想像の一つの形式であり、本章ではその複雑さや矛盾のいくつかに関する地図化を行った。社会学者は行為、構造、緊張に目を向けるとともに、これらを架橋させせなければならない。

社会学者は、物質的な世界と文化的な世界を同時に調査する。時間（歴史）、空間（地理）、もろもろの流れとその間の動きの中に位置づけられるものとして、社会学者は社会生活を見る。社会学者は誰が何を作っているかを問いつつ、社会の背後にある権力関係を探ろうとする。さらに社会学者はこのすべてを、人々が語る生活誌や物語といった生きられた生活に根ざしたつながりに接続しようと試みるのである。このすべてを研究することはどんな社会学者でも困難をきわめるものであるが、どんな研究であっても調査を進めれば進めるほど、より良いものになっていく。本章には、社会について考える際の入口となるような数多くの重要なポイントがある。図5-1には、いかなる社会学的分析にとっても重要な要素のいくつかを示している。

さらなる探究

考えてみよう

1　社会学は思考するための一つの方法や意識の一つの形式であるという考えについて調べてみよう。もしそうであれば、この「思考の方法」はどのようなものだろうか（ヒント：本書の結論、21の命題をみてみよう。）

2　本章では、社会学的想像力の涵養に役立つ12の道しるべとともに、一つのロードマ

図5-1　まとめ――「社会的なるもの」の流れの地図化

マクロ

グローバルな世界

グローバル化、グローカル化、相互関連、流れ

権力と複雑さの中に位置づけられる

↕

社会

(「土地」はかつてコミュニティであったが、今では一般に国民-国家となっている)

(国民国家の制度と構造とともに

例：国家、経済、家族、宗教、コミュニケーション、法律など)

↕

文化　⟷　**物質世界**

(とその意味、言語、支配的なもの

と隠されたもの)

(とその資源：経済、環境の進化、

土地と人口、テクノロジー)

↕

メゾ

社会生活のフィールド、領域、アリーナ

(社会関係の制度化と習慣化)

↕

諸関係の組織とネットワーク

ハビトゥス、フィールド、生活世界、社会生活など

ミクロ

↕

社会的な行為、相互行為、実践

人間の行動力、可能性、目標

(可能性を秘めたものと決定されたもの)

↕

体現された生活、人間の主観性とナラティヴ

(身体、脳、感情、話、内面世界など)

時間の中に組織

出現：過去、現在、未来

共時的(同時の)

通時的(段階や発展)

空間の中に組織

相互行為の秩序；地方／都会、

グローバリゼーション／ローカルで状況的、

公／私

ップを示した。このそれぞれについて少し考えてみるべきである。すると、より興味深く感じられるものや、より自分に合ったものがいくつか見つかるだろう。最初のうちはこれらを試しに、あなたの社会学的なワークや思考に用いてみよう。続いてあなたがもっとも関心をもったものを発展させてみよう。誰もがすべてをやることはできないのだから！

3　興味のあるトピックを一つ選び、「…の多様性」というタイトルで短い小論を書いてみよう（ボックスを参照のこと：多元的に考えること（254頁）。

〔読書案内〕

本章の中で提起されている難題の多くに関する貴重なイントロダクションは、クリス・ジェンクスによる編著『社会学の中心的な二項対立（*Core Sociological Dichotomies*）』の中に見出ことができる。ここで提起されている問題のいくつかにさらに取り組めるよう、ごくわずかであるが提案しておこう。構造とシステムについてはタルコット・パーソンズの『社会体系論』（1951=1974）を参照のこと。意味についてはポール・リクールの『解釈学と人文科学（*Hermeneutics and the Human Sciences*）』（Ricoeur, 1981）を参照のこと。構造／行為については、アンソニー・ギデンズの『社会の構成』（Giddens, 1986=2015）を参照のこと。時間については、バーバラ・アダムの『時間（*Time*）』（Adam, 2004）を参照のこと。世代については、ケン・プラマーの『世代間のセクシュアリティ（Generational Sexualities）』（Plummer, 2010）を参照のこと。権力については、スティーヴン・ルークスの『現代権力論批判』（Lukes, 2004=1999）とC・ライト・ミルズの『パワー・エリート』（Mills, 1956=2020）を参照のこと。

読むべき社会学の古典的な著書としては、人種とインナーシティのトラブルをテーマとしたイライジャ・アンダーソンの『ストリートのコード――インナーシティの作法／暴力／まっとうな生き方』（Anderson, 1999=2012）、世界の残虐が無視される様子をテーマとしたスタンリー・コーエンの『見て見ぬふり（*States of Denial*）』（Cohen, 2001）がある。クリフォード・ショウの『ジャック・ローラー――ある非行少年自身の物語』（Show, 1966=1998）は、ある一人の少年のライフストーリーを扱ったシカゴ学派の古典的な研究である。アーリー・ホックシールドの『管理される心――感情が商品になるとき』（1983=2000）は客室乗務員の研究を通じて感情の重要性を示している。『世界の悲惨』（1999［1993］=2019-2020）の中では、ピエール・ブルデューの重要な理論的な業績がインタビューとともに「具現化」している。アーサー・W・フランクの『傷ついた物語の語り手――身体・病い・倫理』（1995=2002）では、我々が病についての物語を言葉にしていく過程が、彼自身の病の経験とともに描かれている。このほか、ユルゲン・ハーバーマスの『公共性の構造転換』（1989［1962］=1994）、ジェフリー・C・アレグザンダーの『市民圏（*The Civil Sphere*）』（Alexander, 2006）、ロベルト・マンガベイラ・アンガーの『目覚めた自己（*The Self Awakened*）』（Unger, 2007）がある。最後にケン・プラマーの「社会学における批判的ヒューマニズムのためのマニフェスト（*A Manifesto for Critical Humanism in Sociology*）」（Plummer, 2013）も参照のこと。

第6章　リサーチ——経験的なものに批判的に関与する

良き職人たれ。厳密に決められた手続きを避けよ。なによりも、社会学的想像力を発展させ使おうとせよ。方法と技術のフェティシズムを避けよ。虚飾のない知的職人の復興を主張し、自らがそのような職人になろうと努めよ。誰もが自分自身の方法論者になり、誰もが自分自身の理論家になろう。理論と方法を日常的な職人仕事の一部に戻そう。

C・ライト・ミルズ『社会学的想像力』
（1959/2000＝2017: 373）

社会学者はしばしば、インタビューを行ったり社会調査を企画したり質問紙を作ったりする者と見られている。たしかにそうかもしれない。しかし、多くの他の集団もこうした調査のためのツールを用いているのだから、そうしたことを行うのは社会学者には限られない。社会学者を他集団から区別するものは、その「問い」と「視点（perspective）」にある。これらに基づいて、社会学者はありとあらゆる手法を選択し、それによって幅広いデータに批判的に関わっていこうとするのである。実際、社会学者は注意深く見聞きし、人々やその苦境に関わり、そして深く考えることによって、我々が生きている経験的世界についての認識を常に深める必要がある。我々は世界を種々の方法で観察し、その多様性、複雑性、そしてその内的な意味の理解にいたり、五感を使ってそれに関与している。これらを行うことの裡に、社会学的な方法の面白さと難しさがある。我々は問題や研究トピックに適した方法を選ばなければならないが、その目的は究極的には「十分な客観性」や十分に公平な中立性を有した真実を伝えることにある。しかしそのような研究の組み立ては、言うは易し行うは難しであり、どのようにすれば可能なのか、あるいはどのように行うべきなのかをめぐって、社会学者の間で論争が起きている。これが本章の焦点であり、入門的ではあるが難しい問題が再び扱われることになる。

社会学の実践——商売のコツ

社会学的に世界を理解することは、何らかのスキルを身に着けることに似ている。それは実践を必要とし、ハワード・ベッカーの言葉を借りるなら、「商売のコツ」のようなものを経験者から学ぶということだ。社会学者は、あらゆる科学者や知識人がそうであるように、批判的で対話的で再帰的であるために、ある種の技術や想像力、考え方を養わなければならない。我々は、生起する時間・空間における複雑な人間の生活誌や行為に注意を払い、権力関係や物質世界に埋め込まれた人間の主体性を把握する必要がある。加えて、個人的な情熱を持ち続けながらも、十分な客観性を求めて奮闘し、対象に対して冷静な距離感を持つことが必要である。社会学をすることは、ピアノや新しい言語を学ぶこと、あるいは生物学者や化学者が用いるツール（とそれに続く知識）の使い方を身に着けることに似ている。初心者から専門家まで、これらすべてにかかわるスキルは層をなしている。すなわち、はじめは学ぶべきことが多く、習得すべきスキルがたくさんある。そして少しずつ習熟のレベルが獲得されていく。最終的には、すべてをうまく回すための新鮮なセンスと創造性が求められる。

社会学と他のスキルとの間にある違いの一つは、我々は社会の中で生きているゆえに、すでにみな、「駆け出しの社会学者」であることにある。というのも、社会的世界を日々渡り歩いていくには、社会がどのように作動しているかについて、ある程度の知識が必要であるからだ。とはいえ、この初歩的で基礎的な知識さえあれば、社会学者と自称できると勘違いしてよいわけではない。実際、社会学者になることは、社会学的想像力を獲得する緩やかなプロセスなのである。それは、2、3音で簡単な曲を演奏し、4分音符と8分音符を区別できるピアニストと、音楽を読み、スケールとコードの複雑さを理解でき、コンサートを行う人との違いである。

社会学研究の方法論をめぐっては、あらゆる側面について何百冊もの本や講座が存在するが、本書ではその多くについて紹介することはできない（ただし、本章末尾の読書案内は参照されたい）。代わりに本章が提案するのは、いくつかの大きな問題を切り抜けるためのきわめて基本的な図式を提供することである。広義には、社会学するということは以下のような種類のスキルを養うことを意味する。

1 認識論的作業：社会科学が生み出すことのできる真理の種類、すなわちそのパラダイムを問うこと。

2 経験的作業：世界で何が起きているかを示すデータに近づくことを可能にするツールや方法について学び、自分のトピックへの親しみと馴染み深さ（intimate familiarity）を、そのあらゆる「情報源」と「形式」において育むこと。

3 分析的な作業：いかにして（動物学者が動物を解剖するかのように）社会生活を解剖し、優れた概念や理論を構築し、知的で思慮深い観察を展開するか、そのやり方を学ぶことによって、全体として優れて批判的に理解すること。

■認識論的作業——社会学的知識の枠づけ

あらゆる知的作業と同様に、社会学は真剣な思考を必要とする。これまでの章では、社会学にいたる種々の道筋を示してきた。前章だけでも、精査すべき12の鍵となる領域を示しておいた。研究のあらゆる段階において、社会学は、集められた諸知識の本質について問いかけ（認識論的な問い）、社会的世界において何が本当に実在するのかに関するあなたの認識を揺るがし（存在論的な問い）、研究プロセスにおけるあなた自身の個人的な立ち位置を検証する（業界では「反省性」として知られている）。

歴史的、科学的技術としての社会学

社会学は200年におよぶ歴史の中で、社会についての科学として、いかに自己を定義するかに腐心してきた。さらに創設以来、まさにこの考えがいったい何を意味するかについても、長く熱い議論が行われてきた。人間科学と自然科学（Geistwissenschaften と Naturwissenschaften）の「方法論に関する議論」（ドイツ語では「Methodenstreit」と呼ばれることもある）が、ドイツにおいては哲学者と文化史家との論争として、ヴィルヘルム・ディルタイ（1833〜1911）と新カント派ハインリヒ・リッケルト（1863〜1936）、ならびにヴィルヘルム・ヴィンデルバント（1848〜1915）の間で19世紀後半に大々的に起きた。社会科学や歴史、人間の知識の本質について議論していた当時は知的活況があったに違いなく、それはいかほどのものであっただろうか。これらは古くからある哲学的な議論の現代的な再演であった。しかしかれらは、（マックス・ウェーバーを含め）後続するすべての人に影響を与えた。こうした議論は21世紀になっても消え去っていない。

思考を深める：知識とは何か

認識論は、知識の本質とその多様な形をとる真実について研究する哲学の一分野である。社会学の中には認識論に関するいくつかの主要な議論があり、そのうちここでは四つの議論が挙げられる。

1　**実証主義**――科学についての古典的かつ伝統的な見解。動物を分類したり実験室で実験したりするように、観察可能なものを測定する。一般的なツールは社会調査と統計的なデータである。

2　**解釈主義**――人間の生活は意味のために異なっており、そのため鍵となる作業はこれらの意味を、つまり共感と親しみと馴染み深さを通して理解する（*Verstehen*）ことである。一般的なツールとしては、ライフストーリー、綿密なインタビュー、フィールドワーク、参与観察、エスノグラフィなどの作業がある（最後の三つの用語はしばしば互換的である）。

3　**立ち位置と視座**——すべての科学と真剣な分析は、社会的に基礎づけられた視点に基づいて行われるものであることを認識し、我々はその立ち位置を明確にする必要がある。こうした立ち位置の例としては、「フェミニスト」、「クィア」、「反レイシスト」、「ポストコロニアル」などがある。

4　**実在論**——より強く、より理論的な科学観。科学は単に観察や測定に依存しているのではなく、深い根底にある因果関係のプロセスを探究するものであると主張する。物理学者は惑星を観察するかもしれないが、それを説明するには理論が必要であるし、生物学者が動植物の生命を観察するときにも、それらは説明されなければならない。実在論者が用いる説明には、ダーウィンの進化論やマルクスの唯物論などがある。どちらも観察に基づいているものの、より壮大で幅広い説明ツールが展開される。

（これらの予備知識として、うまくまとまっている論集として、ジェラルド・デランティとピエト・ストライダムの『社会科学の哲学（*Philosophies of Social Science*）』（Delanty & Strydom, 2003）を参照のこと）

ディルタイは、文化科学と呼ばれるものを生み出そうとしていた。彼は、人間の世界についての知識は、外界の観察可能な世界を単に観察することを通してではなく、生きた経験（Erlebnis）を精査し、それに対する理解を得る（Verstehen）ことによってのみ得られることを示そうとしていた。これまで見てきたように、社会学にとって中心的なデータとなるものは人間的な意味（human meaning）であるが、ディルタイは、我々が研究を行っている時代や場所の意味や精神を把握することができるような、優れた方法を開発する必要があると主張した。社会学は、自然科学とは決定的に異なる特性をもっている。文化科学は常に、歴史的な行為者や文化的対象が伝える意味を再体験する（Nacherleben）ことを通して、これらの経験を理解する必要があったからである。これらの世界観（Weltanschauungen）は、文化に応じて変化しうるものである。ディルタイの主張の多くに対してヴィンデルバントとリッケルトは同意したものの、普遍的な法則や統一性を確立しようとする人たち（いわゆる法則定立的科学）と、歴史が与えるのは特定の、そしておそらく特有の行為の配置のみであると考える人たち（個性記述的科学）との間にこそ、本当の区別をしなければならないと主張した。かれらはカントを継受しつつ、（特有な事例の探究は歴史学の仕事にまかせ）人間科学はむしろ普遍的な法則について探究すべきだと主張した。

これは多くの社会学者を夢中にさせる複雑な議論である。言っておくが、社会学を上級レベルまで勉強したいのであれば、これらは常に取り組まれている問題であることに注意しなければならない。とはいえ簡潔に言うならば、社会学者は常に次のような問いを忙しく熟考しているのである。

・社会科学は本当に自然科学と似ているのか（このことは翻って、自然科学とは何かという問題も提起している）。

・社会科学が主題とするものは自然科学のそれとは大きく異なるため、異なる方法が必要となるのではないか。人間が作り出す意味が大きな違いを生むのだろうか。

・社会科学は本当は歴史学の一分野であり、それゆえに個性記述的であり、特有で具体的な事例に焦点を当てたものであるべきなのだろうか。

・社会科学は普遍性を求め、一般化可能なものでなければならないのか。抽象理論はそのための優れた方法であるだろうか。

以下のように言っておこう。これらの問題に対する簡潔な答えはなく、これまでに大量のインクが使われてきたし、学者は今日、これらの問題に対してきわめて異なった立場をとっている。しかし読者自身に思考を促す契機としては、（おそらく学生時代に）科学、芸術、歴史の三つについて、自身が得た経験に立ち返ってみることが役立つかもしれない。これらのうち科学は、生物学であれ物理学であれ化学であれ、常に世界で何が起こっているかに関するある種の観察を伴う。個人的にいつも思い出すのは、デイヴィッド・アッテンボローの自然観察テレビシリーズである。そこでは科学者が動物とその行動を注意深くじっと見ている。しかし通常、科学者は単純な観察を超えて、分類し、概念化し、なんらかの一般化を試みる。宇宙の起源に関する驚くべき諸種の理論ほど、そのことが明らかなものはない。物理学は天空を観察するためにハッブル宇宙望遠鏡を開発したが、かの有名な「ビッグバン」理論を観測していたわけではない。科学の世界にも、証拠から導き出された想像力豊かな推測は多く存在する。ときに社会学者は、科学とは観察と検証からなるという、いささか素朴な見方をでっち上げることが少なくないが、科学は常にそれ以上のものである。

次に歴史について考えてみよう。学校では、過去に起きたきわめて具体的な事実について多くを学ぶが、今日では、（しっかりした教育を受けたのであれば、）これらの事実の多くがきわめて現実的な解釈上の問題を提起していることも、すぐに気がつくだろう。最近では、歴史に関する多くのテレビ番組によって、こうした問題は非常に明確になってきている。歴史家はどのようにして事実を得るのか。しばしば歴史家は明らかに特定の意見を主張したがる人々であり、自分たちが発見した真実と並んで、世界がどのようになっているかを我々に説得しようとする。歴史が、それを発表する者とどのように結びついているのか考えてみてほしい（現在のイギリスを例に挙げるなら、サイモン・シャーマ、デイヴィド・スターキー、ルーシー・ウォーズリー、メアリー・ビアードなど、もっとも有名なテレビ歴史学者の何人かを思い浮かべ、かれらのスタイルやアプローチがいかに異なっているかを考えてみてほしい）。歴史には事実そのままの提示以上のものがあるのである。

最後に、音楽、絵画、演劇、詩などの芸術について考えてみよう。そこから何が学ばれるだろうか。少なくとも私が期待するところは、何らかの人間の想像力と創造性、さらに人類とその運命についてのなにがしかであろうか。多くの文学作品（シェイクスピア、トルストイ）、視覚芸術（ホガース、ウォーホル）、音楽（モーツァルト、マーラー）は、かれらが生きた時代、そして我々の時代における巨大な社会的主題に取り組んでいる。そしてこれは、おそらく科学以上に想像力を変化させることができるものだ。キーツが抒情的に洗練された言い方をしている。「全ての魔法を、冷たい哲学に触れることで雲散させてはいけないよ」と（「レイミア」1820年）。

さて、芸術と歴史と科学があるとして、世界で起きていることを理解しようとするとき、どれかは他の二つより優れているのだろうか。たとえば、科学のために芸術を捨てるべきか。科学よりも歴史を好むべきか。芸術を人類の至高状態への入口と見なすべきか。科学を星への入口と見るべきか。たしかにそれはあなた自身の選択である。しかし私にしてみれば、これら三つは、我々に等しく必要なものだ。これらは相容れないものではなく、それぞれが互いの最悪な行きすぎ、やりすぎを相互にチェックするためにあるのである。

だからこそ私は、社会学とは複数の方法論を用いるものであり、人間の社会的世界で起きていることを理解するための歴史的、科学的な芸術と見るのが最善であると考えている。我々は特有な過去を理解することに苦闘しており（歴史）、経験的な世界で何が起こっているかを理解するために、世界の観察に基づいてつながりや一般化を模索しているし（科学）、それらを全体として理解するために想像力を必要としている（芸術）。もちろん、個人が社会学するときには特定のスタイルに特化することもあるかもしれないが、社会について深く理解しようとするためには、究極的には、客観性のための科学、固有性理解のための歴史、そして批判的想像力のための芸術の三つが常に活性化していることが必要となるだろう。

悲しいことに、現代の知識はしばしば、（１９５０年代に）科学者でも小説家でもあったＣ・Ｐ・スノウが「二つの文化」と呼ぶものの中に分断されている。それは、アート（人文学、芸術、歴史学）と科学との対立である。我々はこうした分断を、現代の大学における学位授与（芸術学士、理学学士）や学部編成（理学部、芸術学部）のあり方に見出すことができる。学校においてさえ、学生はしばしば理系の道を進むか文系の道を進むのかを、とんでもなく早い段階で選択しなければならない。実際、現代ではそれはほとんど分裂状態といっても過言ではなく、社会はこの裂け目のうえに組織されている。このことは、「俗物的な科学者」と「ロマンティックな芸術家」との間に常に存在する対立関係にも見て取れるだろう。しかし、科学とアートは常に対立していたわけではない。例えばレオナルド・ダ・ヴィンチ（1452〜1519）の仕事について考えるならば、彼の仕事がいかに多岐にわたっていたかが分かるだろう。彼は画家、彫刻家、音楽家、建築家、科学者、数学者、エンジニア、解剖学者、植物学者等々であったのであり、挙げ出すときりがない。彼は、近代が自己都合で作り出した些細な区分などには関心がなかったので、科学とアートという、相互排他的な二極化は存在しなかったのである。彼の科学と工学の研究はアートと哲学を融合させるものであり、一万三〇〇〇ページに及ぶメモや図面を埋め尽くすものであった。もちろん彼は古典ルネサンスの人である。しかし彼が非常に鮮明な形で示しているのは、科学とアートの世界は、現代世界が行っているような形で切り離す必要はないということだ。表6-1は、架橋を必要とする、いくつかの誤った分断について示したものである〔表題の「Only Connect」はイギリスのクイズ番組（一見関係のない手がかりのつながりを見、トーナメント形式で競い合う）の名前であると思われる〕。

表6-1　「オンリー・コネクト」――ミクロとマクロ、科学とアートを接合する

	アートの軸	媒介する作用	科学の軸
タスク	解釈と理解	⟷	測定と原因の発見
焦点	内的意味、感情、経験の世界	⟷	外的構造、客観的原因
ツール	共感、想像力、親しみ	⟷	訓練された調査スキル
価値と政治	どこでも	⟷	中立、価値自由
発表	映画、小説、演劇、芸術、音楽	⟷	データペーパー、報告書、図

注：私はここにおいて過度な単純化を行っており、研究プロセスのこれらの立場はこの単純な図式よりもはるかに複雑なものである。しばしば両者のアプローチは組み合わされるし、他にも多くの立場がある。とはいえ、社会研究で利用可能な選択肢について考えるやり方の端緒として、この表はいくつかの重要かつ非常に異なる道筋を示唆するものだ。理想的な世界においては、両者は互いに補完し合うべきものであり、競い合うべきものではない。

経験的仕事——データに親しむ

あらゆる優れた社会学は、社会的世界で起きていることと密接に関係しているという意味で経験的である（もしそうでないならば、それはもはや別物になってしまうだろう）。しかしこれらの共通の目標を追求する際には複数の方法が存在する。ここに示す次のチャートは、研究を遂行する際の二つの主要かつ全く異なる論理を明らかにするために役立つかもしれない。実際にはもちろん、これらには何百ものバリエーションがあり、その多様性を一括することはさらなる課題である。とはいえ初発の段階で、分類について理解しておくことは有用である（図6-1を参照のこと）。

第一のルートは、大きな仮説と一般化の探索から始まるものだ。それを「作業概念」によって測定可能なものとし、仮説を「検証」、あるいは反証するためのデータを探す（反証可能性という鍵となる原則）。それから、仮説を厳密に精査して、それが成立しない、または機能しない偽のケースを見つけ出す。さらに、真である結論の確率は多様な手順を通して数学的に計算される。このような研究は通常テクニカルレポートのように読まれ、一般的に証拠は、かなりの量の技術的な分析を伴う多大な統計報告の中に示される。これは、「一般」から「特定」へと向かう「トップダウン」のアプローチである。ほとんどの大規模な調査や「科学的社会学」はこれを基礎としている。このとき、我々は仮説を受け

図6-1　研究のプロセスの2つの「理念型」――演繹と帰納

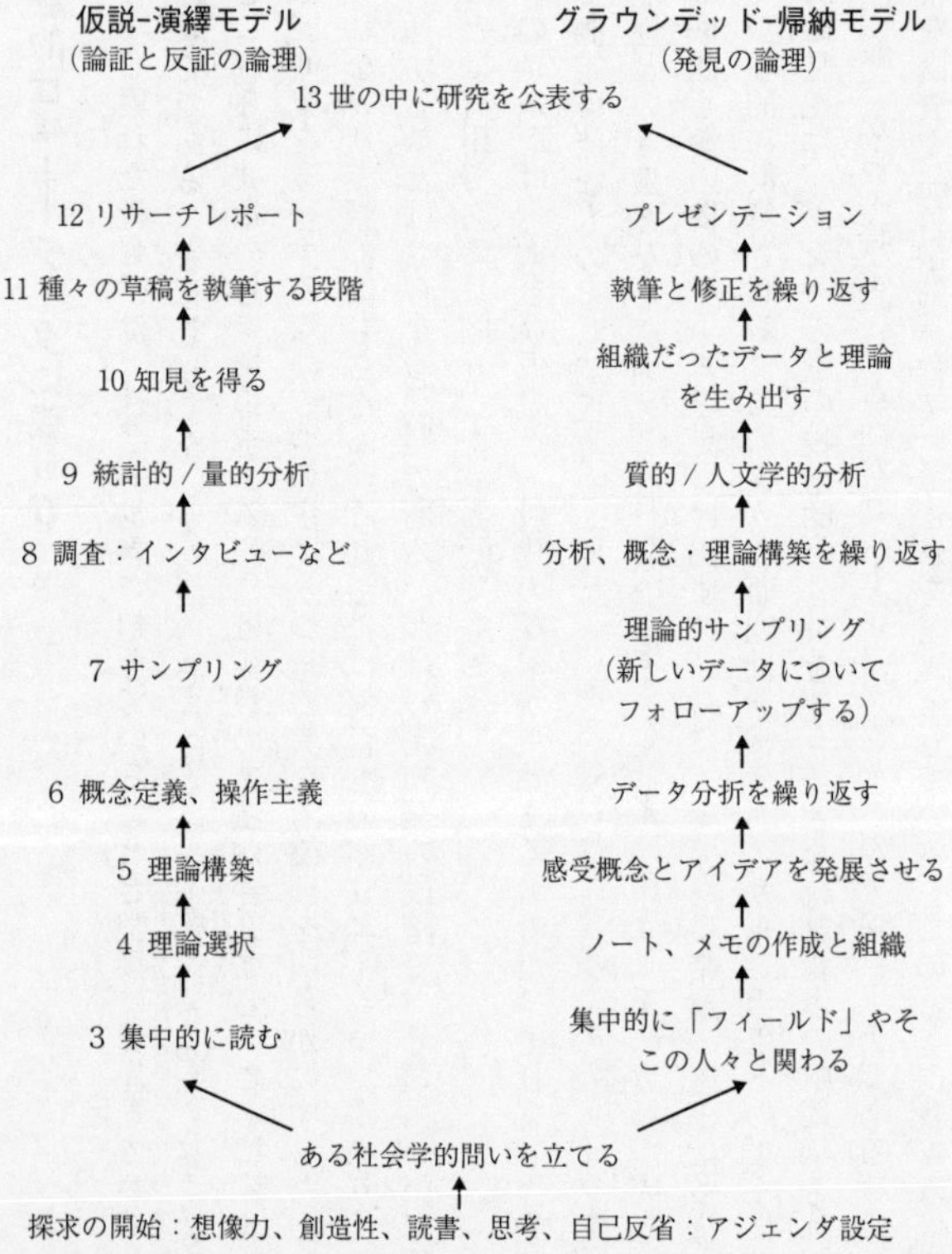

注：私は研究プロセスのこれらの位置を危険なほどに単純化している。人生はこの単純な図式よりもはるかに複雑であり、両方のアプローチはしばしば組み合わされるし、他にも多くの立場がある。しかし、社会研究において利用可能な選択肢について考えるやり方の端緒として、この図はいくつかの重要な異なる道筋を示唆するものである。

入れるか否かを決めるために諸観察を収集している。

第二のルートは、観察と経験から始まる発見の論理に基づくものだ。測定可能性ははるかに低いものの、観察したものを理解するようなより深い理解を育むことを目的とした概念（しばしば感受概念と呼ばれる）があらわれる。観察と概念を展開することから、小規模な理論が展開され始める。こうした研究が、（図書館における視覚メディアの観察といった）多岐にわたるフィールドワークに先立って仮説や概念を確立することはない。通常、この種の研究の成果物は、インタビューを受けた人々や本、その他の情報源から得られた一言一句を多く含むものであり、読みやすく、文章の書き方にも重点が置かれる。

そしてこれらの研究においては、事前の一般化や仮定なしに本当の意味で何かを観察し始めることができるのかという問題が常に存在していた。それは、観察からケーススタディへ、そして究極的にのみ一般化、抽象化、理論へと移行していく（もしそうしたことが行われるのであれば）。それは「ボトムアップ」あるいは「グラウンデッド」アプローチである。前者はしばしば「演繹的」と呼ばれ、後者は「帰納的」と呼ばれる。

社会学的なデータとは、社会学者が分析する種々の情報の断片である。社会学がまだ発展途上であった頃においては、このデータを得るために「社会調査」、実際には「インタビュー」のような「方法を発明」しなければならないことがしばしばであった。現在では社会学の調査の歴史に着目した研究も行われている（e.g. Platt, 1996）。しかしながら今日、社会学者の使用するツールは社会においても広く用いられている。我々は常にマスコミやメディアでインタビューを目にするし、遭遇しうるあらゆる組織が作成した調査票を記入しているし、ライフストーリーはドキュメンタリー映画や新聞報道が行う一般的な方法になっている。いまやほとんどの大手企業は「研究開発」部門を有している。社会学の研究手法に関して、社会学的に真に際立ったものはもはや何もない。それはどこにでも見出されるからである。過去においては、社会学者はインタビューや社会調査、統計を用いる人として特徴づけられていたかもしれないが、今はそうではない。研究のためのツールは幅広い分野で用いられており、社会学者の仕事はこれよりはるかに幅広いのである。

それでもなお、データ収集の際に利用可能なツールの種類について簡潔に示すために、図6-2では社会学者が利用できるツールのいくつかを簡潔にリストアップした。社会学者がこれらのツールを使うとき（そうするべきなのだが）、そのプロセスは時に三角測量と呼ばれることがある。これらの情報源のそれぞれに対して適切な分析スキルが必要である（それぞれについて助言を提供する本は数多くある）。

図6-2　リサーチツールキット

アーカイブ文書（歴史的なもの、個人的なもの、あらゆる種類のもの）；アート（絵画、彫刻）；工芸品や有形物（「モノ（stuff）」：個人の所有物、考古学的な「発見物」、消費の対象となる物）；態度尺度；自伝；オートエスノグラフィー；ケーススタディ；国勢調査；内容分析；会話分析；日記；デジタル資料（ウェブサイト、電子メール、ブログ、YouTube、セカンドライフ、ソーシャルネットワーキングサイト）；言説分析；ドキュメンタリー映画；あらゆる種類の文書（学校の記録、クラブの雑誌など）；民族演劇；実験（実験室研究）；フィクション（小説、ドラマ）；フィールドリサーチ（参与観察、エスノグラフィー）；映画、ビデオ；フォーカス・グループ；歴史研究；インタビュー；あらゆる種類のインタビュー（短いもの、長いもの、焦点を絞ったもの、調査、綿密なもの、分析的なもの）、手紙；ライフストーリー；地図；個人的な経験；写真；郵便番号；アンケート；社会調査（全国、地方、縦断的、パネル）；あらゆる種類のテキスト；スケッチ（vignettes）；視覚的なもの（写真、映画、ビデオ、絵画、アート）。

■デジタル調査はどのように社会学を変えたのか

してみると、これらは社会科学と人間科学に共通する「古い方法」である。しかしデジタル革命によってもたらされた変化は、社会学に新たな課題を提供している。我々は初期の社会学者たちが研究してきた方法や世界から劇的に進んできたということである。社会学は産業革命と初期資本主義から生まれてきたかもしれないが、それは21世紀へと急速に移行しなければならなかった。過去の世界とは対照的に、今の我々は社会に関する情報と、それを入手するための驚くほど新奇で日常的な方法が豊富にある社会的世界に生きている。21世紀の世界では、人間の社会生活の多くがデジタル・クリックを通して確実に追跡できる。社会を研究することがこれほどまでに容易であったことも、これほどまでに広範にわたって完全に利用可能になったこともなかった。かつて社会学者が何年も何百万ポンド〔何億円〕もの費用をかけて掘り起こしていたものが、今では数分から数時間で見つけることができ、実質的に何の費用もかからない。さらにそのために専門家を必要とすることもないのである。これらのより新しい資源は、過去200年間、社会学者が単に利用できなかったものだ。いまや、社会学の日々の実践を変えつつある新しいデジタル世代が存在している。現在、社会学が研究実践に取り入れているこうした変化のうち、12個を取り上げて考えてみよう。

第一に、基本的で伝統的な方法のほとんどがデジタル化された。今日では、インタビュー、アンケート、社会調査、アーカイヴといったものはすべてオンライン化が可能である。CASICのような新しいプログラムはこれを促進するために開発されたものだ（CASICはComputer-Assisted Survey Information Collection〔コンピュータ支援型の情報収集調査〕の略である）。第二に、研究支援のための多種多様な新しいデジタル・ツールが開発されてきた。社会学者はまずウィキペディア、グーグル検索、アマゾンの書籍、オープンアクセスジャーナルを用いて調べることから始め、それからより高度なプログラムへと進む。これらのツールは、基礎的な研究を誰もが利用しやすいものへと変えた。第三に、社会学者は、iPad、スマートフォン、スカイプ、ネットワークページを通じていつでもどこでも世界中から人々にアクセスすることで、ライブでデジタルベースの研究を行っている。グーグルマップを使ったり、衛星地図から人々の住む空間を探索したり、クローズドサーキットテレビ（CCTV）を使って日常生活における生をその場で捉えたり、ZIPコードや郵便番号を使った消費者調査で人々のライフスタイルを調べたりできるのである。これらはすべてグローバルに瞬時に行うことができる。具体的には、第四に、かれらはソーシャルメディアネットワーク（Facebookなど）を利用して、写真共有（Flickr、Instagram、Picasa）、動画共有（YouTube、Metacafe）、ブログ（Wordpress、Tumblr）、マイクロブログ（Twitter）、ニュースアグリゲーション（Google Reader、StumbleUpon、

FeedBurner）を通じ、ユーザープロフィル、友人リスト、メッセージ、チャット、写真などを用いて新しいデータを供給している。ソーシャル・ネットワーキングは、それを通じてまったく新しいデータの世界を生成可能にする。そして第五に、集約されたデータの多くは「ビッグデータ」研究に転用でき、そこからなる巨大で乱雑なデータセットから、抽出（マイニング／スクレイピング／ハーベスティング）や対数分析を行うことができ、それによって意味あるパタンが得られる。代数、数学、対数に通じていることがこの種の作業に役立つことは明らかである。それはコンピュータプログラミングの一類型であり、主流の社会学からかけ離れている。第六に、多くの研究はいまやハイパーリーディング、ハイパーアナリシス、ハイパーライティングを伴うハイパーリンクを展開している。この非線形的な方法論は、データを読み解いたり、提示するための別の方法を提供している。第七に、多くの社会学者が研究のためのデジタル・プログラムを開発し、使用している。研究においては長年、古き Statistical Package for the Social Science (SPSS) が支配的であったが、現在は幾多の新しいパッケージがあらゆる種類の研究について用意されている。たとえば、CAQDS (Computer Assisted Qualitative Data AnalysiS)、ATLAS.ti、Hyper-RESEARCH、MaxQDA、NVivo などがその例である。第八に、視覚的研究はより一層顕著になっている。社会学者は他の誰もがそうであるように、いまや（写真やビデオといった）デジタル画像に容易かつ至るところでアクセスでき、何百万もの社会生活の画像が研究のために利用可能であることに気づいている。ついに、視覚的なものの重要性が社会学において認識され始めたのである。そしてこれらのテクノロジーは、ビデオや画像を取り入れることで、現代社会学の様相もまた変え始めた。加えて、「グラフィック・マッピング」や「データ表示」のために光学メディアもまた重要になっている。第九に、新しいストーリーテリングブログ、日記執筆のための新しいナラティヴ・ネットワーク、そして（LiveJournal や WritersCafe のようなソフトウェアを使った）デジタル・ストーリーテリングがある。第一〇に、「デジタルなもの」それ自体が主要な調査トピックとなっている。デジタル利用に関する大規模調査から、世界中のデジタル文化のエスノグラフィまで、また「ウィキペディアの社会学」から、バーチャルリアリティ、インターネット恋愛、「デジタル社会運動」、デジタル健康などありとあらゆる種類のデジタル活動の研究にいたるまで。さらに、デジタルの世界は、学術的プレゼンテーションの新デジタル様式を生み出している。すなわちオープンアクセスの論文、ブログやツイートを奨励すること、パワーポイントで発表を行うこと、そして一般的に、研究を発表するための幅広いデジタルな様式を充実させることである。最後に、究極的には、このすべては社会学的な思考や理論のまさに本質を転換させ始めている。すなわち、アナログで線形的な思考法から離れ、ＩｏＴ（Internet of Things）の中で二進法的で、リンクづけられた、デジタルな思考法により深く関わっていくのだ！

これは網羅的なリストではないが、古い方法や古い理論が変わらざるを得ないことは、このことからも明らかである。現代の社会学者にとって、デジタル形式で利用可能な社会に関するものがいまや膨大に存在し、圧倒されるほどである。そしてそれは、社会学者だけでなく、誰もが利用可能なのである。これは初期世代の社会学者のそれとはまったく異なる世界であり、研究や研究に利用可能なリソースはときに驚異的であり、きわめて異質なものである。

しかし、このことは社会学的な問いかけをより切迫したものにしている。いまやこれだけ多くの社会的なるものがそこにあるのだから、これを全体としてどのように理解すべきなのだろうか。この思考、この真剣な思考こそが、膨大な量のものが我々の指先にあるときに、今こそ求められる。いかなるデータや情報であれ、社会の単なる機械的な真実とはなり得ない。新しいテクノロジーはコミュニケーションのパタンを変え、新しい仮想世界を生み出し、多くのデータへのアクセスを生み出すかもしれない。しかしデータの過負荷と無差別なメディアの飽和は現在、ますます問題になっている。ツイートは深い知識ではないし、誰もそうだと主張してはいない。しばしば、デジタルなものでは十分でないことがあるのだ。つまりこのような新しいテクノロジーは、確かに我々が社会を理解する一助にはなるが、社会学者は、社会学的思考がこの爆発的なデータを批判的に理解する際にどのように役立つかを示す責務を負っているのである。社会学者として、我々は現在、これらの新しいテクノロジーや「デジタルな知識」が、情報や知識との関係をどれほど大きく変えているのかを問う必要がある。そして我々は、批判的なデジタリズムが提起する問題の種類を覚えておく必要がある（136-140ページを参照のこと）。

思考を深める：ビッグデータ対ライブ調査

両極端の一端には「ビッグデータ」がある。あらゆるグーグル検索、我々が送信するツイート、投稿する写真、オンラインでの記録、商品の購入が、大きな「インフォスフィア」の中のどこかで「そこに」記録された痕跡を残し、人間の社会生活の驚くべき記録となっている。そしてそれは、テラバイト単位どころかペタバイト単位（ペタは10の15乗あるいは1000兆を意味する）で、社会学者や研究者が利用可能な膨大な量の潜在的データをもたらしている。データのかくも広大な規模については想像しがたいものがある。そしてますますこのようなデータは、コンピュータの対数演算によって「収穫され（harvested）、抽出され（scraped）、発掘され（mined）」、使用可能な「ビッグデータ」に変換されている。太陽のもとにあるすべてのものが「データ化」され、バイトと情報のバイトに変えられていくのだ。そしてこれは、数年前には単に存在しなかったような乱雑なデータの洪水の中を我々が泳いでいることを意味している。

もう一方の端において我々は「ライブデータ」を有している。被験者にデジタルデバイスを「装着」してもらい「自撮り」や（運動や健康のためなどの）「セルフログ」を促したり、デジタル音声や視覚記録を用いて場所や時間を超えてかれらを詳細に追跡したり、メモやその他のプログラムを使って、日常生活の些細なことを、状況の中で、今まさに行っているなかで、実際の生活の中で、あるがままに、集中的に観察したりするなど、研究は今日、我々が対象を深く知ることを可能にしている。ストーリーは収集され、画像は精選され、出来事は豊かな文脈的詳細の中で起こったように文書化され、我々にこれまでにないほど豊かで、厚く、そしてより「生きた」データを与えている。

不思議なことに、デジタル世界は前世代からの社会学におけるアートと科学についての古典的な議論を再生産している（表 6-1を参照のこと）。しかしどちらの種類のデータにも問題がある。どちらも、しばしば管理できず、当てにならず、言えることが限られていて、乱雑で、「汚い」データを生み出す可能性が高い。データは使いにくく、理解するのも難しい。それ以上に、このすべては、監視、機密性、プライヴァシー、物語性、悪用といった政治的・倫理的問題に晒されたままなのである。(Back and Puwar, 2013; Boellstorff, 2013; Burrows and Savage, 2014; Lupton, 2015: Chapter 5; and Mayer-Schönberger and Cukier, 2013 を参照のこと)。

分析的作業――意味の探究におけるデータ

我々は、社会学のためのデータを確保する方法が複数存在することについて検討してきた。こんにち我々はこうしたデータを多くの場所で見つけることができる。それは新聞、インターネット、テレビ、そして日常生活に見出される無数の文書の中にある。こんにち我々は、他者の生活を観察することにかなり慣れ親しんでもいる。ゴグルボックスやビッグブラザーのような「リアリティ番組」を見るとき、あるいは多くの利用可能なドキュメンタリー映画の中で、我々はいつもそうした観察を行っている。実際これらの中には、生活についての「聞き耳」的な説明を与える非常に並外れたものもある。これらのメディア番組や日々のインタビューの多く（そしてそれらの周りで起こっている考察）は、しばしば社会学の雑誌に発表されている多くの社会学よりもずっと、現代の社会生活で起こっていることによりよく親しませるものだ。このため社会学のスキルは基本的に研究のためのツールにあるのではない。世界は現在、誰もが検討できるようなデータで一杯になっており、もはや社会学者を必要としていないということが言えるのだ。産業時代から近代末期への移行期には目的を果たしていたものの、現在ではみながデータ収集家でアナリストなのであり、社会学者は恐竜になってしまったのである。

これは明らかに私の見解ではない。社会学の狂気の中には方法があるからだ。社会学はこの散らかったデータを理解する方法を提供するものだ。我々は、多くのデータがゴミやがらくたであること、「リアリティ」番組は我々のためにショーを見せているのであって、ただ一つの「リアリティ」ではないこと、そして多くの調査がその背後にある商業的利益によって偏っていること（それらは結局のところ、市場調査であること）を知っている。社会学の課題は、こうした「データ」について考えるための分析ツールを（データツールとは対照的に）提供することにある。日常の世界では、我々はインタビューの「リアリティ」、アンケートの「真実」、調査の「事実」を当然のように――与えられたままに――受け止めているだけかもしれない。しかし、優れた社会学はそうすることができない。社会学は常にデータを検証してそれを批判的に理解する必要がある。社会学の方法論的鉄則は、真実は決して容易ではないということにある。社会生活の理解において、真実が単に自ら名乗り出ることはほとんどない。社会的真実とは、社会生活における多くの視点や意見の相違から生じる闘争である。どのような社会的状況の真実も、研究の中から簡単に発見できると期待してはならない。

思考を深める：数字と社会学者

社会学者は統計学者であると誤解されることが時折ある。それは間違いである。たしかに、多くの社会学者はさまざまな研究プロジェクトのために統計学を学び、Statistical Package for the Social Sciences（SPSS）（www.spss.com）のようなプログラムを走らせなければならないだろうが、しかしながらそれは社会学ではない。とはいえ、社会学者は数について洗練され、社会の中で我々がどのように数を使うかについての真剣な問いを投げかけることができるような、批判的な数学的能力を身に着ける必要があるのである。これは大きなトピックであるが、手始めにここでは熟考すべき三つの問いを紹介しよう。

1　あらゆるものは測定可能だろうか。実際、我々はあらゆるものの測定を試みるべきなのか。愛、幸福、怒り、神といった多くのものの意味を、我々は数えることによって把握できるだろうか。社会学者の問いは以下のようなものだ。数の限界とは何だろうか。

2　数は一体何を意味しているのか。10億は大きく、1は小さいのだろうか。必ずしもそうではない。数字はしばしば政治的意見のために束ねられ、実際には理解しがたく、非常に誤解を招くような目的のために使用されることがある。社会学者の問いは以下のようなものだ。数字を理解するための基準をどのようにして開発することができるのか。

3　犯罪、自殺、健康、財政の統計はどのようにして作られるのか。それらの背後にはどのような機関があるのだろうか。何人かの社会学者は、統計を産み出す機関の仕事について研究を行い、統計を作る際にかれらが依拠している日常的な仮定（バイアスでさえも）を示している。統計は統計機関の仕事を「表示」するだけであり、我々はこれらの表示がどのように作られているかを研究する必要がある。社会学者の問いは以下のようなものだ。誰が、いつ、どこで、なぜ、これらの統計を作成したのか（これらすべてについての詳細は、ジョエル・ベスト『統計はこうしてウソをつく――だまされないための統計学入門』（Best, 2012 =2002）を参照のこと）。

一例――犯罪のデータ

端的な例を挙げよう。犯罪と性暴力についての統計である。我々はみな、犯罪率が上昇するとか（最近は下降しているといった）話を聞くことに慣れきっている。ここでは公的政府機関によって提示された犯罪率の報告書がある。これらの記録を保持するために巨大組織と巨額の予算が使われている。たしかに、このような大規模な統計なしに近代社会はいかにして犯罪について考えることができるだろうか。我々はそれらを必要としている。しかし社会学者が、これらを自明のものと単に受け取ることは決してない。逆に、他の人でもなくどうしてこの人が、他の方法ではなく、なぜこの方法で統計を収集したかについて問わねばならない。誰が犯罪について報告し、定義し、記録を取ったのか。人々は何が犯罪であり、何がそうでないかについて、どう理解しているのか。こうしたことを問い始めると、統計の構築が多くの人々（被害者、警察、店員、医者、弁護士、裁判官、陪審員など）による長期に及ぶ解釈の連鎖から成り立っており、脆弱性にも種々の段階があり、重要な決定を下す公務員がいて、かれらはときに組織の必要に縛られていることが明らかになる。そして、いったん報告がなされて、犯罪統計が公になると、他の種々の解釈がなされることが分かる。メディアは統計を選択的に解釈し、一般大衆はそれを理解する必要に迫られ、政府は統計に対応し、再解釈する。換言すれば、これらの犯罪統計は解釈と再解釈からなる動的なプロセスであり、まったく単純ではないのだ。犯罪統計は機関や官僚がつくった作品であり、人間が与えた意味が沈殿していくのである。

この単純な例からも多くの教訓を学ぶことができる。第一に、社会の中でどのような犯罪が発生しているとしても、犯罪統計というものはそれを理解するための唯一の視点であり、アングルである。犯罪統計は、実在ないし現実の犯罪との動的で困難な関係を生み出す。レイプのような犯罪は、不名誉とされて過小報告となり、深刻な解釈問題に悩まされることになる。路上犯罪は、もっと定義しやすいように思われるかもしれない。解釈プロセスは、特定の観点からなされる。我々は決して全体像を述べることも、把握することもできない。あらゆるデータは特定の視点、視座（perspective）、**立ち位置**から語られており、社会学者はこれを［適切に］位置づけなければならない。これが羅生門効果であり、これはある有名な日本の映画［黒澤明監督『羅生門』（1950年）］にちなんで名づけられたものである。この映画では、ある殺人とレイプについての語りが多くの視点から語られ、真実とは特定の顕微鏡［メガネ］のもとにあるという性質を示している。社会生活には常に多数の視座がある。レイプの例に関していえば、この映画でも利用可能な多数の視点を即座に見出すことができる。図6-3では、レイプについて語るいくつかのアングル、視座、立ち位置を示しておいた。

これはとても単純なものだが、たしかに我々がより多くの視座とアングルを獲得すればするほど、社会学的な説明はより良いものになるだろう。これをすべて実行している社会学者は稀であるが、その代わり我々は、関連づけに失敗した断片について記述することもよくある。社会学者の仕事は、これら多数の異なる視座を解きほぐすことである。

ナラティヴの問い

ここから、次の限定された問いが出てくる。これらの視座はいかに組織され、形成されるのか。この視座のより広い文脈とは何か。ここで我々は社会学的分析の、もう一つの重要な特徴に進む。すなわちナラティヴと物語である。人間は常に意味を作り出すが、それは主として物語やナラティヴを通してである。我々は物語る動物であり、多くの社会学

図６－３　誰の視点か？　羅生門効果

・レイプ被害者	・レイプ実行者	・レイプ実行者の家族	・被害者の家族
・警察の対応	・隣人	・レイプのカウンセラー	・地域社会の反応
・メディアの反応	・支援集団	・政治家	・裁判官
・男性の反応（しかしどの男性が？）		・女性の反応（しかしどの女性が？）など	

社会的なるものごとを観察するときには、つねに研究に導入可能な多数の異なる視点について考慮すること。

は社会的ナラティヴの性質、すなわちそれらがいかに構築され、その帰結は何であるかの研究に関心をもっている。ある意味では、社会学とはナラティヴについての研究であり、人々はナラティヴを書き、それとともに人生を生き、翻ってこのナラティヴについての新しいナラティヴが再生産されるのである。社会と社会学の内部には、常にナラティヴの流れがある。

しかし次の問題が生じる。すべての視座とナラティヴは等しく妥当で、信頼に足るといえるのか。（レイプの事例のように）あらゆる異なる視座を取り上げ、上述した異なるナラティヴを分析するなら、社会学は相対主義に陥るのではないか。それぞれの物語が異なる視座を示し、何が真実かの判断を下す基準はない、と。しかし、そうではない。社会学は物事同士の関係を観察し、立ち位置と視座の違いを認識し、ナラティヴによる人生の組織化を感じとり、真実とバランスをとり、真実に適合させ、真実を凝視しようと試みる。

この種の問題については、ブログやテレビのリアリティ番組を見てみよう。我々はナラティヴを観察し、異なる視点に耳を傾けるが、究極的には我々はそれらを統合する方法を見つけたいと望んでいる。人は異なる存在である。我々はいかにして、そのような物事がつながり、関連づけられていく方法を理解できるのか。これらの物事を結びつける、より広く、高く、広範で深い物語を、我々はいかに提供できるのか。これこそ社会学が望むものであり、これら対照的な視座と立ち位置を明らかにし、語る仕事をしているのだ。社会学は、対照的な立ち位置をともに競い合わせ、より大きな図柄につなぎ合わせたときに、うまくいったといえる。社会学者が己の仕事を最善に行ったといえるのは、すべての視座と作品をまとめあわせ、それを超越できたときである(幸福な日々は究極的には訪れないかもしれないが)。我々は最善を尽くさなければならない。そのとき視座やナラティヴという社会学の概念は大いに役に立つだろう。

データを理解する——主観的な世界で適切な客観性を獲得する

方法問題を処理する古典的なやり方は、科学的モデルそのものを採用することから生まれる。たとえば科学の基本的な性質は、それがデータを検証、もしくは反証することである。それは仮説を支持するデータをより多く集めてくることではない。それはあらゆる言明を叩きつぶそうと試み、反証して、その推論が真実でないと示すことである。それは否定的な証拠を探し求める。科学的であることの要諦は、つぎの3つの問いを提起することである。〔第一に〕このデータは、それが意味するものを「測定」し、本当に捉えているのか（妥当性）。〔第二に〕調査者は、同じものが同じように研究できるようにするために（信頼性）、同じ種類のツールを使っているか。最後に、その主題はより大きな集団のもとでも代表的であるのか（代表性）。多数の調査マニュアルは、これらの主要な評価ツールの重要性を強調しており、たしかにそれは知る価値のあるものである。たとえば、あなたが仮にレイプについて研究するとして、あなたは何をレイプとして「測定」し、何がレイプであるかに関して実際に用いるのか。これはレイプの意味について、深刻な問題をもたらす。さらにそのレイプが代表的なものであるかをどうやって知りうるのか。他の社会学者は繰り返しこの研究を実施し、同じ結論にたどり着くことができるのだろうか。

批判的想像力としての社会学

しかし科学は、実際に重要なものではあるが、問題がないわけではない。ゆえに社会学者は、「科学的質問紙調査」が事実にたどり着くとか、インタビューが真実の物語を掘り起こすとか、ドキュメンタリーが「事実そのもの」を語っているとか、調査が我々の世界について正確な統計を提供するとかいったことを自明視することはできない。これらの方法はしばしば、客観的で、うまく秩序づけられた世界を明るみに出し、我々はそれを把握し、真理について語ることができるという前提を有している。しかしことはそれほど単純ではない。物理学者であっても、世界をこれほど単純に見てはいない。良い科学と良いアートは、常にこのことを踏まえている。人間の社会的世界は「イージーな」真理や発見には適していない。

それゆえ我々が必要としているのは、常に批判である。本書で論じてきたような社会生活(あるいは本章で見てきたレイプの事例)について考えてみよう。社会生活は矛盾した、曖昧な意味に満ちている。そこには構造と行為がある。社会生活は歴史的世界に埋め込まれており、異なる空間で生起する。そこには構造と行為がある。複数的な社会的世界があり、それは決して単一のものではない。権力は遍在し、ゆえに生命、意味、感覚は対立的な状況のもとで交渉されなければならない。社会生活は、人間の深刻な苦しみや社会的不平等の中にとどまり続けている。これらすべてを本書は見てきた。ならば我々が、これらすべてについて客観的で中立的な距離をとって研究することはいかにして可能だろうか。我々が測定しているものは常に動いており、社会生活の曖昧さや矛盾は、単なる調査ツールによっては捉えることができないものである。ある瞬間に人々が話したことは、しばしば次の瞬間には矛盾しており、人々が語っていることは、その人が意味したり、実行しようとしたものでないこともある。人々が変化するとき、「真理」もまた変化する。繰り返すが、私は社会学がある種の相対主義的袋小路に陥り、真理には到達できないとか、なんでもありだと言っているのではない。まったく違う。ここにさらなる挑戦的課題があるのである。

第一に、すべてのデータをより広い文脈、すなわち歴史と現在進行中の事柄という、二つのより大きな文脈の中に位置づける必要がある。知識はそれ自体が自立しているのではない。それは関係づけられる必要がある。たとえば、インターネットのデータに伴う多くの問題は、それが単なる「ビット〔断片〕」にしか見えないことである。それを理解するには、より広い意味を与える枠組みが必要になるのである。ゆえにこのデータのビットは、それについての議論の中に位置づける必要があると知ることが有益である（議論は通常の場合存在し、フレームとして利用する必要がある）。さらにデータは歴史的な意味を与えられる必要もある——いかなるデータも唐突にやってくるわけではない。先行するデータもあれば、歴史もある。とすればそれは何なのか。究極的にはデータに関するある範囲の視座とナラティヴは明白になり、これらは、時空間の中で変化する、より広い文化の中に発見される、より広いパタンと社会的行為に結びつけられる必要がある。ここで私は、社会学的想像力を創造するために、以前扱ったテーマに戻ってみよう。これらの物事に困惑することができなければ、あなたは一瞬にして迷子となり、行き場なく彷徨うことになるだろう。この「困惑」は、良き教育が現在、提供できるものである。

ここでも重要なのは、**比較法**として知られているものである。インタビューによる発見があるならば、それを誰かが過去あるいは、別の文化のもとで語ったことと比較したり、より抽象的な理念型と比較できる。これらすべてで役に立つ非常に一般的な概念として、理念型という19世紀の概念（特にマックス・ウェーバーの著作によく出てくる）を利用できる。理念型とは、理想（あるいは完璧な類型）を意味するものではなく、単純な統計的平均値を意味するものでもない。そうではなく、理念型はあらゆる現象の主要な特徴を意味しており、必ずしも現実に存在しているわけではない。それは抽象的な類型であり、実際の現象と対立することもある。ウェーバー（Weber, 1978）がいうように、「理念型は、一つあるいは複数の視点を一方的に強調すること、ならびに多くの多数の普及した、別々の、多かれ少なかれ現存し、場合によっては現存しない具体的な個別事象の合成によって作られるものであり、それは一方的に強調された視点に基づいて統合的な分析的構築物に仕立て上げるものである」。社会学は、比較することで大きな利益を得る。

　このより広範な批判的アプローチの別の方法は意味のスパイラルを調べることである。我々は意味をいかに理解することができ、意味をより広い文化や調査プロセスといかにつなげられるのか。データは常に、人間が作り出す意味（*human meanings*）についてのものであり、そのようなものとして解釈が常に必要となる。すでに何度も見てきたように、社会的世界の主要な特徴の一つは、それがコミュニケーションに依存しており、対話的であり、相互主観的であるということである。我々は他者と他者が作り出す意味に依存している。社会学のデータは常に人間が作り出す意味によって固められており、我々はこれらの意味がどのように形成されるのか、いかにして我々が意味というものを理解するのかを観察しなければならない。社会生活は意味の中で豊穣なものとなる。社会生活の中であなたが触れるものはすべて意味を負っており、これが常に意味づけの主要な出発点である。ウェーバーにとって課題となったのはVerstehen（理解）であった。ブルデューにとってはハビトゥスであった。他の人にとっては共感であった。専門用語のことを気にする必要はない。社会生活と社会調査に溢れ出る意味の多層性と複雑性を把握することの重要性について、ご理解いただけるとありがたい。社会学者はこれを解釈学的分析と呼び、そのことによって社会学者は、人間が世界を理解する複雑な方法について言及しているのである。

思考を深める：データの評価

社会学の本や出版物、ウェブサイトや報告書の中で社会的データと向き合うときには、常に問いかけてみるべき問いがある。

1 **科学** —— 当該データと対立する証拠として何があるか。検証し、反証しなさい（都合の良いデータを単に数多く集めるのでなく、反証を試みなさい）。そのデータはどれくらい代表的なのか（その標本の代表性を問うてみよう）。妥当性と信頼性はどうだろうか。

2 **文脈と比較** —— より広い枠組みの中に証拠を位置づけてみよう。歴史的に（同様の「事実」の時系列に置いてみよう)、地理的に(他国や他の文化ではどうか)、理論的に(同じ事実にアプローチする他の思想家や理論家はどうか)。

3　**立ち位置と視点**――ここで言う「アングル」とは何か。他の視点があるのではないか。すべての報告書は「アングル」をもって書かれている。特に調査者や著者の背景や仮定についてできるだけ考察してみよう。もっとも中立的な著者(希少で特に変哲もないタイプ)であっても、何らかの仮定をもって作業しているものだ。

4　**言語、レトリック、ナラティヴ**――データがどう表現されているかを考察してみよう。通常、データは種々の装置を使ってその真実性をあなたに納得してもらえることを意図している。アリストテレスの『弁論術』(ならびにこの点に関するプラトンとの議論)以来、我々は他者を説得するために、言葉が重要であり、詩学と物語には力があることを知っている。社会的データは、レトリックとナラティヴの特殊な形式であり、理解と吟味が必要である。

5　**解釈学**――意味の循環に取り組んでみよう。データは決してそれ自身が語るわけではない。データは調査者や報告者によって意味を与えられ、それは将来における解釈に開かれている。さらにデータとなるテキストは、部分をつなげることで意味をもつ。哲学者ポール・リクール(1913~2005)は、知識の解釈学的循環について語っている。すでに見たように真理と知識は、我々が望んでいるほど直線的なものではない。

6 **再帰性**――このデータの社会的影響や役割について考察してみよう。社会的発見は社会生活にフィードバックされ、これを変える。知見の中立的な表明というものはありえない――社会的事実は社会的なるものの一部であるのだから。このフィードバックについてはよく考える必要がある。たとえば犯罪統計は、犯罪の単なる反映ではなく、我々が犯罪について考える方法を変えうる社会的概念となる（たとえばそれは「犯罪に対する恐怖」を生み出すかもしれない）。

実践的であること――社会学する宣言

本章で私は、真理や意味や知識についてかなり難解な質問を提示し、社会調査は決してインタビューや統計収集の単なる直線的な事象ではないと示すことで、あなたを少し怖がらせたかもしれない。あなたに、これからあなたがしようとしていることについて自覚をもってもらい、データを発見したときに批判的でいてもらうことに、私の主眼はあった。しかし少しやりすぎたかもしれない。学生はこのプロセスがあまりに複雑で困難だと感じると、音を上げてしまうことも知っている。だからバランスをとることが必要で、普通の人を混乱させないようにしたいところだ。社会学を想像力、科学、仕事として見るようになれば、それを商売道具として発展させる必要がある。学習には根気が必要である。その旅には、情報も知識も知恵も必要である。時間がかかるものだ。自助努力で進むことができるように、より地に足がついたアドバイスを最後にさせていただきたい。

1　学びたいことが何であれ、それに近づいてみよう。具体的なものにこだわり、問いなさい。何が進行中なのか——誰によって？　どこで？　いつ？　なぜ？と。関わり合っている人の世界にできるかぎりとどまり、その人たちと関係を遮断したり、離れてしまうことを避けなさい。自分をその地平から離れないようにしよう。

2　あなたが使おうとしている材料、すなわちデータの質について問い続けなさい。あなたが何を「測定」し「観察」し「記述」しようとしているかを考察し、最善を尽くして理解を試みなさい。

3　データに関連して、あなたが目指している知識や、あなたが立っている場所について考えなさい。あなた自身の視座や立ち位置は何なのか。あなたは完全に中立的だと思っているかもしれないが、それはありそうもない。できるだけ多くの角度から社会的現実を記述することを学びなさい。あなたのテーマに関する異なる視点の社会地図を描き、あなたの視座が相対化されることを感じてみなさい。

4　調査のツールに対して想像力を豊かにし、それをあなたの研究にとって最適なものにしなさい。そこには幅広い可能性がある。サーベイ調査やインタビューにだけこだわらなくてもよい。

5　良い言葉、良い概念、良い文章作法を身に着けてください。専門用語を避け、うぬぼれや尊大さを避け、考えるときも執筆するときも、できるだけ分かりやすくすることを心がけなさい。新しい言葉は役に立つが、できるだけ常にシンプルな言葉を使いなさい。晦渋な表現にやすやすと感動しないでください——多くの学者は自己表現がとても苦手なのだから。読者のことを考え、親切に、あなた自身が読んで楽しい文体で書くことを学びなさい。ヘレン・スォードの『スタイリッシュなアカデミックライティング』（2012）を読んでみなさい。あるいはジョージ・オーウェルの『なぜ私は書くのか』（1946）とか彼の箴言「ルールを守りすぎるのではなく、たまには自らルールを破ってみる！」でもよい。

6　数学、文章作成法、思考、世界の「観察」に関する基礎的スキルを身に着けなさい。最善の方法は毎日少しずつ練習を続けることである。良い仕事の習慣を身に着けなさい。

7　あなたの調査の内外にある政治的・倫理的関係に対して敏感になりなさい。フランシス・ベーコン（1561〜1626）の古い箴言、「知は力なり」を想起しつつも、倫理の重要性についても考えよう。そしてあなたが他者に関わる方法に対して共感的であり続けなさい。人とその人の言葉をリスペクトすること。

8　オープンであり続けなさい。物事は変化し、あなたの提案も変化する。それは普通のことだ。あなたが発見したものに柔軟であり続け、変化し続けなさい。あなたの研究があなたを別の場所に運ぶとしても、固定したやり方に執着しないこと。

9　己を知り、自分の研究と現在の自分との関係に自信をもとう。他の研究領域と異なり、社会学は社会的である。つまり、あなたが研究したいものについて、もう少し知る必要がある。それが自分の人生とどう関係するのか、研究に対してどう理由づけするのか、研究はどうなされ、自分の人生にどう影響を与えるのか、といった事柄についてである。

10　仕事を整理しなさい。計画を立て、リストを作り、ファイルを用意し、役に立つマニュアルを作りなさい（ウンベルト・エーコの『論文作法』（2015[1977]=2003）だが、近年は種々のものがある）。

11　あなたが自分の中にプロジェクトをもたないなら、誰も調査方法について教えてはくれないし、インタビュー法や質問紙調査の計画、内容分析法についての概説書は意味がない。プロジェクトをもたない調査アドバイスは、ほとんど意味がない。しかし自分のプロジェクトを理解し始めたなら、他の人がこれらの方法をどのように使っているかを精力的に読んで研究し、予行演習してみなさい。他人とのつながりを切断せず、行き届いた準備なしにデータを作らないこと。

12 最後に、きわめて重要なルールは、方法をあなたの召使いにしなさい。関与し、大いに考え、幅広く読書し、批判的であり続け、地に足を着けて、仕事を整理し、日常的に練習し、自分がしていることへの情熱を保つこと。適切な客観性を目標としなさい。自分の方法論に忠実でありなさい。たしかにあなたは方法論をもっているのだから！

要約

我々は方法について見てきた。社会学は、アートと科学と歴史のそれぞれにまたがる。方法論は、(あなたが産み出したい知識の種類について)ハードに思考することを必要とする。経験的探究をしなさい(データ収集の論理――演繹的もしくは帰納的――も必要だし、広範な調査のツールも必要である)。データを上手かつ批判的に分析し、理解しなさい(調査を評価するチェックリストをつけておいた)。調査を再調整するためにデジタルの重要性を強調したい。

さらなる探究

考えてみよう

1 調査における認識論的、経験論的、分析的な作業間の区別を明確にしなさい。デジタルな調査が勃興しつつある世界において、いかにしてこれらの区別が生じているのだろうか。

2 本章で示唆された基準をいくつか使い、メディアやソーシャル・ネットワークで日々報告され、あなたが発見した調査上の知見を評価してみなさい。

3 さらに野心的に計画書を書き、自分で選んだどのような領域でもよいので、本章や前章から得られた概念を使って、社会学的な研究を行いなさい。

〔読書案内〕

地に足が着いたアプローチの好例は、ヨランド・ワズワースの『社会調査のDIY（*Do It Yourself Social Research*）第3版』（Wadsworth, 2011）である。標準的な教科書は（往々にして恐ろしく大部だ！）、私が本章で軽く触れるにとどめた多くの問題について役立つガイドとなるだろう。たとえばアラン・ブライマンの『社会調査法（*Social Research Methods*）第5版』（Bryman, 2015）、アール・バビーの『社会調査の実践（*The*

Practice of Social Research)』(Babbie, 2015)。社会科学の哲学的問題について、より踏み込んだ理解がしたいたいなら、二つの古典的作品が良い出発点となる。カール・ポパーの『歴史主義の貧困』(Popper, 1957=2013)とピーター・ウィンチの『社会科学の理念』(Winch, 1958=1977)である。これらすべての問題に関する一般的な良書はジェラルド・デランティの『社会科学(*Social Science*)』(Delanty, 2005)と、この続編にあたるジェラルド・デランティ、ピエト・ストライダム編の『社会科学の哲学(Philosophies of Social Science)』(Delanty & Strydom, 2003)。これらすべての問題についてハワード・S・ベッカーの『社会学の技法』(Becker, 1998=2012)、『社会について語る(*Telling About Society*)』(Becker, 2007)、近年では『モーツァルトはいかが? 殺人はいかが?(*What about Mozart? What about Murder?*)』(Becker, 2014)もある。デジタルの方法についてはケイト・オートン=ジョンソン他の『デジタル社会学(*Digital Sociology*)』(Orton-Johnson, 2013)、デボラ・ルプトンの『デジタル社会学(*Digital Sociology*)』(Lupton, 2015)、クリスティーナ・シルバーの『質的調査におけるソフトウェア利用(*Using Software in Qualitative Research*)第2版』(Silver, 2014)も参照のこと。

正統的な方法論に対する挑戦については、チェラ・サンドヴァルの『抑圧された者の方法論(*Methodology of the Oppressed*)』(Sandoval, 2000)、レス・バックの『耳を傾ける技術』(Back, 2007=2014)、ノーマン・デンジンの『質的方法宣言(*The Qualitative Mani-*

festo)』(Denzin, 2010)。批判的手法については、プリヤ・ディキシット&ジェーコブ・L・スタンプ編の『テロリズム研究の批判的手法(*Critical Methods in Terrorism Studies*)』(Dixit &Stump, 2015)がある。

第7章　トラブル──不平等の苦しみ

世界中どこでも同じさ、責めを負うのは貧しい者、愉しみを得るのは富める者、浅ましいことじゃあないか

トラッド：ビリー・ベネット（Billy Bennett）によるとされる、イギリスのミュージック・ホールのバラッド

学生はしばしば、世界を改善したいという希望を抱き、社会学の門を叩く――かれらは何らかの悪の原因に対し憤っていたり、不満を抱いていたりする。かれらの眼差しの先には、解決したいと思う不正義や社会問題がある。もしかするとかれらは、難民の窮状や貧困のために死んでいく子どもたちに関するメディアの報道を読んだのかもしれない。あるいは失業中の父親から、多くの人々の悲惨な労働環境について聞いたのかもしれない。フェミニストの母親がかれらを、世界中の多くの女性への暴力、虐待、その無力さに抗議する行進へ連れて行ったのかもしれない。社会生活の多くにあふれる残忍な、あるいは非人間的な扱いや不正義を描いた映画を見たのかもしれない。かれらは終わらない戦争に絶望しているのかもしれない。世界中の同性愛嫌悪や人種差別に怒っているのかもしれない。自然災害に強い関心を寄せているのかもしれない。かれらは世界について悩んでいて、何をすべきか、を問う。かれらは、何が起きているのか、我々の世界がなぜこんなに悪化しているのかを理解したいと願い、社会学に救いを求める。そして確かに社会学は、その最高の形態においては、人類の窮状についての知識、智慧、そして当事者性を伴った、鋭い批判的想像力を生み出す責務を果たすものである。

この世界には苦しみが満ちている。本章で私は、これらの多くを生み出しており、社会学者が研究するあらゆる領域のうち、もっとも中心的なものを扱う。我々が見ていくのは不平等の苦しみである。

世界の不平等を想像する

スウェーデンを代表する社会学者ヨラン・テルボーンは『世界の不平等（*Inequalities of the World*）』（Therborn, 2006）で、不平等に関する個人的な関心を表明している。それはあまりにうまく表現されているので、私はここでそれを引用する。彼は私やほかの多くの人の見方を反映してもいる。

コンゴに生まれた赤ん坊はスウェーデンの子どもと同じぐらいの確率で、健康な成人期を迎えてはいけないのだろうか。ビハリの若い女性はアメリカの若い白人男性と同様に、またエジプトの大卒者はカナダの大卒者と同様に、自身の人生の目標を追求できる自律性を持ってはいけないのだろうか。パキスタンやブラジルのすべての家庭は、イギリスやフランスと同様のトイレ、冷暖房、洗濯機、休日券を手にしてはいけないのだろうか。なぜこんなにも多くの子どもが働かなくてはならないのか。南アフリカのＨＩＶ感染者は、白人ヨーロッパ人と同じ生存の可能性を持ってはいけないのか。なぜロシアの天然資源は数えるほどの「オリガルヒ」〔ロシアの新興財閥〕にのみ恩恵をもたらし、国民の大部分は貧困に追い込まれているのか。なぜ大企業役員は、従来よりも不安定で低い給与で「より勤勉に」かれらが働かせている労働者たちの何百倍もの給与を得ているのか。端的に言って、この世界では多くの人々が、満足に生を送る(尊厳ある生を送り、持っている力を試し、潜在能力を活かす)機会を全く奪われているために、不平等が存在している。世界における不平等は、何億人もの人々の力を発揮できなくさせている。

苦しみの考古学——差異から不平等へ

社会学にとっての出発点の一つは常に、人間の多様性、我々の間の差異を認識することでなければならない。我々は、抹消しえない多様性をもつ世界に生きている。アイルランドの詩人ルイ・マクニースが美しく表現したように、世界は「我々が考えるよりも、素っ頓狂で、満ち満ちている、物、多様な物の酩酊よ」。人間の世界は、複数性や可能性の宝庫である。我々は本書を通じて国々、文化、人々、民族、宗教、年齢、歴史、言語、意味において、差異があふれ増殖していることを見てきた。他人の世界があなたと同じであることはほぼないだろうし、あなたの友人や隣人のも異なるだろう。我々が、他人の世界があなたのそれと同じであるかのように振る舞っているとしても、である。これらの差異を絶えず認識し、それを理解しようと努めることは、社会学的認識の強力な特徴の一つである。

しかし我々はどこでも、人間の差異が不和や紛争に発展したり、すぐに階層的な分断構造へと凝固してしまうのを目にする。人類のものにせよほかのものにせよ、すべての社会はこのような階層的な不平等のパタンによって特徴づけられる。アリには働きアリがいて、サルには毛づくろいのしきたりがあり、鶏にはつつき合いの順位がある。ほとんどの既知の人類の社会では、少数の高位者がおり、多数が最下層に置かれてきた。いくらかの者は優遇され繁栄した生を送り、反抗・対抗・抵抗する者もいるが、多くの者は廃棄されたり、傷つけられた生を送る。実のところ人類社会の歴史は、何十億もの無名の人々が、かれら自身が作ったのではなく、ただそこに産み落とされる社会に既にある、猛烈な不平等や、差異がもたらす筆舌に尽くせない苦しみに満ちた生を送り、静かに墓場へ向かう歴史として読み解くことができる。不平等や不公正は、過去そして現在において、普遍的に見られるものである。

社会とは、社会的分断、階層構造、構造化された社会的不平等の巣窟である。いつも少数の富者と大多数の貧者が、上流の奴隷所有主とみじめな奴隷が、スケープゴートとされる移民と支配的な受け入れ側が、教育を受けている者と無学の者が、病者と健康な者が、男性と女性が、ゲイとストレートが、健常者と障害者が、怯えさせる者と怯えさせられた者が、病理的な者と正常な者が、我々とかれら、言い換えれば善き者と、悪しき者や醜い者――の区別が存在するかのようである。そしてどこでも、社会学はそれを見出すのに失敗することはない。人間社会では、差異は、ある者たちが他の誰かよりも優れていることを示す道徳的なしるしとして用いられている。正常と病理の境界線が引かれるため、エリートは優れており、大衆は劣っているなどといった具合に、このレイベリングには道徳的価値がしばしば結びつけられる。境界は階層的に組織され、序列が定められる。アウトサイダー、最下層の者、危険な者、周縁に置かれた者、追放者、――スケープゴート――が発明される。社会学者は尋ねる――これらの「アウトサイダー」と序列の秩序はいかにして築かれ、保持され、変更されるのか。これが社会的排除、社会的「他者」、社会階層論の問いである。本章で私は、不平等の社会学で提示されている、いくつかの鍵となるテーマを取り上げる。

世界の不平等の「客観的」事実は何か

証拠――間違いなく、とても極端な傾向が見られる。全般的に、我々は「てっぺんにごく小さな集団がいて、ほかのほとんどは……」という世界に生きている。地球規模の不平等は、20世紀半ばには減少し始めていたが、過去30年ほどは急激な増加を見せている。

2015年の『クレディ・スイス・グローバル・ウェルス・データブック』によれば、およそ34億人の人々（これは世界人口の約70％にあたる）は、1万ドル［約

100万円］未満しか富をもたない。世界の富の半分は、世界人口の1％のみにあたる富裕者の手にある。たった62人が、36億人分を合わせたのと同じだけの富をもっていた！2015年の『フォーブズ誌』の長者番付によれば、1826人の億万長者が、約7兆500億ドル［約750兆円］の富を有していた。総じて、世界で最も裕福な1％の富は、110兆ドル［約1・1京円］に及んでいる。対照的に、世界の総人口の80％にあたる人々の所有する富は、全体のたった5・5％にすぎない。実際、多くの人々は富をまったく所有しておらず、（とても低い）賃金に依存して（大抵はとてもひどい労働環境の中で）生きている――人類の80％は1日10ドル［約1000円］未満の賃金で生計を立てている。もっとも不平等の小さい国々は、北欧諸国である。対照的に、イギリスと合衆国には顕著な不平等が見られる。しかし、もっとも激しい不平等が見られるのは南アフリカ、チャイナ、インドである（A. B. Atkinson, pp. 22-23を参照のこと）。1兆ポンド、すなわち約110兆円がどれくらいかを思い描くために――もしあなたが1秒ごとに1ポンド与えられるとすると、1兆ポンド貯まるまでには3万2000年かかる（Sayer, p. 11）。世界の主な不平等や、それが引き起こす平均寿命、健康、教育と識字率、仕事と居住の問題は、現在広く記録されている。国内、あるいは世界の国々の間の不平等は、収入と富を通じてとらえられる。

　そのような統計はいつも問題含みではある。大きな範囲の誤差がある――これらの事象を測るのは途上国だけでなく先進国でも難しい。したがってそれらの数字の正確さは、よく疑問に付される。それでも、数字は極端なものであり、我々は、総勢何十億もの人々が完全あるいは救いがたい貧困の中で生きている一方で、数百万人が想像もつかないような富を所有していることは恐らく確かだといえよう。これは本当にひどく不平等なのだ。

ウェブサイト：不平等を示す事実は絶えず変わっている。私はあなたに、「世界の不平等」についてのウェブサイトかブログを作ることをお勧めする。検索すべきいくつかのキーワードを挙げよう——カースト、階級、奴隷、グローバルな貧困。そしてこれらは貧困研究、収入研究、「長者番付」、ジェンダー不平等、エスニシティ不平等、年齢不平等、人間開発、人権、そして性的権利と関連する。より詳細には、以下に挙げるものも見ておこう。

世界の貧困

世界の富と収入データベース　http://topincomes.parisschoolofeconomics.eu/
長者番付（『フォーブズ』誌、『サンデー・タイムズ』誌）
世界奴隷指数　http://globalslaveryindex.org
人間開発指数（ＨＤＩ）　http/hdr.undp.org/en

不平等調整済み人間開発指数

ジェンダー不平等指数（ＧＩＩ）　http://hdr.undp.org/en/content/table-4-gender-inequality-index　こちらも参照　http://www.unwomen.org/en

移民の強制移住　http://www.internal-displacement.org/

人間の安全保障指数　http://www.humansecurityindex.org/　こちらも参照　http://www.globalissues.org/article/26/poverty-facts-and-stats

国連は世界中の国家による対応策を監視しており、アムネスティ・インターナショナルとヒューマン・ライツ・ウォッチは、定期的に国別の比較や報告を出している。

国連の人権指数を示した地図　http://indicators.ohchr.org/

ヒューマン・ライツ・ウォッチ　http://www.hrw.org/

アムネスティ・インターナショナル　http://www.amnesty.org.uk/

女性に対する暴力の広まりのデータ（国連）　http://www.endvawnow.org/uploads/browser/files/vaw_prevalencce_matrix_15april_2011.pdf

人身売買に関する国連グローバル・レポート　http://www.unodc.org/documents/data-and -analysis/glotip/GLOTIP_2014_full_report.pdf

UNHCRグローバル・トレンド2014——戦争の世界　http://www.unhcr.org/556725e69.html

A・キャロル、L・イタボライ（A. Carroll and L. Itaborahy）、国家が支える同性愛嫌悪——世界の法調査（State-Sponsored Homophobia: A World Survey of Laws, 2015）　www.ilga.org

ヴィジョン・オブ・ヒューマニティのウェブサイトを見て、それが提供する手がかりをたどろう。

http://www.visionofhumanity.org

グローバル平和指数　http://www.visionofhumanity.org/#/page/indexes/global-peace-index

テロリズム指数　http://www.visionofhumanity.org/#/page/indexes/terrorism-index

グローバル暴力コスト報告

http://www.copenhagenconsensus.com/sites/default/files/conflict_assessment_-_hoeffler_and_fearon_o.pdf

さらなる学習のために――貧困と不平等に関する調査や議論は膨大にある。鍵となる著作は社会学者ではなく経済学者により書かれている。参照すべき主要なものとしては、オックスファムの『富（*Wealth*）』（Oxfam, 2015）、トマ・ピケティの『21世紀の資本』（2014=2014）、クレディ・スイスの『グローバル・ウェルス・データブック（*Global Wealth Databook*）』（2015）がある。ほかによく論じられる現代の古典としてアンソニー・アトキンソンの『21世紀の不平等』（2015=2015）、アンガス・ディートンの『大脱出』（2013=2014）、ケイト・ピケットとリチャード・ウィルキンソンの『平等社会』（2015［2009］=2010）、ポール・コリアーの『最底辺の10億人』（Collier, 2007=2008）、ジョセフ・スティグリッツの『世界の99％を貧困にする経済』（Stiglitz, 2012=2012）がある。

世界の種々の階層化

いかなる社会学者であっても初発に問うべきとても良い質問として、次のものがある。この社会・集団における序列づけの基礎的な地図・制度・構造は何であり、それはどのように働くのか。誰が特権的な地位にいて、誰が否定的な地位にいるのか。ここで我々は、ある社会の階層構造におけるもっとも基礎的な層を見ることになる。そしてすべての社会にはそのような地図がある。世界中でもっともよく見られるのは、奴隷制、カースト制、階級制、そしてグローバルに排除された者の階層あるいは層である。ここで階層の観念は、層のイメージに依拠する。地層と同様に社会も、層からなるものとして描くことができる。大雑把に言えば、いつも上層に少数がいて、下層には多くの者がいて、少なくない者がその中間にいる。社会学者はこれらの「システム」を詳細に研究するが、さしあたり四つを識別することができる――カースト、奴隷、社会階級、グローバルに排除された者、である。

カースト

公式のカースト制ほど明瞭な例はないだろう。インドのヒンドゥー教に見られるように、カースト制には長い歴史がある。そこで人々は生まれた時から、浄と不浄の意識に基づき構造化された、強固な階層構造の中に位置づけられる。もっとも単純な分類ではヴァルナ制は四つの主要なカテゴリーを示している。もっとも高い地位にあるブラフマン（僧侶と学者）、クシャトリヤ（武人と王族）、ヴァイシャ（商人と地主）、シュードラ（職工と召使）である。システムの外側の人々はアチュート、「不可触民」（現在はダーリトと呼ばれている）とされ、もっとも不快な仕事をする（下水処理、死体焼却、清掃）。カースト制はインドでは公式には廃止されているものの、伝統的なヒンディーの村落、そして大都市でも残存している明確な証拠がある。インドには少なくとも1億5000万人の不可触民がいるとされ（人口全体の約20％）、かれらは虐げられ、苦しめられている（頂点に立つブラフマンは3～5％を占める）。かれらは世界でもっとも従属的で、（存在の）承認がなされていない集団の一つだといえる。

奴隷制

奴隷制のもとでは、人々は資産として所有される。それは西欧だけの特異なものではなく、歴史を通じて社会制度の主要なパタンであり続けてきた。奴隷制の起源は有史以前の狩猟社会にまで遡ることができ、古代社会の多くで見られる（ギリシャ、ローマ、ペルシャ、エトルリアにはすべて大規模な奴隷制があった）。近代では、奴隷貿易は合衆国で頂点に達し、南北戦争前の奴隷人口は400万人であり、その後ナチス政権やソヴィエトのグラーグの強制労働でも再び見られた。そしてそれは今なお消滅していない。2015年のグローバル奴隷指数によれば、167カ国が強制労働、強制結婚、人質、性的人身売買に関わっており（それはしばしば世代間のものである）、それらの対象は3580万人に上る（そのうち61％は次の5カ国でのものである——インドは1400万人以上、チャイナは300万人以上、パキスタンは200万人、ウズベキスタンとロシアはそれぞれ

100万人以上ずつ)。映画には奴隷制の興味深い描写が見られる。例えばスティーヴ・マックイーンの『それでも夜は明ける』(2013)、マイケル・アプテッドの『アメイジング・グレイス』(2006)、そしてスティーヴン・スピルバーグの『アミスタッド』(1997)がある。

社会階級

これは資本主義と一体の主要な階層化のシステムである。伝統的に社会学者は、マルクスとウェーバーという、2人の重要な初期思想家の対照的な考えに依拠してきた。マルクスは、経済的事象としての**階級**を強調し、生産手段との二つの基本的関係のあり方に対応した二つの主要な社会的階級を見出した(かつてはそれ以外もあった)。個々人は、生産のために用いられる資産を所有したか、あるいは他者のために働いていたかのどちらかであった。資本家(ブルジョワジー)は、工場を所有・運営し、他の者(プロレタリアート)の労働を搾取した。これはシステム内の巨大な不平等につながり、マルクスはこれが最終的には階級闘争を生じさせるとした。抑圧と苦しみは多数派の労働者を団結させ、最終的には資本主義を転覆させる。貧しい階級がより貧しくなり、分化させられ、自らの階級的立場に自覚的になる過程が生じる。それは、かれらの受けた実際の経済的搾取についての階級意識を芽生えさせるとされた。マックス・ウェーバーは、より幅広い主張をした。

彼は階級を次の三つの明確な要素が絡み合うものとした――階級（経済的）、地位（威信）、そして権力である。最近の社会学者の多くは、経済的要素が中心的であることを認めており、階級を測定するのに職業関連項目に加えて収入と富を用いる（「貧困研究」「収入研究」「富の研究」「富裕者研究」を含む）。しかしかれらはまた、地位、文化、そしてネットワークといったより幅広い要素も加えている。ピエール・ブルデュー（1930～2002）は、この点に関して現代でもっとも影響力のある論者であり、経済資本、**社会関係資本**（ネットワークと承認）、そして文化資本（文化的知識と技能）の3要素を提示した上で、階級システムは、獲得された特権やこれらの「資本」の「再生産」により維持されるとした。象徴資本は、権力と威信、すなわち個人が保持する名誉と承認が果たす役割に光を当てる。

グローバルの中で排除された人々

世界がより国際化しグローバル化するなかで、新たな階層化のカテゴリーが顕著になっている。それはグローバルの中での排除である。歴史における典型的な事例としては、所有物をすべて奪われ、無価値と見なされ、皆殺しにされた強制収容所の収容者が挙げられる。しかし似たような例はルワンダの虐殺、さらにはグアンタナモ湾の事例にも見出せるかもしれない。それがもっともよく描かれているのは、ブラジル人セバスチャン・サルガドによる生々しい記録写真や、彼の手による『労働者（*Workers*）』（Salgado, 1993）、『移住者（*Migrations*）』（Salgado, 2000）、『子ども（*The Children*）』（Salgado, 2000）といった作品である。カリブ系フランス人哲学者にして革命家のフランツ・ファノン（1925〜1961）は、「地に呪われたる者」について語った。かれらは「ホモ・サケル」、剝奪された人々、「締め出し」や「剝き出しの生」に苦しむ者である。

これらの「家を奪われた人々」は、四つの主な要因により現れる。第一に、かれらはグローバルの中での貧困者である――2011年には、10億人を超える人々が1日1・25ドル未満で生計を立てている。かれらは何も所有していないことも多い。かれらは、土地を持たない働き手や伝統的な召使いの貧困を経験している者、スラムやファヴェーラで「都市の貧困層」となった者、移民、ゴミを漁る人、物乞い、荷車引き、セクシュアル・ワーカー、種々の障害をもった者である。第二に、かれらは帰る場所をもたない――家、故郷、国のいずれもだ。かれらは家なき人々、難民、移住を余儀なくされた人々だ。（2014年末時点では1950万人の難民がおり、3800万人以上の人々が故郷を追われていた（国内で移住を余儀なくされた人々））。第三に、かれらはしばしば不安定な国家や「例外状態」と関係している――世界の70億人の人口のうち26％は「脆弱国家」で、人権を保障されずに暮らしている（平和基金会による脆弱国家指数を参照。2015年に含まれていたのはスーダン、南スーダン、ソマリア、中央アフリカ、コンゴ民主共和国、チャド、イエメン、シリア、アフガニスタン、イラク、ハイチなどである）。第四に、かれらは世界にあまた存在する残虐な監獄にいる（2014年には1000万人が「収納」されていた）。

そのような生は不安定である。人々は瞬間ごと、その日ごとに、しばしば脅威のもとで、そして世界の主流から排除され、生きている。子ども、女性、そして高齢者はこのようなかで、特に影響を受けやすい。ジグムント・バウマンは廃棄された生について記しており、近代（あるいは資本主義）は、廃棄された人々――貧困層や難民だけでなく、多くの収監者や他の排除された人々――を生み出すと論じている。ジュディス・バトラーやジョルジョ・アガンベンといった哲学者は、「剥奪された者」あるいは「剥き出しの生」について記している。興味深いことに、我々は超富裕層の世界にその対極を見出すことができ、また皮肉なことにかれらもまた世界の他の部分から切り離されている（有効な報告として、クリスティア・フリーランドの『プルトークラット（*Plutocrats*）』（Freeland, 2012/2013）を参照してほしい）。

■インターセクショナリティ（交差性）――人生機会の社会構造

これらは不平等の四つの基本的な「システム」である。しかしそれらと交差するのが、かれらの人生を形作る、より広い機会構造である。一部の者にとってそれは人生の可能性

表7-1　互いに交差する、不平等の社会的変数

どんな社会的事物（学校、ソーシャル・ワーク、認知症）を見るにせよ、いつもそれが以下のうちいずれかといかに関連するのかを問いかけなさい。

社会的不平等の交差しあう秩序——人生機会の構造		社会的秩序（機会の経路）	支える観念とアイデンティティ（言説／ポジショナリティ）
	1	階級秩序	階級差別と階級意識
	2	ジェンダー秩序（および家父長制）	性差別とジェンダー・アイデンティティ
	3	人種秩序（エスニシティと人種）	人種化、人種差別、エスニック・アイデンティティ
	4	年齢階層と世代秩序	年齢差別と世代的自己観
	5	国家	ナショナリズムとナショナル・アイデンティティ
	6	性の秩序	異性愛中心主義、同性愛嫌悪、異性愛規範、セクシュアル・アイデンティティ
	7	障害と健康秩序	病と「障害」のイデオロギー、健康／健常アイデンティティ

を広げ、一部の者にとってそれは可能性を狭める。これらの機会を形作る上で働く七つの主要要因があり、それらは互いに結びついたり、交差したりする。表7-1はそれらを示したものである。

どんな社会的事物（学校、ソーシャル・ワーク、認知症）を観察するにせよ、いつもそれが我々の人生を形作るこれらの「社会的秩序」といかに関連するのかを問うようにせよ。社会学者は、これらが単独でどのように作用するか、また、それらが互いに動態的に作用しあう仕方に関心を持つ。一つの要因が他の要因より重要となる時もある（たとえば奴隷制では、**人種秩序**がしばしば重要となり、同性愛排除では性の秩序が主要である。もちろんいずれの例でも他の六つの力が一定程度影響している)。多くの社会では、あるジェンダー秩序(一部の者はそれを家父長制と呼ぶ)によって、女性が男性と同じような公的・社会的生活に参加することが妨げられている——多くの宗教は、女性が家庭での母親としての役割以外に重要な役割を担うべきではないという考えに基づいて組織されている。古代ギリシャやローマの社会は、女性がしばしば奴隷であっただけでなく、公的生活での承認が得られないような形で組織されていた。カトリック教会もイスラム教も、女性がいかなる主要な役割も果たすことも許さない。同様に、多くの社会は人々を年齢により序列づけている——子ども、少年、若者、中年、老年など。一部の社会では、老年者は高く評価されている。別の社会では、下位に位置づけられている。どんな特定の秩序も、歴史的に固有で唯一のものであり、これまで示したすべての要素について細心の研究が必要である。

再び階級構造

今日まであらゆる社会の歴史は、階級闘争の歴史である
カール・マルクス(Marx 2000[1848] = 1971:38)

階級はきわめて重要である——それは主要なシステムの一つであり、交差する変数の中でも中心的なものである。不平等について論じる経済学者(前述)は、階級についてあま

り論じることがない。したがってそれは、社会学者にとって重要な研究主題となる。しかし奇妙なことに、社会学者の主要な関心事は階級の測定であった——階級と社会学の研究はしばしば、「階級分類基準」の尺度の幅に関する議論と結びついてきた。最新のものは、近年実施された大英階級調査(GBCS)である。それは従来の研究とはやや異なっており、ブルデューの議論や資本についての考えを参照して、文化とネットワークをより強調した分類となっている。次に示そう。

エリート——イギリスでもっとも特権的な集団で、他の六つの階級とくらべて富が突出している。この集団は3種すべての資本においてもっとも高い水準にある。

確立した中流階級——2番目に豊かで、3種の資本すべてに関して高い水準にある。もっとも大きく、もっとも社交的な集団で、文化資本の高さは第2位である。

技術系中流階級——小さいが顕著な新しい階級集団で、富裕だが、社会関係・文化資本は低い水準にある。社会的孤立と文化的無関心により特徴づけられる。

新富裕労働者——新しい階級集団で、社会的にも文化的にも活動的で、経済資本は中程度の水準である。

伝統的労働者階級——すべての種類の資本に関して低い水準にあるが、それらをまったくもたないわけではない。その成員はある程度高い価格の家を保有しているが、それはかれらの平均年齢が66歳ともっとも高いことにより説明される。

新興サービス労働者――新たな、若い、都市部の集団で、比較的貧しいが高い社会関係・文化資本をもつ。

プレカリアート、または不安定なプロレタリアート――もっとも貧しく、もっとも恵まれない階級で、社会関係・文化資本は低い水準にある（Savage, 2015=2019）。

思考を深める：移動と特権の絶えざる再生産、すなわち特権に恵まれない人たち

階級間の移動はどの程度可能なのだろうか。これは社会学的な移動研究の主題であり、それらは通常、移動は人々が考えているよりも少ないという結論に達している。したがって中心的な課題は、差異が繰り返し再生産されるメカニズムを理解することとなる。

通常、不平等は(a)相続と、(b)日常生活で繰り返される行為（家庭、学校、大学、職場、メディアの中での）により再生産されていると考えられる。ピエール・ブルデューは、あるものを他のものよりも（オペラよりもヘビーメタルを、国立劇場よりも『コロネーション・ストリート』〔イギリスの長寿連続テレビドラマ〕を）好むといった日常的な選択と実践の中で、我々の運命の一部が定まっていくことを示した重要な理論家である。性向あるいは**ハビトゥス**は（たとえば階級のハビトゥス）固定してい

く。我々は普段それを階級と意識しないかもしれないが、暗黙のうちにこの秩序を再生産している。

いまや古典となったブルデューの議論は、彼の著作『ディスタンクシオン』で読むことができ、YouTubeでもよく取り上げられている。その議論のイギリスへの適用は、トニー・ベネットとマイク・サヴィジ他の『文化・階級・卓越化』(Bennett & Savage et al, 2009=2017)や、『7つの階級』(Savage, 2015=2019)で読むことができる。

家父長制とジェンダー構造

男性は主体で、男性は絶対者である。――女性は他者である。

シモーヌ・ド・ボーヴォワール『第二の性』(Beauvoir, 1949 = 2001:15)

すべての社会は、成員を男性、女性、その他(範疇におさまらない人々――男女両性者、インターセックス、トランスジェンダー、異性装者、その他の幅広い差異を有する人々のトランスの世界)に分けている。性別そのものには生物学的な基礎づけ(染色体、脳構造、ホルモンその他)があるかもしれないが、男性であることや女性であることに伴う期待や役割は、きわめて社会的なものである（そしてこれこそ、社会学者がジェンダーと呼ぶものである）。それらは、両義的な関係をもっている。男性／女性がどうあるべきかという期待の正確な内容は歴史や社会によって異なる（そして期待は現実と一致しないことが多い）が、多くに共通するのは、支配的で「独占的」でさえある男性との関係において、女性が従属的役割を負わされていることである。たとえば世界中で、一般に女性が得る賃金は男性より低く、何かを達成したり稼いだりする機会が少なく（しばしば「ガラスの天井」と呼ばれる）、より低い威信の仕事（家事労働とケア）をし、最高経営責任者になる可能性がとても低く、「長者番付」に載る可能性もとても低い。公的な権力ある地位にある女性も少ない——ただし一部の国ではその数は増えた。多くの国で女性参政権は、男性よりかなりあとになって実現された（そして多くの国では、今もまだ実現していない）。そしてしばしば女性は教育を受ける機会も少ない。変化は生じているが、男女の差異はしばしばとても極端なものである。

男性と女性がそれぞれ得る機会は、確かに異なる。単純に女性は男性ほどよい状況にない。これをとらえるには、いくつかの主要な年次報告書を見ればよい。世界経済フォーラム（WEF）は、グローバル・ジェンダー・ギャップ指数（GGI）を開発しており、それは次の四つの事象を測定している——教育、経済的エンパワーメント、健康、政治的エンパワーメントである。国連開発プログラムは、ジェンダー不平等指数（GII）を開発しており、不平等を次の三つの側面から測定しようとしている――リプロダクティブ・ヘルス〔性と生殖に関わる健康・権利〕、エンパワーメント（政治参加と中等教育を受けること）、労働市場である。これらの指標をめぐっては多くの議論が交わされている――それらは扱いづらく、複雑で、信頼できない測定に頼っており（第6章を参照）、一般の人々にはすぐには理解しづらい。ただ、より悪いことに、暴力や安全といったジェンダーの経験における主要な側面が欠けている。それでも他の情報源、たとえばUN Women ウェブサイトなどと併せることで、階層化のこの側面についてイメージを摑むことができる。どのような側面であれ、通常スカンジナビア諸国（ノルウェー、フィンランド、アイスランド、スウェーデンなど）がもっともうまくいっており、イスラム諸国（特にイエメン、サウジアラビア、パキスタン、トルコ）が最悪である。

そして昨今は、男性もしばしば、危機に瀕していると見られている……。

エスニックと人種の構造

20世紀の問題とは、皮膚の色の境界線の問題だ

W・E・B・デュボイス『黒人のたましい』（De Bois, 2007［1903］＝2006）

歴史を通じて、（人々がエスニック・人種のカテゴリーに振り分けられていく）人種化

の過程が働き、マクロレベル（種々の社会を通じて見られる、歴史的な、機会の不平等を作り出す「人種化された」構造やイデオロギー）でも、ミクロレベル（差異のアイデンティティを作り出す「マイノリティへの集団分け」や相互行為）でも、社会関係を組織してきた。エスニックなカテゴリーの成員は文化の歴史を共有し（特有の社会的アイデンティティを与えるようにともに働く、共通の祖先、言語あるいは宗教）、しばしばそれらは種々の抑圧、差別、頑迷、偏見、憎悪に基づいて偽造されている。ここでは反イスラム主義と反ユダヤ主義が身を寄せ合っているのが見られる。

世界中の多くの社会は、種々に異なるエスニック文化から構成されている――征服、移民、戦争の歴史がそれを作り上げてきた。この意味で、すべての社会はハイブリッド的（＝異なるものを組み合わせているの）であり、しばしばディアスポラでもある。たとえばイングランドでは、パキスタン人、インドネシア人、アイルランド人、カリブ人、香港人、チャイナ系ヨーロッパ人――これだけ挙げてもそれは一部にすぎない！――の子孫が世界の特定地域に根差した文化の型を保持し続けているかもしれない。しかしこれらのエスニックな秩序のそれぞれで、「他者」のヒエラルキーが出現しつつあるようだ。どんな時も、外部者――他者――への恐怖は根深いように見られる。それぞれの国や時期には、そこで排除されたり、あらゆる種類のステレオタイプ、象徴システム、神話的な作り話が作り出されたりするエスニック集団が見出される。

悪い知らせとして、ここで見たような敵意が、大きな紛争や事件につながってきた。それは奴隷制とカースト制双方の基礎となり、またグローバルの中で恵まれない人々を生み出す鍵であり、世界の暴力、戦争、テロリズムの多くに一枚噛んでいると我々は見る。

障害の構造

障害——聴覚、視覚、車いす、そしてエイズのような慢性で長期に及ぶ病気から、あらゆる精神障害にいたるまで——は何らかの生物学的基礎をもっており、個人的な特徴や欠損としてとらえうる。しかし社会学の主要な関心は、こうした特徴が社会的にどう扱われるかにある。障害者は歴史を通じて扱われ方が異なっており、不具、低能、奇人、狂人、うつ、怪物、奇形といった、さまざまな仕方で呼ばれてきた。奇形児は誕生とともに殺されてきた。奇形の人はサーカスや映画といった娯楽で利用されてきた。多くはアサイラムに「隔離」され、社会から消し去られていた。そして最もましな場合でも、慈善や福祉システムにより恩着せがましくされてきた。

アーヴィング・ゴフマンの『スティグマの社会学』(1961/1968=2001)のような社会学的研究は、障害者がどのようにカテゴリー化され、ステレオタイプを押し付けられ、社会的に排除され、無数の仕方で差別されてきたかを教えてくれる。さらに悪いことに、社会的排除がなされるということは、障害者が頻繁にとてつもない貧困と欠乏を経験することを意味する。障害そのものだけが困難を生じさせるのではなく、一般社会からの否定的、敵対的、保護的な態度の存在が、かれらの生を困難なものにするのである。

セクシュアリティの構造――異性愛規範と同性愛嫌悪

セクシュアリティは単なる生物学的衝動以上のものである。セクシュアリティを研究する社会学者は、それが単純な動物的衝動からは程遠く、社会関係や意味の網の目の中で初めて機能するものであると論じている。我々はただセックスをすることはできない――そこには常に、誰としていいか（異性？）や、どこでいつすべきか（夜に寝室で？）、何をしてもよいか（ヴァギナとペニスの間の性交？）や、なぜしてもよいのか（子どもを設けるため？）といった、より広い規則や理解が絡んでいる。

したがって社会学者は、どのようにセクシュアリティに関する規則が作られ、展開するのか、また性的差異の幅や、いかにして性的差異の一部のみが許容され他が許容されないのか、といった問いに関心をもっている。かれらは人間のセクシュアリティが意味を付与される仕方――そしてそれがしばしば特定の種類の性的アイデンティティ（ゲイ、ストレート、バイセクシュアル、サド・マゾヒスト、小児性愛者、クィア）の成立につながるあり方について問う。かれらは、セクシュアリティが経済、宗教、家族、といった他の制度と結びつくあり方を、そして何よりもそれが階級、人種、ジェンダーといった他の不平等と交差するあり方を探究している。

このことを念頭に置くと、ある社会で一部のセクシュアリティが容易に包摂されるのに対し、ほかが排除されていることがすぐに見えてくる。同性愛はここ数十年、関心の的となっており、異なる文化や時代を通じ、同性愛に対して、きわめて対照的な社会的態度があったといえる。西欧世界の多くでは、ゲイという生き方はここ25年ほどで徐々に受け入れられるようになってきている——1960年代には多くの国で違法であったことを想起してほしい。しかし21世紀初頭にいたる頃には、これらの国は、ゲイ結婚やシヴィル・パートナーシップの法制化を進めており、それは「新たな選択による家族」や同性愛についての公的表現の大きな変化を示すものとなっている。同時に多くの他の国々では、同性愛への敵意はすさまじい——2016年時点で、同性愛は多くの国で違法とされており、一部では死刑に処せられるものとされている。

年齢と世代の構造

年齢階層も、差異を秩序づける鍵の一つである。もっとも単純な水準として、幼年期、年少期、成人期、老年期における生物学的違いは明らかである。しかし、どんな文化も特定の年齢カテゴリーに対する役割や期待を作り出すため、年齢は単に生物学的なものではない。育児と幼年期のパタンはきわめて多様である——今日の「グローバル若者文化」

（一部の社会学者はそれが第二次世界大戦以降の、階級に根差した消費資本主義により形作られたとしている）にすべての文化がつながっているわけではない。高齢者は、一部の文化ではその知恵のために高く評価されているが、一部では幾分無用のものとして扱われている。これらの年齢文化は、ステレオタイプ化、差別、さらには社会的排除の基盤となりうる（「向こう見ずな若者」「ボケ老人」など）。さらに、我々は世代コーホートの重要性を見てきており（第5章参照）、それらは「年齢」によって異なる機会の構造や、世代間の争いを生じさせる潜在的可能性を有している（Bristow, 2015）。

国々とその他者の構造

いかなる社会も、完全な統一体ではありえない。確かに、ナショナル・アイデンティティと見られる、統合の感覚はしばしばみられる——しかしこれは社会科学者が「想像の共同体」と呼ぶものである。現実には、社会は通常、時を通じて定着し発展してきた歴史的に異なる集団から構成されている——人々の移動や移住はあちこちに見られ、それらは伝統、エスニシティ、宗教、政治を超え交差する。これが**ディアスポラ**である。国の外に出た人々はしばしば、**サバルタン・アイデンティティ**を発達させる。

世界中を探しても、マイノリティ・外集団——大抵は長い歴史とトラブルを抱えたアイデンティティを伴う——が分立していない社会を見つけるのは困難だろう。サラエボからスリランカ、エルサレムからジャカルタにいたるまで、世界のほとんどにおいて、あるエスニック集団とそのライバルとの間での戦争があるようだ。オーストラリアでは、社会学者がアボリジニーと新たなアジア移民間の対立を研究している。アメリカ合衆国では、アメリカン・インディアン、「奴隷上がり」とされる黒人と、多数の新たな移民集団（メキシコ人等）に対して関心が寄せられている。ほとんどの社会とコミュニティは互いに比較できないほど異なっており、それらは差別から直接の虐殺にいたるまでの種々の紛争や行動をもたらす。

不平等についての主観的リアリティ

社会学の課題は不平等の客観的状況と対決することだけにあるのではなく、それがそれを経験する者にとって主観的にどのような帰結をもたらすかを問うことにもある。人々にとって、貧しいこと、排除されていること、奴隷であること、のけものにされていることは、どのような意味をもつのだろうか。階層化は、無価値化され、さらには非人間化された生を送る人々に、どのように経験されるのだろうか。かれらの自己感覚や自己肯定感はどのように形作られ、かれらはどのようにして日常生活で経験する侮辱、攻撃や無視に対し反撃、抵抗、交渉できるのか。諸研究は、貧困や困難だけでなく、日常生活でのありふれた試練——待たされること、いないものとして扱われること、自尊心を損なう象徴的な

表7-2　不平等の主観的側面

序列の底辺におかれている者の主観的経験については、長い研究史がある。以下に一部を挙げる。

オスカー・ルイス『貧困の文化』(Louis, 1959 = 1985)
リチャード・セネット&ジョナサン・コブ『階級の隠された傷（*The Hidden Injuries of Class*)』(Sennett & Cobb, 1977)
リリアン・ルービン『苦痛の世界（*Worlds of Pain*)』(Rubin, 1976)
ナンシー・シェーパー・ヒューズ『涙なき死（*Death Without Weeping*)』(Scheper-Hughes, 1992)
ピエール・ブルデュー『世界の悲惨』(1993/1999 = 2019)
ミッチェル・ダナイアー『歩道（*Sidewalk*)』(Duneier, 1999)
イライジャ・アンダーソン『ストリートのコード』(Anderson, 1999 = 2012)
サイモン・J・チャールズワース『労働者階級経験の現象学（*A Phenomenology of Working Class Experience*)』(Charlesworth, 1999)
アブデルマレク・サヤド『移民の苦しみ（*The Suffering of the Immigrant*)』(Sayad, 2004)
アリス・ゴフマン『逃走（*On the Run*)』(Goffman, 2014)
リサ・マッケンジー『なんとか暮らしていく（*Getting By*)』(McKenzie, 2015)

攻撃に晒されながら生きなければならないこと――に対する一連の感情や反応を明らかにしている。

表7-2に示されているように、研究は次から次へと、序列の最下位に置かれている者（階級、ジェンダー、エスニシティ、国家、その他により）が、種々の欠乏、地位の引き下げ、冒瀆に耐えつつ、生き延びるための戦略を駆使して生を送る仕方を明らかにしている。いくつかの著しい特徴が目立つ。

1　かれらが経験する世界とかれらが送る生は、不安定になりやすい。仕事と富はまったく保障されていない、計画はほとんど立てられない、日々糊口をしのぐばかりである。かれらの生の中心には、生活に必要なあらゆるものの基礎的な欠乏――少しのお金、少しの仕事、食料の不足、住居は最低限――があり、これらの中で毎日生きなければならない。主要な課題は、著しく不安定な世界の中で生き延びるための闘いとなる。かれらは不安定な生を送るのだ。

2　しばしばこれらの世界は危険と隣り合わせである――暴力や暴力的な脅しの存在がある。日常生活の基盤の中に残忍な仕打ちが埋め込まれている。戦争や紛争が往々にして背景にある。ドメスティック・ヴァイオレンスが広く見られる。女性は性器切除といった特殊な形の暴力を経験するかもしれない。子どもは兵士になるかもしれない。同性愛者はあざ笑われたり殺されたりする。そこには残忍に扱われた生がある。

3　かれらの静かな絶望の日々は、無価値さや尊厳のなさの感覚の中にとらわれるかもしれない――かれらは「階級蔑視」、人種差別、性差別、同性愛嫌悪、その他を経験する。それらのすべてはかれらに、自分たちがどれだけひどい存在かを伝える働きをもちうる。「かれら」は外の世界からほとんど尊敬を与えられず、特権ある者の前では居心地悪く感じるようにさせられる。これらすべては低い自尊心、低い自己肯定感、羞恥の感覚、屈辱を伴う。あるのは辱められた、屈辱的な生である。

4　これと深く関連するが、かれらは自分たちに対する承認が基本的に欠如しているのを経験する。かれらの生は、単純にかれらを見るのを拒絶し、無視する人々に囲まれている。かれら数百万人こそが、職場を夜に掃除したり、物乞いをしている横を我々が通り過ぎたり、行くべきではないとされ、ほとんどの人が訪れないスラム街に住んだり、毎晩テレビで他国の「被害者」として苦しみを報道される病者や貧者たちであったりする。かれらは奇妙なことに「不可視の生」を送っている——視線を向けられない多数の者たちである。

5　しかしかれらが視線を向けられたとしても、それはしばしば慈善と保護のレンズ越しのものであり、また往々にして貶めの語彙の中に閉ざされている。かれらは「信用のおけない金無し」「自業自得の貧乏人」「汚らわしい移民」「最下層の者」「病的な者」とされる。視線を向けられないにせよ向けられるにせよ、その生は非難される。それは尊敬を欠き、人間らしさの条件を奪われた生である。

6　人々は自分たちに起こることをあまりコントロールできず、選択肢は限られている。しかし誤解しないでほしい。人間は決して受動的な自動人形ではない。かれらは状況に反応し対処する。一部の者が黙従し撤退する一方で、多くの者は抵抗し反抗する。かれらは　主体的に対処する仕方を探す。かれらは、抵抗と反撃の生を生きている。

思考を深める：貧者の声

ここにはいくつかの、貧者の声（Narayan, 2000）がある。

貧困は痛みである。それは病気のように感じられる。それは人を物質的だけでなく道徳的にも攻撃する。それは人の尊厳を侵食し、全面的な絶望へ追い込む。

（モルドヴァの貧しい女性）

子どもは、飢えているので、泣き始める。かれらは母親に食べ物をせがむが、母親は持っていない。子どもが泣き止まないので父親は苛立ち、それを妻にぶつける。そして殴打と不和が離婚につながる。

（ボスニアの貧しい人々）

貧しい人々は、その日暮らしなので自らの地位を改善できない。もしかれらが病気になってしまうと、金を借り利子を払わなくてはならなくなるため、苦境に陥る。

（ヴェトナムの貧しい女性）

何もコントロールできない、いつでも、特に夜、銃が発砲されるかもしれない。

らい者を殺すのは、らいでも貧困でもなく、孤独である。

（ガーナの女性）

（ブラジルの貧しい女性）

アイデンティティが断片化する中での不平等

客観的で計測可能な不平等（低収入、低い教育程度等）は、常に主観的経験（不安定さ、不可視性など）を伴う。両者は他者との関係性、位置、アイデンティティという観念を通じて結びつく。意識、主観性、アイデンティティという概念がここで有用となる。これらすべてに関して、早いうちから観察し続けてきたのがマルクスで、彼は階級システムにおける階級意識の重要性を指摘した。マルクスにとって人々は、「それ自体としての」階級から「自分たちのものとしての」階級へ、という形で自らの階級的立場を自覚する必要があった。階級システムの中で自らがどこに位置しているかについての自覚が決定的に重要となる。階級意識と階級についての自覚は、階級分析の主要な要素である。しかし我々の複数ある社会的秩序のいずれもが、新たなアイデンティティの機会と可能性を提供する。したがって、たとえば女性とエスニック・マイノリティはしばしば不平等に扱われているにもかかわらず、これらの差異がしばしば無視されるのは、歴史が教えるところである。——この不平等についてあまり自覚されていないのである。ひとたび集団が自らについて自覚をもつと、変化が生じやすくなる。

社会学者は現在、これらの洞察をより幅広い不平等に適用しており、(a) 我々の階級、人種、ジェンダー、その他の中での位置、(b)我々がどこから来たか（それは「起源の物語」と呼ばれることがある）、(c)我々が将来どのようでありうるかに説明を与えようと試みている。我々のアイデンティティは過去、現在、未来に一貫性を与える一助となる。ただし、それらは我々に世界の中での自らの位置を特定しやすくさせるものだが、我々が異なる状況や関係に出くわすなかで変わりうるものである（最近これは「ポジショナリティ（立場性）」としばしば呼ばれている）。

分断の苦しみと人類の非人道性

人類の人類に対する非人道性は、幾千もの人々を悲しませている！
ロバート・バーンズ『哀歌（Dirge:Man Was Made to Mourn）』
(Robert Burns, 1784)

不平等は、背景に共通して働いている分断の過程を特定することで、よりよく理解できるかもしれない。社会学者は問う――どのようにして社会過程は我々の社会的生活の中で、の位置を形作るのか、自身に問うてみよ。自分がどのような機会を与えられてきたか（あるいは与えられてこなかったか）、自分の人生の選択肢がどのように狭められたり広げられたりしたか。あなたはどのようにほめられ、尊重されたか、あるいは辱められ、無関心のもとで扱われたか。あなたはどのように祝われたり、汚名を着せられたか。あなたはどのように物事の中心にいたか、あるいは隅っこに追いやられたか。いくつかの生は絶えず危険、暴力、リスクに直面しており、他の生はそうではない。あなたの生はどちらか。端的に、いくつかの生が人間的な扱いを受ける一方で、いかにして他の生が非人間的な扱いを受けるかについて考え、あなたがどこに位置しているか問うてみよ。これらについて考え始めると、いくつかの主要な過程が浮かび上がってくる。

無力化――世界における資源と機能

マックス・ウェーバー（Weber, 1978）は権力を「他者の抵抗を排して、意志を実現させる可能性」と定義し、それが主に社会的階級と地位により形成されるとした。対照的にマルクスは、政治的支配を経済的支配と同一のものと見なした。いずれの面が強調されるにせよ（私にとってこれら二つが両立しえない立場と思えたことは一度もない）、権力とは社会に流通する過程であり、一部の者はそれを利用する機会を得ることが少ないのに、他の者は権力を多く得ていると知っておくのが重要である。権力をもたない者は、権力者がもつ資源、権威、地位、自己意識を欠くようになる。かれらは敬意を払われない。特権層は異なる世界を動き回る――かれらの身体は自信に満ちており、異なる服を着ることができ、異なる仕方で話し、自他ともに立派で価値ある者と見なさせることができる。かれらは通常、権力を欠いた者がもたない、人生に対する自主性と選択可能性をもっている。この権力の主要な特徴は、正当性と他者がそれに払う敬意にある。

究極的には、不平等研究は、生きる上での資源へのアクセスの違いに関するものである。一部の者はこれらの資源への豊富なアクセスの機会を有しているが、他の者はほとんど有していない。もっとも明白な「資源」は資本、富あるいは経済的資源である。そして権力もこれに関わる――通常、権力者は資源に対するより豊かなアクセスを有している。しかしこれらだけでなく、こんにち社会学者は（しばしばフランスの社会学者ピエール・ブルデューの影響を受けて）より幅広い種類の資源を見出している。表7-3は主要な資源の一覧であり、再び、あなたは、これらに関して自身が有する機会について考えてみるとよい。

あなた自身の資源を理解することは、あなたとは異なる他者の位置に気づく第一歩となるかもしれない。社会学者は、これらがおのおの、我々の社会生活上の位置を形作る上で果たす重要な役割を示している。上記はいずれも、社会学では調査と理論の主要な領域と

表7-3　階層化された生につながる資源

- **経済的資源（または経済資本）**――あなたはどの程度の収入、富、金融資産、遺産へのアクセスできるか。仕事からの収入はどの程度あなたのニーズを充足するか。
- **社会的資源（または社会関係資本）**――あなたは家族、友人、コミュニティ、ネットワークからどの程度の支援を得られるか。あなたのネットワークはどのようなものか、あなたの知り合いは誰か。
- **文化的資源（または文化資本）**――あなたは、あなたの社会における知識、情報、技能、教育へどの程度アクセスできているか（時がたつにつれ、そのような「技能」は資格や自己感覚を通じ、その人の存在の一部として感じられる、「身に着いた」ものとなる）。これはまた今日、デジタル資源――デジタル・コミュニケーションの技能――へのアクセスを含むものである。
- **象徴的資源（または象徴資本）**――あなたは、あなたに正当性と承認を与え、他の人よりもあなたの生を優先する人々へどの程度アクセスできているか。
- **政治的資源**――あなたは自分の生活においてどの程度の自主性を有しているか。あなたは一日の大半をコントロールできるか、それとも他者がそれをコントロールしているか。
- **身体的および感情的資源**――あなたの生活はどのよう身体や感情に制限あるいは統制されているか。他者はあなたの身体をどこまで統御しているか。
- **個人的資源**――あなたに固有の人生とライフヒストリーはどの程度、あなたが楽に世界を動き回れるようにしてくれる個人技能を生みだすのに役立ってきたか。

なっている。近年の社会学者はさらに、分かれていたこれらの諸側面をつなげ、それらの連鎖と結びつきを観察するようになっている。

周縁化、排除、そして「他者」の創造

社会生活の大半で、集団が自らを内部者と外部者に分離し、善と悪の二項対立の図式を作り上げていることを、我々は見てきた。近年、多くの社会科学者はこれを「他者性」――他であること――の問題と呼んできた。社会はどのようにそれぞれの他者に対処するのだろうか。第一に、ステレオタイプ化とスティグマ化が挙げられる――人々は他者をカテゴリー化、単純化、無価値化し、否定的に反応する――人種集団、障害者、セクシュアル・マイノリティに対して。第二に、かれらは差別する――排除し侮辱する法律を作る。南アフリカのアパルトヘイト、あるいはアメリカ合衆国の人種隔離が有名な例だ。第三に、人々を物理的に隔離しメインストリーム［社会の主流］から排除する過程がある――古典的な例としてゲットーの創造がある。しかし時により人々は植民地化の過程の中で完全に失われ吸収されることもある。最終的には、かれらは排除される。追放の過程が働いているのだ。最後に、かれらは絶滅させられる場合がある――恐るべきジェノサイドの事例だ。これらは社会学者にとって研究すべき主要な過程だ――ステレオタイプ化、スティグマ化、差別、ゲットー化、植民地化、排除、追放、そして絶滅だ。これらすべてが、多くの社会

で不平等を再生産する働きをもっている。

搾取の過程

搾取とは、人々を目的ではなく手段として扱うことであり、ある集団が別の集団を利用しそこから利益を得ることである。もっともよく見られる形は経済的なものであり、それはある個人の労働が適正な賃金や報酬なく用いられることを指す。ここに挙げる重要な引用は、富の究極的な源泉が個人の労働であるとしている（労働価値説）。アダム・スミス（有名な『諸国民の富』第1巻第5章）によれば、

あらゆる物の真の価格、すなわち、どんな物でも人がそれを獲得しようとするにあたって本当に費やすものは、それを獲得するための労苦と骨折りである。あらゆる物が、それを獲得した人にとって、またそれを売りさばいたり、他のなにかと交換したりしようと思う人にとって、真にどれほどの価値があるかといえば、それによってかれ自身がはぶくことのできる労苦と骨折りであり、換言すれば、それによって他の人々に課することができる労苦と骨折りである。

しかし社会学においてこの思想を発展させたのはマルクスであり、彼が論じるには、ご

く少数の者が他の人々（働かなくては生きのびることのできない人々）の労働を独占するにいたり、後者が本来得るはずよりもはるかに少ない稼ぎしか得られない一方で、所有者──資本家──がその分多くを得ている、という。

露骨な例としては奴隷制がある。しかし搾取は世界中どこでも見られる。それは世界中の非熟練の、つまらない、低賃金の、長時間労働の搾取工場に見られる。それは女性が家で子どもを育て家族をケアし、いかなる報酬もなく──夫の慈善を除き──働く家庭に見られる。それは危険な仕事を低賃金で引き受ける移民集団に見られる。そしてこれは児童労働に見られる。これらすべてにおいて、人種とジェンダーはしばしば搾取の目印となっている。

最終手段としての暴力

最後に、暴力という最終手段がある──ほかのすべてがうまくいかない時、暴力が秩序を維持する。それは国家暴力や戦争から、家庭、ギャング、小集団における日常のいじめにいたるまで、不平等と差異を維持する最後のメカニズムである。例としては、軍隊──世界史を通じた、侵攻と植民地化の中での土着集団に対する大量虐殺、目的地に送られる奴隷の鎖と死、対立する部族間や国家間の戦争の長い歴史、１９３９年から１９４５年までの強制収容所や他の場所での１０００万人かそれ以上にのぼる、ユダヤ人、ジプシー、同性愛者、浮浪者、女性、子どもの死、現代の大量虐殺。このような残虐行為のリストは長い。

しかしさらに見えづらいメカニズムがある。たとえば多くのフェミニストは、「レイプは男性がすべての女性を常に恐怖させておくメカニズム」であり、ジェンダー・システムが維持される究極的な仕方だと主張してきた。他の者は、女性に対する一連の暴力――レイプから、ポルノでの傷つけられる対象としての女性の表現、さらに日常的な無数の小さな虐待や言葉によるハラスメントにいたるまで――があり、それが女性を従属的な位置にとどめると指摘する。同性愛者とトランスの人々に対するシステムは、一部の国では死刑を通じて究極的に、他の国ではクィア・バッシングやいじめに対する恒常的恐怖を通じて維持されている。虐待はまた子どもや老人に対してもなされる。国籍、ジェンダー、階級、エスニシティ、セクシュアリティは究極的には暴力を通じて管理されている。

苦しみ、不平等、社会的公正の追求

したがってここにあるのは、一言でいえば、人類が歴史の大半を通じ、また大半の土地で、自分たちの間の差異に基づいて、階層化、ヒエラルキー、社会的排除のシステムを作り出している世界である。人間の社会的世界は不平等になりがちである。このことはまったく驚くべきことではない――大半の動物の社会はこのようにできている。たとえそれが人間の苦しみについておぞましいことだとしても、ヒエラルキーが見られることは多くの人にとってまったく自然なことのようである。そこでもう少し考えてみよう。

人類は、動物の他の行動を超越することができる――動物は交響曲を作曲しないし、民主制を作り上げないし、携帯電話を使わない。確かに我々は、人類が千年紀にこれらの苦しみと不平等に拘束するシステムを何らかの仕方で乗り越えるのだと想像したかもしれない。人類が残忍な序列の構造の先へ進もうとすると想像したかもしれない。しかしそうではなかった――何度も何度も、我々は少数の「たくさん」を所有する者が上位に立ち、多数の「何も」所有しない者――群衆――が下位を占める文化を目にしてきた。

社会学が、社会哲学の諸課題と正義、自由、権利、平等の追求といった問題に接するのはここである。我々はこのような不平等をそのままにしておくべきなのだろうか。現代の世界は常にこのような論争に悩まされており、社会学はその一部を占める。少なくともフランス革命以来、平等は西欧社会の主要な価値の一つであった――自由という価値との葛藤を抱えているように誤解されることがあったにせよ。ジャン＝ジャック・ルソーはよく知られているように社会契約を提唱し、『人間不平等起源論』（2009［1754］＝2016）を記した。カール・マルクスは、階級搾取に関するきわめて影響力のある著作を記し、それは20世紀の共産主義革命に多大な影響を与えた。そしてより最近では、ジョン・ロールズ（1921-2002）や他の哲学者が社会的正義の原理を追求してきた。たとえばロールズは、同程度の能力をもつ人々がおおむね等しい人生上の機会を有すること、そして不平等が生じる際は、それがもっとも不利な者の利益につながることを保障したいと考えた。彼は、人々が自身の才能や能力、階級、人種、ジェンダー、宗教などについてどれも知らない状態を表す「無知のヴェール」の観念を用い、誕生時に特定の位置を与えられた人々がこれらについて何も知らないという前提のもとで、全員がその中で生きるような道徳的立場を選択するよう求められた時どうするか、と論じた。誕生時の位置を選択できないなかでは、我々全員がおそらく、人々が何らかの意味でみな平等であることを望むだろう。

ここでは20世紀の哲学におけるもっとも中心的、複雑で、議論の的となっている論争の詳細を記すことはしない。保守主義、リベラリズムとマルクス主義の間でなされた平等をめぐる議論は長期に及ぶ激烈なものであり、平等の主題は、こんにち社会学者が参加した論争の中心から遠く外れていたことはかつてない。

人間のケイパビリティ（潜在能力）と繁栄——人間の最良の生のために必要な、最良の社会的条件

21世紀初めにおける多くの活発な論争のうちの一つは、人権と人間のケイパビリティについてのものである（もっともそれは少なくともアリストテレスにまで遡ることができ、決して新しいものというわけではない）。それは人間の潜在能力とケイパビリティはどの

ようなものであるかについて問い、そしてこれらを、人一権に一基づく社会の構想と結びつけてきた。ここで我々は基礎に立ち返り、人間の存在論を考えてみよう――人間とは何であり、人間の生は何のためにあるのか。この深遠な探究について、単純な答えから始めるのが一助になるかもしれない。人間はニーズ、潜在能力、ケイパビリティ、差異の束であり、それらが発展し開花するためには適切な社会的条件が必要である、と。適正な社会的条件を欠くならば、人間の生は狂わされ、損なわれたものとなり、苦しみが多すぎるものとなりがちである――生は「損なわれた」もしくはさらに「廃棄された」ものとなる。人間の生の目標がその潜在能力を発展させ開花させることにあるとすれば、我々はそのための適切な条件について考えなければならない。これは、同意しない者は多いかもしれないが、私からみれば最良の出発点であるように映る。

ノーベル賞受賞者のインド人経済学者アマルティア・センと世界を代表する哲学者マーサ・ヌスバウムによる世界中の飢餓と貧困についての著作に、我々はこれらの、万人にあてはまる人間のケイパビリティ（潜在能力）がどのようなものであるかについての広範な暫定リストを見出すことができる。それは、生命（通常の寿命まで生を全うできること）、健康、身体の不可侵性（これは、場所から場所へ自由に移動でき、攻撃や暴力から身が守られていると感じることができ、性的満足のための機会を有しており、生殖に関して選択の自由を有していることを指す）、感覚・想像力・思考力（適切な教育と表現の自由の保障——政治的、芸術的、宗教的な）、感情（自らの外部にある物や人とつながりをもち、自らを愛しケアしてくれる人を愛することができること）、実践理性（自らの人生の計画や、そもそも何が善き生であるかについての批判的な反省）、友好と承認（他者のために生きることや他者と関連して生きることができること、他の人間を承認し関心を示すこと）のケイパビリティ、遊ぶ能力、環境に対する一定のコントロール、そして最後に、他の種と共生する——動物、植物、自然の世界への関心と関連で——能力を含む。

このようなリストは変更、改良、発展に開かれているが、それは地球上で人間の生が開花するために何を発展させなければならないかを考える上でのとても良い出発点のように私には映る。あなたは自分自身の生について、それぞれの「ケイパビリティ」がどのように現れているか、あるいは現れないかについて考えてみてもよいかもしれない。これらの一部——良い健康等——は他のものと比べてより基礎的であるように映るが、どのような人間もそれぞれの領域すべてにおいて発展することが必要であるし、可能である。これができないような生は、矮小化された生である。ただし、この考察は我々がみな同じであることを意味しない。それは、確かに我々はみな共通の人間のケイパビリティを有しているものの、善き生のためにはそれらは独自の仕方で発展させられる必要があることを強調する。そして世界の多くの人々には、現在それらのほとんどを発展させる機会がまずまったくない。世界は実に不公平で不公正である。

図7-1　不平等のマトリックス

人間のニーズ・ケイパビリティ

（人間にはどのような、満たされるべきニーズや開花の条件があるか）

1. 食料と水
2. 呼吸と睡眠
3. 安心の感覚、身体のくつろぎ、住まい
4. 雇用と財産
5. 居場所があること、愛、親密性
6. コンピテンスの感覚
7. 他者からの承認と尊重
8. 知（世界の理解）
9. 美と感情
10. 幸福の可能性

対立の過程

（我々はどのようにして潜在能力やケイパビリティを阻害されているか）

1. 支配と従属
2. 疎外、ステレオタイプ化
3. 搾取
4. 暴力

そして上記に関連して：差別とスティグマ化、ゲットー化と隔離、植民地化、貧困化、無力化、声を封じること、「他者化」、非人間化、暴力、そして究極的には虐殺

不平等な秩序

（不平等な地位を作り固定する力にはどのようなものがあるか）

1. 階級と経済
2. ジェンダーと家父長制
3. エスニシティと人種
4. 年齢と世代
5. セクシュアリティと異性愛規範
6. 障害と健康
7. 国家とナショナリズムの社会構造

社会的な苦しみ

（不平等が人々にもたらす主観的および客観的な影響はどのようなものか）

人間のケイパビリティの阻害
(A) 客観的に：貧困、死、健康状態、栄養失調、暴力、および
(B) 主観的に：充実した生と幸福
または、
損なわれた生
不安定な生
見られることのない生
辱められた生
品位を落とされた生
虐待された生
抵抗する生

社会学の発祥以来、これらの領域については多くのことが記されている。それは社会学における主要な探究領域をなしている。この表はワークシートである──それは読者が主要な概念同士をつなぎ合わせ、それらがどのように結びつきあい流動するかについて考え、そして自分の生や異なる他者の生と結びつけることを可能にする。これらの着想については本文中で詳説している。

社会学する一つの方法は、この「生の繁栄を万人に」の発想について熟考し、どのような社会的条件がその実現を助けるかを問うことだ。ここで肝要な発想は万人の生の繁栄であり、実際しばしばそうであるように少数あるいはエリートのみのものではない。すべての人々が「繁栄した生」を送るためには世界はどのようでなければならないだろうか。あらゆる側面において不平等が著しく減少した世界、というのは確実にその一面であるはずだ。

要約

とてつもない差異を社会的な生は示しており、その多くは不平等へと整序されている。四つの重要なテーマをまとめることができる――(1)人間のケイパビリティは、(2)分割の過程を通じ構造化され、(3)構造化された不平等が生じ、(4)それは我々の生を傷つける作用を及ぼす。社会学者は階級と経済、ジェンダーと家父長制、エスニシティと人種、年齢と世代、国家と文化、セクシュアリティと異性愛規範、障害と健康、国家とナショナリズムの交差性や制度を研究する。かれらはそれらを支えるイデオロギーと、それらがどのように変わりうるかを探究する。無力化と資源、疎外と排除、搾取と暴力といった重要な過程が、分断の過程を形作る。図7-1はこれらすべてをまとめようと試みている。最後に、人間のケイパビリティと「生の繁栄を万人に」の哲学的構想が提示された。

さらなる探究

考えてみよう

1 「世界の不平等の事実」の欄（328〜333）を見てみよう。これをきっかけとして活用し、今日の世界の不平等の程度を示したブログを自身で作ってみよう。

2 あなたなら社会的階級をどのように測定するか。マイク・サヴィジの人気作『7つの階級』（2015=2019）を見て、彼がそこで描く新たな社会的階級の構造を吟味しよう。

3 図7-1をよく見て、その意味をつかもう。ケイパビリティのリストを吟味しよう――それらはあなた自身の生にどのように作用しているか。これらを「不平等な秩序の7つの力」と結びつけよう――これらはどのように人間の機会を形作るだろうか。最後に、哲学に向かって少し飛び出し、友人と「生の繁栄を万人に」の考えについて議論してみよう。あなたは図7-1の、人間のケイパビリティのリストについてどう考えるか。あなたの生は繁栄しているか。誰がそうではないか。

〔読書案内〕

社会学の主要な目標としての人間の苦しみの研究については、イアイン・ウィルキンソンの『苦しみ（*Suffering*）』（Wilkinson, 2005）とイアイン・ウィルキンソンとアーサー・

クラインマンの『社会への情熱（*A Passion for Society*）』（Wilkinson & Kleinman, 2016）を参照。不平等に関する著作は膨大にある。ダニー・ドーリングの『不正義（*Injustice*）』（Dorling, 2015）、ヨラン・テルボーンの『世界の不平等（*The Killing Fields of Inequality*）』（Therborn, 2013）とエヴリン・カレンの『社会的不平等と社会正義（*Social Inequality and Social Injustice*）』（Kallen, 2004）は重要な見取り図を与えてくれる。ルイーズ・ワーウィック＝ブースの『社会的不平等（Social Inequality）』（Warwick-Booth, 2013）は諸問題を分かりやすく取り上げたものである。ジェフ・ペインの古典『社会の分断（*Social Divisions*）第3版』（Payne, 2013）はあらゆる主要な不平等の形を検討している。現代の古典はケイト・ピケットとリチャード・ウィルキンソンの『平等社会（第2版）』（Pickett&Wilkinson, 2015［2009］＝2010）である。アンドリュー・セイヤーの『なぜ私たちは金持ちの搾取を許すべきでないか（*Why We Can't Afford the Rich?*）』（Sayer, 2015）を読むことで私は多くを学んだ。現代の不平等に関するピンカー、アトキンソン、スティグリッツ等による中心的で主要な研究は本文中で引用している。

より個別的に、カーストについてはスリンダー・S・ジョドカの『カースト（*Caste*）』（Jodhka, 2012）、奴隷制についてはブレンダ・E・スティーヴンソンの『奴隷制とはなにか（What is Slavery?）』（Stevenson, 2015）とケヴィン・ベールズの『使い捨て人間（*Disposable People*）第3版』（Bales, 2012）を参照。社会的階級についての著作は膨大である。

最近の例についてはガイ・スタンディングの『プレカリアート』（Standing, 2011=2016）、ウィル・アトキンソンの『階級（*Class*）』（Atkinson, 2015）、マイク・サヴィジの『7つの階級』（Sarage, 2015=2019）を参照。グローバル化の中で排除され剝奪されている人々についてはジグムント・バウマンの『廃棄された生』（Bauman, 2004=2007）、サスキア・サッセンの『グローバル資本主義と〈放逐〉の論理』（Sassen, 2014=2017）、ルイク・ワカンの『貧者の処罰（*Punishing the Poor*）』（Wacquant, 2009）を参照。哲学寄りのものとしては、ジョルジョ・アガンベンの『ホモ・サケル』（Agamben, 1995/1998=2003）、ジュディス・バトラーとアテナ・アタナスィウの『脱所有（Dispossession）』（Butler & Athanasiou, 2013）を参照。

交差性に関する良い参考書。全般についてはニラ・ユヴァル＝デイヴィスの『帰属の政治学（*The Politics of Belonging*）』（Yuval-Davis, 2011）、人種についてはナサール・ミーアの『人種とエスニシティのキー概念（*Key Concepts in Race and Ethnicity*）［第3版］』（Meer, 2014）、セクシュアリティについてはジェフリー・ウィークスの『セクシュアリティ［第3版］』（Weeks, 2009 =1996［第1版の翻訳］）が古典であり続けている。障害についてはコリン・バーンズとジェフ・マーサーの『障害の探求（*Exploring Disability*）』（Barnes & Mercer, 2010）を参照のこと。年齢についてはジェニー・ブリストウの『ベビーブーマーと世代間対立（*Baby Boomers and Generational Conflict*）』（Bristow, 2015）

を参照のこと。人間のケイパビリティについてはマーサ・ヌスバウムとフラヴィオ・カミソの『潜在能力の創造（*Creating Capabilities*）』（Nussbaum & Comin, 2011）を参照のこと。経済学者アンガス・ディートンは世界中の幸福を『大脱出』（Deaton, 2013=2014）で検討している。

第8章　ビジョン――社会学的希望を創造する

哲学者たちは世界をさまざまに解釈したにすぎない。たいせつなことはしかしそれを変えることである。〔訳注1〕

カール・マルクス

『フォイエルバッハに関するテーゼ』（1845、テーゼ11）。
これは彼の墓石にも彫られている。

社会学は18世紀の諸革命から生まれて、いまや21世紀の終わりなき対立の世界を生きている。ここ数世紀のあいだ、我々の社会に対する理解はますます容易ならざるものになってきている。20世紀の二つの世界大戦と破滅的虐殺による大量虐殺――それは共産主義とファシズム、ときに「疑似科学」によってでも正当化されていた――は、21世紀の生とそのぞっとするような可能性に関するきわめて暗い見方を生みだした。そしていま、多くの公的でグローバルな社会問題――環境危機やグローバルな貧困と暴力にはじまり、不平等の「危機」、移民と監視にいたるまで――はとどまるところを知らないように見える。近代のメディアはこうした問題に対する関心を大いに高めたと同時に、問題を構築する一助となった。社会学は、我々がそれらすべてを理解しやすくする任を負っている。この社会学的思考の必要性を認識する人々は世界中でどんどん増えている。

しかし、この批判的社会学は権威主義社会においてはほとんど機能しない。もし社会の権威に対する異議申し立てが不可能であれば、それを批判しようとする人々が受け入れられる余地はほとんどない。そうした文化においては、社会学は国家の要求に応じて標準化されてとても狭小なものになるか、隠遁してしまうかもしれない。しかし現代は、我々の生きる世界の仕組みに関する息の長い、真剣な分析をたしかに必要としている。それが社会学の使命だ。本章で見ていくのは社会学の価値、効用または「インパクト」、21世紀におけるその「召命」である。

すべての世代にとって救いとなる未来を目指した世界理解を獲得しようとするのが、社会学の最良形態である。社会学がユートピア主義者だというわけではない。かつては人間生活の理想状態が達成され得たのだとか、我々は理想状態を追求する絶対主義者になるべきだといったことを社会学が信じているわけではない。しかし社会学はユートピアンとして努力する。「うまく行くやり方」から学び、人間の宿命を改善していく希望をもつ。ボックスの文章「思考を深める：社会学とユートピア」を読めば、依然として現代社会学のあちこちにユートピアのイメージがあることが分かるだろう。それは希望をもたらしてくれるし、希望もまた重要なのだ。エルンスト・ブロッホの三巻本『希望の原理』（ホロコーストの終わりに書かれた）は、歴史上すべての社会が希望の感覚をいかに必要としてきたかを示している。社会学者はたしかに、社会をありのままに理解したいと思っている。しかし同時に、どうすれば世界を万人にとってより良い場所になるよう促していけるか、その方法を感じ取る批判的想像力への希望をもたらす必要もあるのだ。

〔訳注1〕翻訳は岩波文庫のエンゲルス『フォイエルバッハ論』（松村一人訳、1960年）に拠った。

思考を深める：社会学とユートピア

社会主義作家のH・G・ウェルズ（1866-1946）は「ユートピアの創造、そしてその仮借ない批判が、社会学の適切かつ独特の方法である」と述べたことがある。最近では社会学もこの考えを取り上げ、ユートピアの理念に批判的に立ち返ることを奨励している。つまり昔から著述家たちに愛されてきた、より良い世界という長年の夢の理念に、である。2012年のアメリカ社会学会会長エリック・オーリン・ライト（1947〜）は、学会の年次テーマとしてリアル・ユートピアの批判的分析を提案した。彼にとって社会学者のなすべきことは、現在まさに機能しているような、解放されたより良い世界の実例となる、今日の世界において現に起きているプロジェクトを探すことであった。解放されたより良い世界とは、望ましく、実行可能で、達成可能な、生きられた生のことだ。（彼が挙げたのはウィキペディアと市民参加型自治体予算の2例のみだが、もっと多くの例が彼のウェブサイトに掲載されている。）イギリスの社会学者ルース・レヴィタース（1949-）は、「ユートピア」が重要な社会学の方法になり得ると示唆する。社会学者はその方法を通じて良い社会の姿に関する概念を組み立て、良い社会の仕組みを構想し、しかるのちに、現に存在する社会の批判と分析のため、そしてより良い社会への運動のためにそれらすべてを使うことができる。

これらの有用な説明はいずれも、社会学が規範的な学問であることを明確に擁護している。社会学は立場を選ばねばならず、先見の明をもたねばならず、希望をもたらさねばならない。いずれの議論においても、ユートピアは場所とは見なされていない。むしろそれは一つのプロセスであり、そのプロセスの中で我々は今日の最良部分から学び、それを将来世代に伝えていくことができるのだ。これらは未来において探究される価値のある、有用たり得るアイディアだと私は思う。我々は同時代の人間の複雑なコミュニケーションのうち最良部分から学ばねばならず、いっそう多くの人びとが自らの才能を伸ばせるような世界を「まだ見ぬものとして夢見る」必要がある。別の本で私は、これらが「希望のユートピア的戦術」であると論じた（Plummer, 2015）。

注意しておこう。本章では最近の学術的な、大学で訓練を受けた人々による（ときに利己的で思い上がった）長い瞑想についてのみ話すわけではない。ほとんどの人々がただ日常的に人生のうちに何度か行うような、すこぶるありふれた活動にも私は関心がある。ほとんどの人々が自分たちを取り巻く世界の性質、つまり天の神々、自分たちの暮らす土地、自分たちを取り巻く動物や自然、ほかの人々の様子について、多少なりとも考えることは確かだ。社会学的思考はこうした個人的特性をもつ部分があることを認識しておくのは良いことである。重要な意味において、すべての人々は実際的で批判的な社会学者たり得る。

我々は反省的であり、自分たちが暮らす世界を理解しようとする。このことはひるがえって再帰的でもある。つまり我々が世界をどのようなものと考えるかが社会的なこととなり、実際に我々の社会に跳ね返ってくる。事実、まさにこの思考するという行為こそが、我々がときに社会を少しだけ変化させることができるのだ。社会——集団、部族、文明、「ほかの人々」——は人々(あなたと私)が何を考え、何を行うかを通じて常に進行し、社会について考えることが実際に社会を動かす一助となるのである。この最終章では、日常実践と社会学とのこうしたつながりについても考察したい。

本書の簡単な振り返り——複数の社会学が常に進行中

どんな社会学をするにも、複数のやり方があることはほぼ確実である。社会学とは、我々人間が暮らす社会的世界を理解するための、広く開かれた人間的で、雑種的で変化し続ける知的営為である。各章から読者に伝えられるメッセージが一つあるとするならば、それは社会学の複数性であるにちがいない。第1章では社会学がこの世のあらゆることを研究できると論じた。第2章では社会的なるものについて考える方法は複数あることを論じた。「身体」のような一見単純に思える事柄を研究することさえ、目的と解釈が複数ありうることが明らかになる。世界とそれについての理論は複数形なのだ。第3章で見たのは、我々がグローバルな複数のモダニティのうちに見出す80億の人々、そしてきわめて多様な宗教、経済、統治、そして変化である。第4章では（主として西欧の）社会学の歴史をきわめて手短に記述した。これは社会学自身がいかに異なる無数の立場を抱え込んでおり（**マルチパラダイム**の学問分野）、未来に向けていかに多くの可能性を内包しているかを示すためであった。社会学はそれ自身、係争中の学問分野なのだ。第5章と第6章は我々を社会学のディシプリンの核心――その想像力、方法、そして理論――へと導き、いかに社会学が他のほとんどすべての学問分野を活用してきたかを示した。それは人文科学だけでなく、フェミニズム、ポストモダニズム、ポストコロニアリズムなどすべての「イズム」も含む。最後に、第7章で我々は差異の大海へと投げ込まれた。その差異は階級、人種、ジェンダー、障害、民族、セクシュアリティ、年齢が交差しつつ組織化されて、社会的な苦しみと不平等のおそるべきパタンへと凝結する。社会学は、複雑性と複数性の名のもとにプレイされるゲームである。

私と意見を異にする社会学者もいるだろう。かれらはかれらの社会学のやり方――科学的方法論者としての、分析理論家としての、フェミニストとしての、「プロ社会学者」としての――こそが唯一の「真のやり方」であると主張する。それならそれでよい。再び私自身の見方を提示するなら、その多くが情熱的かつ政治的に経験されるような人間の複数性と複雑性に満ちたこの世界においては、社会学は十全に統一された学問分野として決して一つではあり得ない。十全に、または包括的に把握されることが原理的に不可能な、そうした動的な全体に対して異なる複数の視角と視点を提供する多くの社会学徒が、多くの異なる事柄に携わらねばならない。そして、社会学的な立場同士がしばしば根源的な相互不一致を見る。社会学においては研究を待ち受ける不動の目標は存在しないし、固定されたディシプリンもあり得ない。実際、それぞれの時とところに適応し、反応し、人間の社会生活におけるあらゆる恐怖と喜びを把握する知見、洞察、そして想像を自らにもたらす、そうした多くの社会学の分業体制こそが我々が見出したものであったし、また我々が必要とするものでもあろう。それと同時に多くの共通したテーマや関心も存在していた。本書の一つの務めは、そうした共通点を素描しようと試みることであった。

■社会学者は何をするのか

社会学者が現代の世界において果たすことのできる役割はたくさんある。我々は教える。我々はシンクタンクや大きな（そして小さな）研究所で働く。我々は社会運動家となる。我々は政府系機関と非政府系機関の両方で働く。我々はソーシャルワーカーとなり、警察官となり、弁護士となり、裁判所の職員となる。我々は人材部門と社会福祉部門で働く。我々はメディアで働く――ウェブサイト管理者として、ジャーナリストとして、映画制作者として、アーティストとして。我々は国際組織でも地方組織でも働く。そして何より我々は日常世界を生き、日常生活を送り、日常の諸事をこなす――社会学的想像力に支えられながら。やるべき仕事は多く、誰にでも何かしらしていることがあり、各人が拠《よ》って立つ数多の立場がある。一人の人間がすべてを選び取ることは不可能だが、できることもまた多い。

社会学者の社会的役割

社会学者のきわめて基本的な機能は研究者、つまり社会的情報の収集者（それゆえ創造者）である。我々は我々が生きる社会的な時代の性質を研究し、記録する。社会学的情報は人間世界が蓄積したものを見積るのにいつでも必要で、そうでなければ我々は暗闇に生きることになる。1920年代、シカゴの社会学者ロバート・パークは学生たちにスーパー・ジャーナリストになるよう指導した。彼自身が社会学者になる以前はジャーナリストであった。それゆえ、もっとも単純に言えば、第3章で示したように、社会学が描きだそうとする情報とは、人口や経済のはたらき、宗教的信仰の変化、都市への移動、国や地域全体の機能的な状態などであり、犯罪、移住パタン、家族生活そして社会的階級の性質などである。世界に存在する種々の社会は無数の物事に関する情報なくしては機能し得ないし、その情報こそ社会科学が提供しなければならないものである。その社会的世界に関する知識を我々がまったく持ち合わせていない、そんなところで暮らすことを少し想像してみただけでも——悪夢だ。いまどきは社会に関するデータはワンクリックで手が届く。

しかし社会学者は、データが単独では無価値であることも知っている。データが自動で自分についてプレゼンしてくれるわけでもなければ、自分について語ってくれるわけでも絶対にない。データは、何が重要なのかを決める人間によって収集され、複数の読者に解釈される——そしてそれぞれの読者は自らの目的に応じてデータを用いる。究極的にはこうしたことの多くはその性質上、政治的になる。我々がここでよく見ておかなければならないのは、単なる情報が知識へ、そして知恵へと移りゆくありさまであり、それに伴って入り込んでくる政治と倫理とである。

だから社会学者の第二の仕事は、人間の社会的生と生活に関する思想家、理論家——哲学者ですらある——としての仕事である。本書全体で示してきたのは、社会的生活においては情報とデータ以上のものが必要とされるということである。我々は過去の思想家たちの豊かな遺産をより幅広く理解し、そうした遺産との結びつきを作り出し、つながりを感じる必要があり、事実を文脈から切り離して孤立させて見ることを避けなければならない。社会学者は——どれだけ躊躇していたとしても——社会に関する理論的で一般的な思考を促進する。理論的な作業は難しく、時に不明瞭であり得る。しかしその目的は現在生起している事柄をより深く理解することであり、望むらくは社会学的知識が累積的になる方法をもたらす一助となることである。知恵は受け渡され、世代を超えて発展させられ得るし、各世代の我々のより多くが社会を少しだけよく理解するための助けとなる。ランダムな事実と情報にはほとんど価値がない。

こうした考えはたいてい批判的なものなので、社会学者にとって評論家、急進派、そして変化の代理人として振る舞うのは容易なことである。物事は決して見かけ通りではなく、常識《コモン・センス》は決して普通《コモン》のものではないと理解することで、社会学者は社会的生活に対する批判的態度を促進する。社会学者は当たり前の社会を疑い、問いを投げかけ、それを今ここの世界とは別のあり得た世界とつなげる。そして普通の思考を覆す。その意味で社会学者はしばしば進歩と「より良い」世界を求める理想家になり得る。批判理論が20世紀初頭に登場したのは、合理性、科学、テクノロジーの新世界の発展を標榜する啓蒙主義に対する批判の道具としてであった。批判理論家にとって科学は中立的ではあり得ず、実証的思考は決して言うほど実証的ではなかった。かれらは否定性の思考と批判に基づいた解放的な知識を求めた。こうした立場は、社会学的実践への道を開いた。批判理論の成果のうちには確かにラディカルな共感が存在している。

次に来るのは社会的知識に関する教育者、教師、そして最近ではメディア上の発信者、ウェブ上のコーディネーターとしての社会学者である。我々は社会的生活についての基礎情報と思考の両方を促進できる。この両者を通じて社会の成員は、社会の来し方行く末について吟味することを試みられる。我々がこの与えられた役割のもとでできることと言えば、とりわけ書くことと教えることである。しかし我々は政府（そして世界的な組織やN

GO）に対して社会の将来的な道のりを計画する一助となる情報を提供できるし、社会が社会的知識に沿って航路を発見できるように（ジャーナリズムからソーシャル・メディアまで）、あらゆる種類のメディア上で活動することもできる。今日の我々は社会学的ウィキペディアを必要としているのだ。

社会学者には他にも多くの役割がある。我々は地下の語り部になることもできる。ここで我々は社会から地下へ追いやられた声、考え、社会的世界を明るみに出す。それは地下に生き、容易には聞かれることのない隷属させられた知識であり、サバルタンのビジョンなのである。我々はいびきと眠りを妨げ、苦難の目覚めをもたらすことができる。社会学者はアーティストにもなれる。ここでは我々は人間の創造性を告げ知らせ、高めるような考えを生み出すことができる。社会学的思考はアート、文学、音楽、詩、映画の世界に送り込まれている。この社会学者は政策形成者にもなれる。ここでは我々は社会的世界の性質に関して政府やさまざまな集団に助言を行う。社会学者は評論家や公共的知識人にもなることができる。ここでは我々は我々が生きる時代が抱える病を診断し、選択肢を明確化して別のあり方を把握し、未来への道しるべを示すことで人間世界に貢献する。

我々は対話者になることもできるだろう。ここで我々は社会で発せられるいくつもの異なる声同士の対話を組織する（次のボックス「思考を深める：対話者としての社会学者」を参照のこと）。人間の生活は常に複数の異なる社会的世界と結びついており、それら社会的世界は人間同士の大きな対立の危険を常にはらんでいることを、社会学者は調査においても理論においても、遅かれ早かれ常に発見する。我々が見てきたように、人間はどこにいても矛盾と対立があまねく存在する世界を生きなくてはならない。それは社会的生活のすべての水準で経験される。つまりグローバル（国民国家間の戦争、男女の対立等）、ナショナル（民族間、宗教間等）、ローカル（地方政治、社会運動内の亀裂等）、パーソナル（家庭内暴力、友人間での信頼喪失等）、そしてソーシャル・メディアにおいてさえ（いじめやハラスメント）。

思考を深める：対話者としての社会学者

社会学者たちが変わらず研究していることとして、社会的生活のあらゆる領域において人々が争い合う関係がある。我々は国同士の、集団間の、社会運動同士の、そして社会運動内部の対立について考察する。社会学者は常に議論を明確化し、異なる複数の声の間の関係を整理するよう求められる。それは複数の声を秩序づけ、分類し、同意点と不同意点を探り、「共通の立脚点」（があるかどうか）を見極めることである。これが社会学の決定的な任務、つまり対話者という使命である。だから社会学者には合理的に議論し、対立する他人と話し、対話する能力が必要だ。以下はそれをするためのガイドラインである。

対話の作法のための12本の柱（Plummer, 2015）

1 そのテーマに関わるすべての異なる声を認識せよ（支配的な集団や両極化した代弁者だけの声にならないように注意する）。

2 「他者」を人間扱いせずに貶め、あざけり、黙らせることがないようにする。

3 話者間の権力に関する不平等と差異について意識せよ。

4 宗教や家族などがその人たちにとって何を意味するかといった、参加者の社会的背景や所属する集団の差異を評価せよ。

5 議論している複数集団の間の差異を理解せよ。西欧の「議論する文化」が通用する場所は限られている。権威主義的な諸文化は議論しながら生きる用意がない。「対立する視点」ではなく、むしろ複数の声を展開させること。

6 翻訳できないかもしれない単語や、比較対象すらないかもしれない単語の存在を意識し、言語の差異を理解せよ。

7 これらすべてについて自分自身の個人的偏見と立ち位置について熟考せよ。

8 個人的な遺恨を把握せよ。対話にはしばしば個人的な好き嫌いが入り込んでくる。

9 生活と対話の多くの部分に感情的かつ身体化された基盤（と歴史）が存在することを理解せよ。

10 互酬的な関係に参加し、紛争の構造を転換していくような交渉、信頼そして調整についての技術を学べ。

11 軽快感を維持する。バランス、ユーモア、謙虚、人間性の感覚を保つ。

12 同意できる共通の立脚点を探る。しばしば出発点になり得るのは共感、尊厳、配慮、正義、そして人類の繁栄という人道主義的な諸価値である。対立と差異に突入する前に、同意できそうな事柄からスタートする。

（出典：Plummer, 2015.）

こうした対立に目新しいところは何もない（し、いつか対立が終わるだろうとも私は思わない）。歴史を通じて戦争は、人々にとって単なる日常の一部だったのかもしれない。実質的に起きたことと言えば、人々の間の不一致がより可視的に、より「マネージメント」に開かれるようになった、そうした世界の実現なのかもしれない。民主化した社会がより公共的な空間を作り出し、幅広い人々がこれまでに未知であったテーマについて討議する会話に参加できるようになってきた、ということもあるだろう。社会学者はこの討議する会話と対話についての組織立った原理を提供することができる。そこで可能になるのは合理的に議論し、対立する他者と話し、対話する能力である。社会学者は対話的市民権

（シティズンシップ）とでも呼ぶべきものを促進できるのだ。我々が生きている文化の中では、討論の極端な分化が多かれ少なかれ習慣になっているので、それに参加せずにいることは難しいかもしれない。しかし議論が不必要に両極化することはあまりに多い。議論は個々の人々に固着し、実際に人々の一部となり、同一視され、人々に属するようになる。やがて私的な独り言の中で自分が関わっている議論の賭け金になっていくのは、まさにそうした人々なのである。

　そして最後に、社会学には社会の中での幅広く一般的な役割がある。それは社会の中の批判的な市民になることだ。これは誰にでもできる。幅広く普及する社会的な自覚と、社会的思考とでも呼ぶべきものを創造する手助けをすることは、我々みなができることだ。それは、世界をより個人主義的で「自然な」用語で理解する常識としばしば対照をなす。我々には社会学的市民権がある。社会学は、「常識」の錯綜した特性の理解からスタートしなければならない。しかし当たり前を疑って社会的世界を創造的に見つめ、個人の私的な問題を文化の公的な問題につなげる人々の営みを、社会学は支援することができる。人々が社会的つながりを作る一助となり、身の回りに起きていることを知る自覚的な市民を育てることも、社会学者にはできる。社会学は、情報に基づいた聡明な決定を行える批判的で社会的に自覚的な善き市民の形成を援助することができる。

そして世界は回る――社会学的生の輪

社会について研究し考えることは、それ自体が社会の一部である（専門用語では「再帰的」と言う）。それは以下のような循環があるからだ。日々の個人的で実践的な思考が、あらゆるテーマに関する公的で一般向けの議論を通じて社会学的知識に接続する。次にこれらすべてが幅広いテーマの変化と、政府と社会運動の変化へと流れ込んで行く。そして今度はそれらの変化が日々の実践的な生活に送り返されてくる。こうして世界は回っていく……。

社会学は終わることなく回り続ける（曖昧な）段階を備えた歯車である（私はこれを六つの〝p〟と呼んでいる〔people, professional, public, practitioner, public policy, popular〕）。輪の最初の段階が示しているのは、社会学的生が人々から始まるということだ。人々は誰しもが日常生活で使う日々の経験、常識、そして実践的知識を備えている。我々が社会学をその上に据えようと考えているのは、人々が社会に生きることについて抱く関心や問いである。輪のどれだけ遠くに行こうとも、我々は常にここに立ち返る必要がある。カナダのフェミニズム社会学者ドロシー・E・スミスがかつて述べたように、我々が必要としているのは「人民の、人民による、人民のための」社会学なのである。社会学は常に、実際の日常生活とそれを生きる人々に基礎づけられる必要がある。

第二段階は我々が第4章から第6章で描き出した専門的社会学である。これが大学で教

図8-1　社会学的生の輪

社会学は単純化すれば終わらない歯車として図にできる

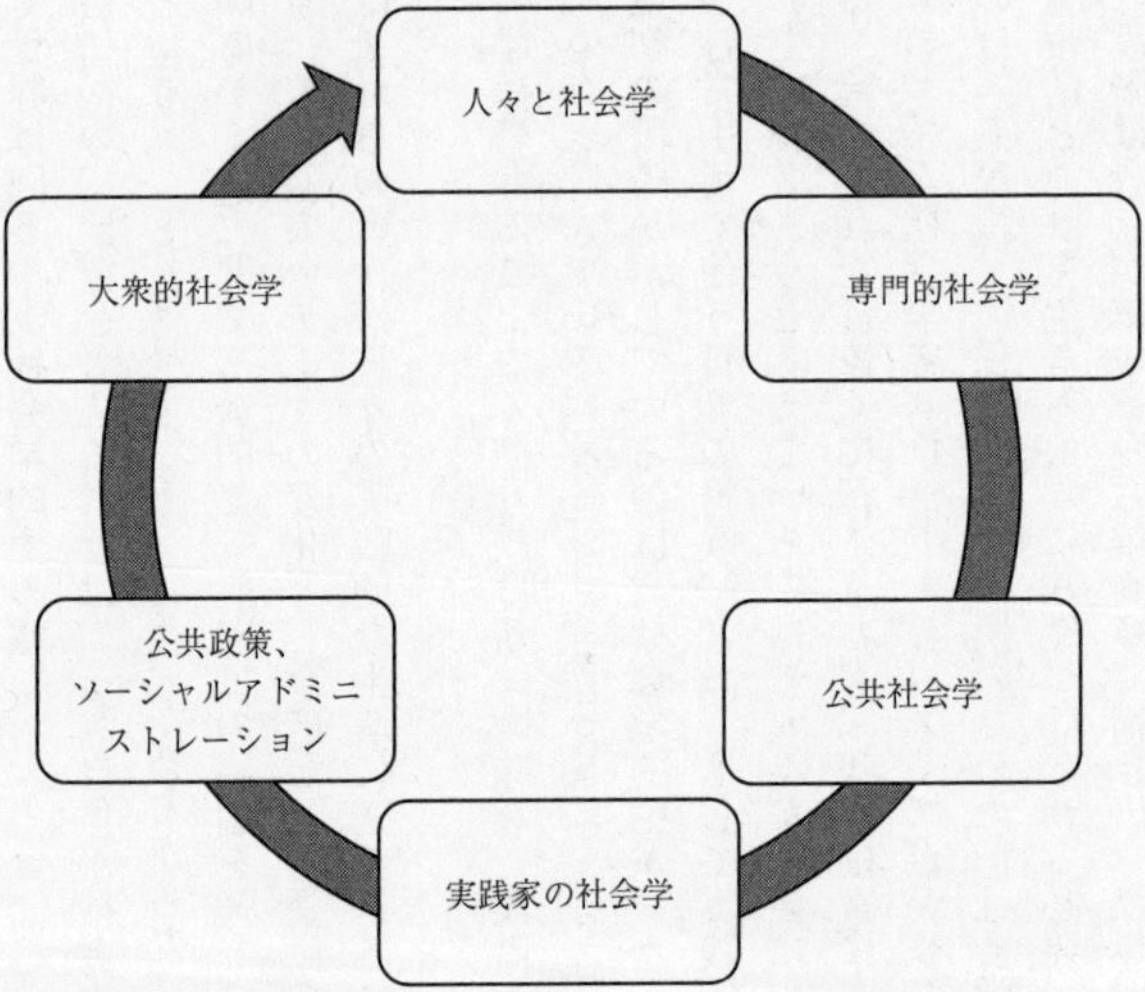

えられたり、あるいは世界社会学会のような専門職団体を通じて組織される社会学である。本書では多くの部分でこの社会学の鍵となる特徴を描き出してきた。そこでは世界を体系的、組織的、懐疑的そして批判的に眺め、社会的な物事を当たり前と思わず疑問を付していく。悲しいことにその多くは難解で、エリート主義的で、カルト的であり、読めない言語で専門的な雑誌に公表されている。

その先に我々が見出す社会学は、今日**公共社会学**として知られつつあるものだ。公共社会学は公共的知識人の理念に基づいて、エリートの専門的社会学を人々に伝え、公共的生についての社会学者の考えをよく知ってもらい、それを公共的にアクセス可能で信頼に足るものにしようと試みる。公共社会学者たちはブログ、テレビ、ラジオ等々に進出し、幅広いオーディエンスに平易な言葉で語りかける。公共社会学という発想はその後、アメリカ社会学会会長となるマイケル・ブラヴォイの2004年の有名な議論においてもたらされた（彼の仕事はオンライン、そしてYouTubeでも見つけることができる）。この考え方はその後の多くの議論の中で発展してきた。

次に、実践家の社会学がある。それは応用社会学であり、たとえば教育、スポーツ、社会福祉、犯罪学、医療専門職に就いている人々によって作られる。社会学を学んで自分たちの仕事に応用しなければならない人々がたくさんいるのだ。典型的には、そうした人々が医療や教育や犯罪やスポーツの制度や不平等を研究することで理解しなければならないのは、以下のような事柄である。すなわち対面的相互行為がどのように成り立ち（ミクロ社会学）、組織によって自分たちの仕事がどのように形成されて（メゾ社会学）、そして最終的には自分たちの仕事がときにグローバルなレベルに達する、より広い世界にどのようにつながっているのか（マクロ社会学）。専門職の教育課程で社会学を学ぶ人のために、エレイン・デニーとサラ・アールの『看護師のための社会学（*Sociology for Nurses*）［第3版］』（Denny & Earle, 2016）やアン・ルーエリン、ロレイン・アグ、デイヴィッド・

マーサーの『ソーシャルワーカーのための社会学（*Sociology for Social Workers*）［第2版］』（Llewellyn, Agu & Mercer, 2014）といった独自の教科書がある。

社会学は公共政策や社会政策とも強い親和性がある。公共政策研究が主に関心を抱くのは、政治がいかにして法の構成や政策プログラムを形成するのかについてである。しかし社会政策は医療、犯罪、剝奪、貧困、都市計画そして環境といった諸領域の問題への適切な対応を促進するために、明確に社会学の調査と理論を利用している。同時に社会政策の社会学的研究が明らかにしたところによれば、理論から実践への架け橋は善意で舗装されてはいるものの、災いも散りばめられている。多くの政策がそれぞれ有毒な治療薬となり、犠牲が多すぎて割に合わない勝利となる。要するに、まったくうまくいかない上に事態を悪化させることさえあるのだ。社会学は警鐘を鳴らさなくてはならない。そういうわけで各国の政治的な議論について発言し、著名になった多くの社会学者がいる。わけてもドイツのユルゲン・ハーバーマス、アメリカのアミタイ・エツィオーニ、フランスのピエール・ブルデュー、イギリスのアンソニー・ギデンズ、ヴァチカンのマーガレット・アーチャー、ブラジルのロベルト・マンガベイラ・アンガーなどである。

以上のことを循環させれば、我々は大衆的社会学を経て、スタート地点の人々に戻ってくる。専門的社会学は社会の主要な問題について議論しているにもかかわらず、幅広いオーディエンスの目には触れにくいことが多い。社会学的な考え方がよりポピュラーで、生き生きとした形で働いている例を以下に挙げよう。ベストセラー作家のジャーナリスト、オーウェン・ジョーンズ（『ガーディアン』紙の論評委員）は『エスタブリッシュメント――かれらはこうして富と権力を独占する』と『チャヴ――弱者を敵視する社会』を書き、ナオミ・クライン（環境活動家）は『これがすべてを変える――資本主義vs.気候変動』、『ショック・ドクトリン――惨事便乗型資本主義の正体を暴く』、そして『ブランドなんか、いらない――搾取で巨大化する大企業の非情』を書いた（読者の中にはかれらのやり方に賛成しない人もいるかもしれないが、それでもかれらは多くの調査をして人々の目に触れるようにした）。社会学の本がベストセラーになることも（きわめてまれだが）ある。バリー・グラスナーの『アメリカは恐怖に踊る』、マイク・サヴィジの『7つの階級』がそれだ。社会学的なテーマについて語る才能のあるアーティストもいる（現代美術作家のグレイソン・ペリーはアイデンティティについて、アントニー・ゴームリーは身体について作品を作っている）。『考えていいとも（*Thinking Allowed*）』（毎週。BBCのウェブサイトを参照のこと）というラジオ番組を持っているローリー・テイラーのような社会学者もいる。そしてアンドリュー・ジャレッキの『フリードマン家の記録（*Capturing the Friedmans*）』（2004）、ニック・ブルームフィールドの『幽霊たち（*Ghosts*）』（2007）、ケヴィン・マクドナルドの『地球上のある一日の物語』（2011）、セバスチャン・サルガドの『セバスチャン・サルガド――地球へのラブレター』（2014）、マイケル・ムーアの『マイケル・ムーアの世界侵略のススメ』（2015）などの社会学的なドキュメンタリーがある。『テレビ（*Goggle-box*）』や『救急外来24時』のようなリアリティTVも社会学的思考を刺激してくれるかもしれない。

政治的、道徳的想像力としての批判的社会学

ノーマン・デンジンとイヴォンナ・リンカンが数年前、社会学に強く檄を飛ばした。それによれば、

社会科学は規範的な学問分野であり、常にすでに価値、イデオロギー、権力、欲望、性差別、人種差別、支配、抑圧、そして管理といったテーマに埋め込まれている。我々が望んでいるのは、社会的正義、公正、非暴力と平和、そして基本的人権に関わろうとする社会科学だ。お望みとあらばこれらの問題に対処しましょう、などとのたまう社会科学は願い下げだ。我々にとってそれはもはや、選択してもしなくてもどちらでも構わないものなどではない。(Denzin and Lincoln, 2005)

実際、社会学にはよく知られた常套句がある。それは、社会学とは社会に関して科学的に「真理を探究する」客観的な研究だ、というものだ。しかしデンジンとリンカンからの

先の引用が示唆しているように、こうした見方は再考を迫られている。本書を通じて私が示そうと試みてきたように、社会的生活についての中立的で冷静、客観的な科学的分析家であることと、より良い世界を作ろうと心を砕くパルチザン的で情熱的、共感的な人物であることとのあいだの絶え間ない緊張に社会学者は晒されてきた。少なくとも、人々が実際に何をしているのかを示す経験的社会学と、我々が何をすべきだと人々が考えているかを示す規範的社会学とを我々は区別しなければならない。いずれにせよ、社会学の誕生以来つきまとっている問題がこれなのだ。緊張は社会学の中に組み込まれているが、しかし複数の立場が必ずしも両立不可能というわけではない。

過去の偉大な社会学者の多くが往々にして世界変革に情熱を燃やしていたのは、あまりに明らかだ。しかしかれらが一定の客観性と真実を求めていたことも明らかであり、「何でもあり」と考える単純な相対主義者などいなかった。かれらは学問の講壇においてパルチザン的で政治的な見方を唱えはしなかったし、真理を求めて奮闘した。同様に今日、我々が世界の中で進歩していくことがあるならば、我々は入手可能な範囲で最良の――あるいは最低でも「十分に客観的な」――知識が必要である。しかしそれは難しい。なぜなら意味、主観性、価値観と結びついているのがまさに社会学の主題であり、権力関係を通じて組織されているからである。ある集団（や人々）は他の集団より権威と地位を持っている（そして第7章で見たように、実際にそれが階層化の大きなシステムへと結晶していく)。この政治過程の外側に社会学者がいるというのは素朴すぎる考えだろう。社会学の主題は価値観と権力にまみれており、急速に変化する政治的、道徳的世界の中に自身を見出さざるを得ず、社会学の主題それ自体が何よりその変化の一部なのである。だから社会学の任務はおそらく困難な戦いとなるだろうが、以上のことを再帰的に把握し、社会の真理に到達しようと努めることだ。我々はこれらの戦略のいくつかを第6章で見てきた。

社会学には価値観とイデオロギーの役割に関する長い議論の歴史がある。そしてそれはたいてい価値自由の社会学と価値関連的な社会学に関する重要な区別を打ち立てた我らが旧友マックス・ウェーバーから始まる(この本に何回ウェーバーが登場したかを数えれば、どれだけ彼が重要なのかが分かる)。彼の著作の詳細にここでは立ち入らないが、彼の議論は研究の三つの段階に関する重要なアイディアを私に与えてくれた。以下は議論の明確化に役立つだろう。

1　価値関連性——自分自身の価値観と政治的基準を自覚せよ。研究の最初期には、選択を行い、問題を言語化するためには、価値観が決定的な役割を果たす。無意味なプロジェクトに時間を無駄にしてはならない。自分の研究の価値が何であるべきかを考え、研究領域を注意深く選ぶこと。それが実際に政治的、道徳的意義を有するという理由でトピックを選ぶこともしばしばである。

2　価値中立性、しかしながら倫理的責任――社会学をすることの倫理を自覚せよ。
研究を遂行中は十分な客観性を図る必要がある。種々の視点、複数の表象、親密ななじみ深さ、主観性と客観性のバランス、十分な代表性と文脈への位置づけに留意し、再帰性の問題を意識すること（これらすべてについては第6章を参照のこと）。同時に社会学は、常に人間の生活と人々を取り上げるので、自分が研究している人々に対する責任について考える必要がある。フィールドで社会学をすることは、倫理的ジレンマだらけである。これは調査倫理委員会や機関審査委員会だけの問題ではない！　これは「正しきことを為す」ための本当の個人的な戦いの問題なのである。

3　価値的含意――自分の研究がどのように使われるかについての政治を自覚せよ。
研究の結論に達したら、それが誰にどのように影響を与えるのかを注意深く考えること。幅広いオーディエンスと政治行動に到達するまでアイディアと知見を徹底する責任はないだろうか。自分の知見に由来する政治的副産物はないだろうか。

したがって価値観は、どこにでもある。社会学者はしばしば社会問題について本当に、主観的に情熱を感じている。世界の貧困、環境の行く末、宗教間の対立、女性に対する暴力、犯罪率の上昇などがそれだ。しかしこれらを真剣に研究するためには、私心ない客観的なやり方でそれをしなければならないことに気づく。社会学には個人的な（ましてヒステリックな）視点を付け加える余地などない。起きている事態についての沈着な考察と緊密な観察が必要なのだ。多くの個人的な関わりを内に秘めている物事に対して、社会学者が科学的態度を取ることはいかにして可能なのだろうか。社会学者にまつわる問題をシンプルに言えばこうだ。個人的だが無関心で科学的であり、価値関連的でありながら価値自由であり、主観的で感情的な物事に対して客観的であるにはどうしたらいいのか。社会学者は常に科学的、道徳的、そして政治的な綱渡りをしているのだ。

価値観は社会学から厳しく締め出されるべきだと主張する者もいる。しかし過去の偉大な社会学者たちを見ればすぐに分かるように――そして実際、今日の著名な社会学者の多くも――かれらは大きな社会変革に関わろうとしてきた。思い出してほしい、資本主義的産業化が作り出した搾取と傷ついた生活を観察して、個人として激怒したのはマルクスであった。彼は平等のための大きな世界革命（深刻に、被害を出しながら失敗した）を触発した。我々が鉄の檻に生きていると述べて、「世界の脱呪術化」を嘆いた――彼の種々の憂鬱を通じて――のはウェーバーであった。過去の社会学者はみな、しばしば隠されていたにせよ、個人的で政治的な顔をもっていた。多くはあまり急進的ではなかった。

現代社会学はしばしばその道徳的、政治的想像力を明確に表明している。それゆえフェミニスト社会学は、女性の不平等を取り除く必要性を宣言する。反レイシズム社会学は、**レイシズム**を批判する。クィア社会学は、ジェンダーのカテゴリーと性的カテゴリーを動揺させる。ポストコロニアル社会学は、思考を支配するヨーロッパ的／アメリカ的モデルの覇権を批判する。環境社会学者は、低炭素で持続可能な社会に向けて運動する。今日、ジグムント・バウマン、ウルリッヒ・ベック、セイラ・ベンハビブ、ジュディス・バトラー、スタンリー・コーエン、パトリシア・ヒル・コリンズ、レイウィン・コンネル、ノーマン・デンジン、アミタイ・エツィオーニ、アンソニー・ギデンズ、ポール・ギルロイ、ユルゲン・ハーバーマス、スチュアート・ホール、ダナ・ハラウェイ、チャンドラー・モーハンティー、マーサ・ヌスバウム、ステファン・サイドマン、ガヤトリ・スピヴァク、アラン・トゥレーヌ、ジョン・アーリ、シルヴィア・ウォルビー、ジェフリー・ウィークス、そしてその他の同時代の社会思想家についての最短ツアーを実施するだけでも、深くパルチザン的で明確に政治的である社会科学の世界を垣間見ることができるだろう。これらの人々の中では価値中立性という言い訳はまったく存在しない。我々が住んでいる競合する知識〔サイドマンの著書タイトル、未邦訳〕の国は、あなたにこう自問することを強いるのだ。どちらの側につくのか、と。

すべての社会学者はこの綱渡りを生きなくてはならない。いかにして自分の科学と自分の政治、倫理、情熱との帳尻を合わせるのか。科学の側につくことで解決する者もいる。かれらはできる限り中立的で冷静に研究をするために、学術界へと退却する。社会学に背を向けて何らかの活動に参加することで解決を図る者もいる。そして多くの者は境界的になり、客観性と主観性、中立性と情熱、科学とアート、世界への失望と新世界への希望の間の境目を生き続ける。私見によれば、他人に社会生活の中で何をすべきかを伝えることは社会学者の機能ではない。そうしたことは道学的だし説教くさくなる。しかし異なる諸価値の歴史的意義を研究し、それらの議論を通じて自身の社会学的な仕事を形作るような自身の価値体系と政治学を作り上げることは、社会学者にとって挑戦に値する。ハンス・ヨアスの『諸価値の起源（*The Genesis of Values*）』と『個人の神聖性（*The Sacredness of the Person*）』を含めて、正義、ケア、共感、人権と尊厳などの観念の進化を跡づける多くの研究がいまなら存在する。社会学者にとって究極的に重要なのは、価値の社会学を理解し、「我々はいかにして我々の人生を生きるべきであり、何をなすべきなのか」と問うために自身の道徳的、政治的基準を熟考するのに時間を費やすことだ。

共通の基盤――社会学の価値と美徳

価値観（何が重要なのかの判断）、規範（許容される行動の仕方）、そして倫理（正しいことと間違ったこと、高潔な行動と卑劣な行動の区別）は人間の社会生活の中心にある。社会学者もこれらのことを真剣に捉えなければならない。社会学者はそれらの系譜学（歴史上さまざまな社会がどのように価値観を進化させてきたか）と日常生活への応用を研究し、それらが自らの仕事をいかに形成するかを認識する（基本的な仮定、研究倫理ガイドライン、自身の仕事の成果などとして）。価値観は多様かつ無数に存在するが、ここでいくつかを例示してみよう（他にもある）。

1　**ケアと優しさ**——社会学者は世界の中で人々が互いにケアし合う——愛し合いさえする——ときのやり方を理解したいと思っている。社会生活において繰り返される、鍵となる特徴は、家族、友人、そしてコミュニティにおいて人々が互いにケアし合うやり方にあることを、社会学者は知っている。環境に対するケアすら存在する。社会学者はここでケア関係を調査し、自身の調査における関係性が他者への配慮に基礎づけられていることを確認し、さまざまな社会にまたがるケアの歴史を跡づける。そこにケアの社会学がある。

2　**自由、平等、正義**——社会学者は自由と平等の間に存在する緊張を把握する。完全な自由や完全な平等はいずれも完全に無意味だ。社会的なるものは常に自由を制約し、不平等は常に社会的なるものによって形作られる。社会学者は自由と正義がどのように生きられるかを探究し、自身の研究がこれらの原理に基礎づけられることを確かめ、「正義」と「自由」の系譜を探究する。自由の不足と大いなる不平等によって生活を損なわれた多数の人々がおり、それゆえ多くの社会学的著作は自由と平等の機会を理解することに関心を抱く。

3　承認、共感、コスモポリタニズム——社会学者の研究の核心にあるのは、人間の社会的生活が人々の、諸集団の、諸文化の、そして諸国家の間で異なる、その異なり方もまた複数であることの自覚である。自文化中心主義は社会学者にとって大罪であり、他者の価値観を刮目してみることが肝要である。同様にして、あらゆる種類の原理主義は多様な人間性——そして社会学！——に対立する。社会学者は人間と人間の間の差異やその種々の世界を理解し、集団間で対話し、ともに生きることに伴う目白押しの多様性を理解する一助となるコスモポリタニズムを支援しなければならない。

4　すべての人のための生の充実——社会の中で役に立つとは何を意味するのか、「人間のケイパビリティ」とは何なのか、そしてそれらが現実化し繁栄するための社会的条件について、社会学者は関心を抱いている。そして以下のように問うのだ。人間の福祉と「幸福」という言葉で何が意味されているのか。良い人生と無駄な人生という言葉で何が意味されているのか。人間のケイパビリティと潜在力とは何か。そして「高潔な」生とはどのようなものか。人間性の良い面とは何で、どの面が大事にされ評価されるべきなのか。どんな社会条件がそれらを可能にするのか（同様に、なぜ多くの人々が「悲惨」で「傷ついた」、何らかの「上質さ」を欠いた人生を送るのかを研究することもできる）。究極的には社会学者は人間の繁栄と繁栄する社会のための社会的条件を探究する。

5　**権利と人間の尊厳**――社会学者は、さまざまな社会において人間の尊厳が何を意味するのかを問い、人権にまつわる議論の起源と役割について検討する。権利の近代性と普遍性、多様性（個人的か集合的、つまり集団のものか）と人権の分化（市民の、宗教の、親密性の）、そしてさまざまな権利を求めるさまざまな国際的主体と社会運動などは、何を意味するのか。いかにして人間の権利と尊厳が世界のグローバル文化の一部となって真に「人間的な」――すべての人々が人権と尊厳をもつ――社会を形成するのに役立ってきたかを、社会学者は分析する。

■地平線への挑戦、そして社会学的希望

> 我々にできることは何かといえば［…］それは一世代をへるごとに、生活を少しずつより少なく恐るべきものとし、少しずつより少なく不公正なものとすることである、とわたしは信じている。このようなやり方で、かなりのことが達成できるのである。
>
> カール・ポパー（Popper,1948 = 1963:76）

結局、社会学は人生に関する数多くの真に大きな問題へと――数多くの小さな問題とともに――我々を投げ込む。社会は進歩し改善しているのか、それとも大いなる破滅へと向

表8-1　未来の社会想像——日常生活に基礎づけられたユートピア

「基礎づけられた人間的価値」の社会学、倫理学、政治学	「すべての人のためのより良い世界」のための地に足の着いた制度の育成
ケアの社会学、政治学、倫理学 「自分自身、お互い、そして自分たちの住む世界をケアする」	ケアする民主主義（Tronto, 2013） 平和を作る社会（Brewer, 2010） 低炭素社会（Urry, 2011）
正義、自由、平等の社会学、政治学、倫理学 「公正であること、より平等な世界を作ること」	公正で正しい、民主主義的な社会（Alexander, 2006; Sandel, 2012; Sayer, 2015; Standing, 2015; Urry, 2014; Unger, 2007）
承認、対話、共感の社会学、政治学、倫理学 「人間の差異を承認し、評価し、ともに生きること」	同情的な社会（Sznaider, 2001） 共感的文明（Rifkin, 2009） 対話的社会（Bakhtin, 1982） 多文化社会（Taylor, 1994） コスモポリタン社会（Beck, 2006; Plummer, 2015） 帰属の社会（Yuval-Davis, 2011）
人間のケイパビリティと繁栄の社会学、政治学、倫理学 「万人の人間的潜在力を促進する」	開発、繁栄、実現する社会（Sen, 1999; Nussbaum, 2011）
人権、シティズンシップ（市民権）、尊厳の社会学、政治学、倫理学 「尊厳を持って生き、すべての人の尊厳に対する平等な権利を尊重する」	シティズンシップ、人権、そして尊厳ある人間社会（Marshall, 1950; Isin and Turner, 2002; Plummer, 2003; Turner, 2006b）
希望の社会学、政治学、倫理学 「失望の不可避性とともに希望の重要性を認める」	リアルなユートピア（Wright, 2010） ユートピア的方法（Levitas, 2013）

かっているのか（そして「改善」とは何を意味するのか）。なぜ不平等は拡大するのか、そしてそれは不可避なのか。我々の社会生活はどのように我々の生きる環境を破壊するのか。戦争、テロリズム、そして犯罪は必要なものなのか——我々は我々と異なる他者に対して常に戦争を仕掛ける必要があるのか。なぜ宗教は憎悪と戦争を生み出すのか——博愛と親切と同じように。デジタル技術の世界は我々を非人間化するのか。人々はそれをどのように理解するのか、理解しうるのか。そしていずれにせよ、どうしたらいいのか。我々は何をしうるのか——何をすべきなのか。我々は世界の大問題とありふれた人生の小問題をどのように軽減すべきなのか——実際、どうしたら我々は世界をより良い場所にできるのか。社会において正義は可能なのか。こうした種々の問題に立ち入っていくとき、我々は単なる事実から実に遠いところにいる。とは言っても、社会学に単なる事実などというものはない。そしてこのことが示すとおり、社会学は——好むと好まざるとにかかわらず——価値観と、道徳的で政治的な生活に遅かれ早かれ巻き込まれていく。

　社会学を学ぶことは、必ずや人間の社会的世界の仕組みに関する理解を深め、それにより以下のもろもろに関する思考の基礎を提供する。社会生活はどうすればもっとうまく機能するのか、現代の世界で良い市民であるとは何を意味するのか、挑戦しなければならないことは何なのか。社会学が最良の形をとるのはこんなときだ。人々の日常的な苦しみと困難をできるだけ客観的に研究し、理解しようと努めるところから始めるとき。いかにして我々の社会的行為が「問題」を作り出し、いかにして我々の社会構造と行為、文化と物質世界、人生の経歴、歴史と空間が苦痛をもたらすかを問うとき。社会学の究極的な使命が、つまるところすべての学術と同様、より良い世界のための使命であることは確かだ。こうして真面目に思考し、理念を開拓しているのは、単なる楽しみのためではない（望むらくはその過程で楽しみも得られんことを）。それはむしろ、万人にとってのより良い世界が我々のものになるかもしれない、という感覚に駆られてのことだ。社会学者の使命はそれ故に道徳的、政治的、そして批判的な責任を究極的には帯びている。社会学が使命として発展させようとするのは、希望のための戦術であり、政治参加への教育学であり、世界に親切と正義と喜びの余地を増やすような解放的な学問として社会学を持続させるような実験主義の実践である。

結局のところ社会学が示さなければならないのは、人間の社会的世界が、我々が制御できなくなっているときですら、究極的には我々人間の社会的行為の帰結だということである。したがって我々はこれらの行為がどんなものなのか――そして我々はどのように社会的世界で行為するのか――について注意深くあるべきだし、我々の過去と未来とについて警戒し注意し続けるべきであろう。我々は現在の他者のみならず、死者やこれから生まれてくる者たちとともに生きながら、社会的なるものの中で暮らしている。好むと好まざるとによらず、我々は来るべき社会的世界を形作りながら、社会的なるものに常につきまとわれている。社会学が挑戦するのは世界を単に理解することではなく、それを変えることなのだ。

思考を深める：社会学的研究の、挑戦に値する方向性

最後に、21世紀に発展しつつある社会学的研究の新しい領域をいくつか示そう。

苦しみの社会学——この領域で我々に必要なのは、複数の形をとる個人的、文化的な苦しみへの共感を描き出し作り出すことである。そのことで、人間性がグローバルに危機に瀕していることを理解しなければならない。苦しみの深さを探り、苦しみに敏感になり、苦しみをいかにして理論化し概念化することができるかを批判的に考えなければならない。そして世界中の人々がなぜ、いかにして人間の苦しみをしばしば無視し、否定し、促進し、祝福しさえするのかを説明する必要がある。我々が問題にするのは、どのような社会条件と社会過程が苦しみと絶望を生み出すのか、ということだ。

善き生の社会学——この領域で我々が耳を傾け（描き出し分析す）るのは、人の役に立つ人生を生きようとし、困難な世界の中で善き人間になろうと奮闘するすべての人々の物語である——そうした人々がそれに失敗していたとしても（失敗はケア専門職やそれに類する人々においてもっとも目につきやすいかもしれない）。その人たちが種々の人生の活動において世界をより良い場所にしようとするやり方はどのようなもので、それはどのように成功したり失敗したりするのか。善き生の社会学が問うのは、いかにして人々とその集まりが他人をケアするようになるのか、そしていかにしてとてもありふれた方法で「良いことをする」のか、ということだろう。こうしたことで生まれる問題は何だろう。我々が問題にするのは、どのような社会条件と社会過程が人々をしてケアする人生を生きることを可能にするのか、である。

人間のキャパシティと繁栄の社会学——この領域で我々は人間のケイパビリティに対する感覚を組み上げ、ある人々が満たされた生を送ることができる一方で、その機会を持ち得ない人々がいるのは、どのようにしてそうなのかを検討する。ある生が浪費され、ある生が傷つき、またある生が成功する過程について我々は検討する。このことは部分的には社会学者が喜びの社会学を発展させることを意味する。つまり音楽とダンスへの情熱、スポーツの技能、食事への愛、セックスの悦びなどについてである。我々が問題にするのは、どのような社会条件と社会過程が人々に成功した生を生きることを可能にするのか、である。

人間的な社会と人間的な国家の社会学——この領域で我々が理解しなければならないのは、ケイパビリティを促進するような国際的な経済とガバナンス、福祉国家と社会保障の構造である。人間の権利と平等への枠組みを発展させるような制度の仕組み、そしてケアや親切の促進、グローバルな社会運動、ボランティア、慈善について理解しなければならない。我々は不平等と社会的排除が互いに深く関連し合う構造を探り続ける。不平等と社会的排除は、社会的機会と生活の質をひどく損なう効果をもってきたことが知られている。グローバルな共感とコスモポリタニズムを促進する制度、そして我々が我々の人間世界全体を通じて差異を承認し、平和へのプロセスを強化する世界倫理に、我々は目を向ける。我々が問うのは、マクロなスケールで人間の生をよりよく組織することについてである。

グローバルな人間性の社会学――この領域で我々がたえず意識的であろうとするのは、人間性がグローバルに絡まりあっていることであり、いかにそれが日常生活の意識の上に成り立っているかについてである。それは（大部分が大学に拠点を置く西欧的な）少数の知的エリートによる限定的で狭い関心の単調な繰り返しから、全世界で普通の人々が普通のことをする普通の生に対して着目することへの移行である（YouTubeの動画『地球上のある一日の物語』（2010年）はその早い時期の例である――この動画は世界中でいかに多くの人々がさまざまに異なる生を描き出すことにたゆまず貢献しているかを示している）。エリート的知識の独裁を回避しながら我々が問うのは、いかなる社会的生が世界中の普通の人々によって生きられているのか、である。我々の世界の自文化中心主義の避け方と他者の世界への目の向け方は、どうしたら学ぶことができるのか、を我々は問題にする。

究極的には、万人にとってのより良い世界の社会学が我々には必要だ。社会学にとって鍵となるのは、より良い人間の世界が一体どんな姿をしているのかを想像してみることである。ユートピアには決してたどり着けないかもしれないが、そのビジョンは重要だ。想像されたユートピアとリアルなユートピアの両者に関するビジョンを欠いた社会学は方角を見失った社会学である。我々の未来の社会イメージについて、我々が生きたいと望む世界について、そして我々の知的作業がそれらに向かう一助となるにはどうしたらいいのかについて、我々は問うのだ。

要約

社会学は人間の社会的世界を生き、それを研究し、未来に向けてそれを形作っていく一助となる価値観や政治学を非常に真剣に考える必要がある。それは簡単な価値自由では決してあり得ない。本章で見てきたのは社会学者が演じることのできるいくつかの社会的役割——研究者、思想家、批評家、教育者、対話者、芸術と創造性の促進者、批判的市民、聞かれざる声を聞かれるようにする後援者——についてであった。社会学は自らが仕える人々に基盤を持つべきであり、図8-1が示す社会学的生の輪は、日常生活から専門的、公共的、実践的、政策志向的、そして大衆的社会学へと流転してゆく。我々が決して完成させたことのない、日々再創造している世界において、我々みなが批判的市民として振舞う一助となるのが、社会学全体としての目標である。何十億もの人々が生を傷つけられ、生を浪費されながら生きるよう強いられている、はなはだ不平等な世界において、これを万人にとってより良い世界とするための確かな目をもって、社会学は社会学の仕事をするのだ。来るべき世代のための、より人間的で、配慮に満ちた、公正で繁栄した社会に関するより良い理解と行動指針とを世代ごとに遺していくことが、これからの挑戦なのである。

コーダ——社会学的な眼

我々は分からなくなって考え込む思想家だ。
世界に目を向ける社会的批評家だ。
情熱的かつ客観的な科学的芸術家だ。
クィアに目を向けるパッチワークの織物作家だ。
傷ついて流れ出た生の共感的な語り部だ。

境界線上で観察し、希望の海に溺れるよそ者だ。
来るべきより良い世界のための傷ついた改革者だ。
がっかりしながらも陽気なユートピアの夢想家だ。
不正義の世界に怒る挫折した急進派だ。
サイボーグ化した土地の時間旅行者だ。
未来に向ける眼を持った批判的市民だ。

さらなる探究

考えてみよう

1　「思考を深める：社会学とユートピア」のボックス記事（380-381頁）で言及したレヴィタースとライトの考えについて見てみよう。社会学的ユートピアに関するこれらの考えについて考察してみよう。あなた自身のより良い世界に関する考えはどのようなものだろうか、そして既存の世界にそのより良い世界の例を見出すことができるだろうか。

2　本章で議論された価値観はあなたの価値観と同じだろうか。違うとすれば、あなたの価値観はどのようなものだろうか。社会学的分析にどのように価値観が入り込んでいるか、検討してみよう。

3　あなた自身の生活は、どのように「社会学者の社会的諸役割」や「社会学的生の輪」に実践的に接続するだろうか。善い、批判的な、社会学的な市民であるとはどんなことで、それが生み出す社会学的研究課題はどんなものか、考えてみよう。

〔読書案内〕

社会学者であるとか社会学者になるとはどういうことかについての個人的な説明をいくつか見てみよう。たとえばキャサリン・トワムリーほか編『社会学者たちの物語――社会学的思考と実践に関する現代の語り（*Sociologists' Tales*）』（Twamley, 2015）、ピーター・バーガーの『退屈させずに世界を説明する方法――バーガー社会学自伝』（2011=2015）、ジョン・アカムフラによる、スチュアート・ホールの生涯に関するＤＶＤ『スチュアート・ホール・プロジェクト（*The Stuart Hall Project*）』（Akomfrah, 2014）、著名な社会学者が自身の学生時代に関わった政治運動について書いたエッセイが掲載されている、アラン・シーカとステファン・ターナーの『不服従の世代（*The Disobedient Generation*）』（Sica & Turner, 2005）などを参照のこと。アラン・ウルフの『中心における周縁化（*Marginalized in the Middle*）』（Wolfe, 1996）はリベラル社会学者の視点から諸問題を議論し、チャンドラー・タルパデー・モーハンティーの『境界なきフェミニズム』（Mohanty, 2003=2012）は根源的な変化を求める鬨《とき》の声をあげている。社会学者による同時代的なブログやウェブサイトも見てみよう。たとえば手始めにレイウィン・コンネル、サスキア・サッセン、スディール・ヴェンカテッシュ、マイケル・ブラヴォイ、フランク・フレディ、そしてアミタイ・エツィオーニらのものが良いだろう。種々の社会学者が現実に与えた影響についてはエイヴィン・イーリン他の『PRと社会理論（*Public Relations and Social Theory*）』（Ihlen, 2009）がある。公共社会学に関する現代の議論はマイケル・ブラヴォイの「公共社会学のために」（2005）によって再活性化し、ダン・クローソンほかの『公共社会学（*Public Sociology*）』（Clawson, 2007）を含む多くの議論を巻き起こした。ユートピア、希望、そしてより良い世界については、エルンスト・ブロッホの『希望の原理』（1938-47）、エリック・オーリン・ライトの『真のユートピアを思い描く（*Envisioning Real Utopias*）』（Wright, 2010）、そしてルース・レヴィタースの『方法としてのユートピア（*Utopia as Method*）』（Levitas, 2013）を参照のこと。社会的空想についてはチャールズ・テイラーの『近代――想像された社会の系譜』（Taylor, 2003=2011）がある。価値について書かれたものの世界は本当に広大だ。まず私が薦めたいのはジグムント・バウマンの『ポストモダンの倫理（*Postmodern Ethics*）』（Bauman, 1993）、アイリス・マリオン・ヤングの『正義と差異の政治』（Young, 1990=2020）、アンドリュー・セイヤーの『なぜ物事は重要なのか（*Why Things Matter to People*）』（Sayer, 2011）、ニラ・ユヴァル＝デイヴィスの『帰属の政治学（*The Politics of Belonging*）』

(Yuval-Davis, 2011)、そしてロベルト・マンガベイラ・アンガーの『目覚めた自己(*The Self Awakened*)』(Unger, 2007) である。例外的に「善き」生を送った人々については、ラリッサ・マクファークワーの『溺れる他人(*Strangers Drowning*)』(MacFarquhar, 2015) がある。

結論　社会学的想像力──21のテーゼ

注意！危険！気をつけろ！社会学は、あなたの生活を一変させる。
ケン・プラマーがエセックス大学で1987年から
2004年に行った、1生年向け概論の最初のスライド

社会学は、社会的なるものに情熱を傾ける。社会学は、すべては「個人」や「自然」で説明できるとする、限られた枠組みの外部で思考するための、独特の認識と想像力を運んで来てくれる。社会学的な問いは、世界を自明視する人間の「ある種の盲目」を問い直す。社会学は、至るところで社会生活についてまわるものを観察する。本書の要約とさらなる挑戦的課題として、論じるに値する、21の主要な特徴をここに掲げる。

1　社会学は、社会的なるものに対する体系的、懐疑的、批判的な研究であり、人間の社会的世界の特徴と構築と帰結について調査する。

2 社会学は、急激な社会変動から生まれ、巨大な社会変動の渦中にある。社会学者は社会の永続的な現れ方と変動を研究する。

3 社会学は、あなたの生活を変えうる／変えるであろう一つの思考——想像力、ある種の認識——をもたらす。社会学は、馴染みあるものを馴染まなくさせ、自明視されているものを問い直し、我々が頼りにしている神話を破壊する。

4 社会学者にとって、我々が呼吸している空気さえ社会的なるものである。我々は「社会的なるものを経験」し、至るところにある「社会的なるもの」を観察することを止められない。

5 「社会的なるもの」は、(a)我々は「物事を一緒に行う」ことで他人と同時に生きているという観念と、(b)我々の日常生活を拘束・強制するために独立に存在している独特のリアリティ、という対照的なものを捉える。

6 社会学者は、私たちが生きている社会構造と制度を作り出す人間の社会生活のパタン、拘束、予測可能性について探究している。

7 社会学者は、自分たちの生活と世界を理解するための文化と複雑なシンボルを他者とともに制作する社会的世界内の人間の行為として、意味のパタンを探究する。

8 社会学者は、構造拘束と意味創造の間にある矛盾を把握しようとする。社会学は行為／構造の緊張関係を至るところに見出し、ミクロの世界をマクロの世界に連結する新しい方法を見つけるために働いている。

9 人間は文化――複雑で、多層的で、交渉可能で、常に現れるシンボル行為からなる生活様式――の網の目を織り合わせる。文化は堅いものでも、固定されたものでも、合意されたものでもなく、多層的な「社会的世界のモザイク」である。

10 人間は、人間を脆弱にする物質世界（環境、経済、身体）の野蛮な現実の中に生きている。

11 我々は動物であるとともに文化的でもある（本質的に両義的な）動物であり、物質的かつ象徴的な世界に同時に生きている。

12 すべての社会的世界は差異に満ち溢れており、「矯正不能なほどに多義的」であり、それに由来する緊張のうちに生きている。社会生活内のすべての事柄は、社会学的思考も含めて、対立と矛盾をもたらす。

13 人間の差異は、不平等という、深く渦巻くマトリックスに埋め込まれている。人間の潜在能力は、分離のプロセスを通して構造化されており、我々の生命を毀損する構造化された不平等の中にある。人間が繁栄するチャンスは、階級、ジェンダー、エスニシティ、年齢、健康、セクシュアリティ、国籍によって妨げられている。

14 社会生活は偶有的なものであり、歴史と時間、地理と空間、状況と関係性という、常に多様で、ときに予測不可能な形で形成されている。

15 社会生活は権力関係によって構造化されている。我々は、誰が我々の生活を形作るのかと問いかける。

16 社会学者は社会的世界を、自分たちで編み出した最善の方法を用いて記述し、理解し、説明する。社会学者は、芸術、科学、歴史に三股をかけつつ、徹底的に思考し、厳密な経験的調査を行い、データを巧妙かつ批判的に読解する。

17 デジタル時代は、研究の新しいツール、研究の新しいソース、ならびに社会的世界について思考する新しい方法を提供することで、社会学のプロジェクトを根本的に変えつつある。

18 社会的世界のすべては対話的であり、独り語りではない。人間は物語る者であり、互いに人生と社会について語ることを永続的に繰り返す。そしてすべての知識は、どんなものでも、社会的対話の内部で作動する。それは常にローカルで、競合し、関係に基づく知識である。

19 社会学者は調査者であり、思想家であり、批評家であり、教育者であり、対話者であり、芸術と創造の推進者であり、批判的な市民であり、声なき声に耳を傾けるファシリテーターである。つまり社会学は、自分の社会的世界を生き、変化させる批判的市民を育成する。社会学者は、社会学的生活の流動的な循環に生きる。

20 社会学は、価値観の世界に生きており、価値を真面目に取り扱い、吟味し、普遍的に使えるものにすることを意識する。

21 社会学は、誰にとってもよりよい世界という希望をもたらす。よりよき世界の未来想像を収集し、新しい社会的世界をエンパワーし、批判的市民として行為するための実験行為を行う一助となるようなツールを提供する。社会学の挑戦的課題は、各世代が次の世代によりよい場所を残していくことに取り組むことである。

訳者解説

本書はKen Plummer, *Sociology: the Basics*, Second Edition, Routledge, 2016. の翻訳である。同書の初版は2010年に刊行されている。

著者のケン・プラマーは1946年生まれの社会学者。1975年以降、英国のエセックス大学で教鞭をとり、現在、同大学名誉教授である。日本では『生活記録（ライフドキュメント）の社会学』（光生館、1991年）、『セクシュアル・ストーリーの時代』（新曜社、1998年）の著者として知られており、生活史、ライフストーリー研究の大御所という位置づけを与えられている。特に後者は、セクシュアリティ研究における人々の多様な語りを分析する際のお手本のような著作となっている。監訳者の赤川も、20代の頃に同書に接し、セクシュアリティ研究を自らのライフワークとする勇気を与えてもらった一人である。

エセックス大学のウェブサイトによると、プラマー自身は自己の研究について、1970年代には社会心理学と逸脱の社会学、レズビアン&ゲイ・スタディーズ、特に1980年代以降はクイア研究を専門としていた。その上で、「私の主要な関心は常に人間的な理論と方法を発展させて、社会的に生み出される苦痛がすくない、よりよい世界への一助となることであり続けた。私の方法論的関心はナラティヴ、ライフストーリー、シンボリック相互作用論、ポストモダン的転回の発展にあったし、私のアプローチは批判的ヒューマニズムのそれである」と述べている（https://www.essex.ac.uk/people/plumm44609/kenneth-plummer）。

これまでに公刊された主要な単著は、以下の通りである。

Sexual Stigma: An Interactionist Account,（1975）Routledge and Kegan Paul: London, pp258.

The Making of the Modern Homosexual,（1981）Hutchinson: London, pp280.

Documents of Life: An Introduction to the problems and literature of a Humanistic Method,（1983）Allen & Unwin: London, ppl75.

Symbolic Interactionism: Volume1 Foundtions and History; Volume 2 Contemporary Issues,（1991）Edward Elgar: Aldershot, pp522.

Modern Homosexualities: Fragments of Lesbian and Gay Experience,（1992）Routledge: London, pp281.

Telling Sexual Stories: Power, Change and Social Worlds,（1995）Routledge: London, pp. 244.

The Chicago School: Critical Assesments (1997) 4 Volumes, Routledge: London, pp1024.

Chicago Sociology: Critical Assessments, (1997) 4 volumes.

Sociology: A Global Introduction, Pearson Education, pp795, with John Macionis (since 1998; 3rd ed 2005; 4th edition 2008).

Documents of Life-2: An Invitation to a Critical Humanism, (2001) (fully revised and much expanded edition of Documents of Life, 1983), Sage: London, pp315.

Sexualities: Critical Concepts in Sociology, (2002) 4 Volumes, Routledge: London, pp1904.

Intimate Citizenship: Personal Decisions and Public Dialogues, (2003) University of Washington Press, pp191.

Criminology: A *Sociological Introduction,* (2009) with Carrabine, Cox. Lee and South, Routledge: London.

Sociology: The Basics, (2010) Routledge: London. (今回の邦訳に至る初版)

Imaginations: Fifty Years of Essex Sociology, (2014) Wivenbooks: Colchester.

Cosmopolitan Sexualities: Hope and the Humanist Imagination, (2015) Polity: London, pp281.

Narrative Power: The Struggle for Human Value, (2019) Polity: London, pp200.

このように多産なプラマーであるが、彼の社会学は、シンボリック相互作用論やライフストーリーなど、人々のミクロな行為や語りに照準を合わせるミクロ社会学を出自とし、これをセクシュアリティ研究という現代的な文脈に応用しながら、「よりよい世界への一助となる」批判的ヒューマニズムという、倫理的・思想的潮流へと展開している。ここに本書の大きな特徴がある。それはさしずめ、「周囲の半径50cmから地球全体まで」、すなわち個人の身体が織りなすミクロで微細な社会的相互行為の世界から、地球全体・人類全体におよぶ、グローバルでマクロな社会構造までを射程に収めようと試みる現代社会学の、壮大な在庫目録といってよいように思われる。

といってもそこで語られる内容は、19～20世紀前半の社会学にしばしばみられた誇大理論でもなければ、上から目線で全体像を睥睨するオレサマ社会学でもない。「社会的なるもの」を捉える理論と方法の複数性に周到に配慮しつつ、現在、世界中、とりわけ英語圏を中心に展開してきた社会学の新たな知見を、可能な限り包括的かつ好意的に、しかもプラマーなりのフィルターを通して、読者に優しく（＝易しく）提示しようとする意志を感じ取ることができる。それぞれの章の末尾には当該章の要約があり、結論と題された終章には「社会学的想像力：21のテーゼ」として本書から導かれるテーゼが掲げられているが、重複を厭わず列挙してみよう。

本書前半の第1章「想像力」では、社会学者が社会に存在する問題と苦しみに目を向け、きわめて批判的な態度をとる一方で、社会的世界の悦楽と人間性を称賛する二面性をもつことが示される。

第2章「理論」では、社会的なるものを研究する手法として、機能主義、構造主義、コンフリクト理論（フェミニズムや批判理論を含む）、役割理論、記号理論、シンボリック相互作用論、社会構築主義、合理的選択理論、形式社会学、ネットワーク理論、精神分析、ポストモダニズム、世界システム論などを紹介・検討している。

第3章「社会」では、人類発祥以来の社会類型とその変容を射程に収めつつ、資本主義の変容、科学と合理主義の進展、環境危機、「世俗化」と宗教の原理主義化、テロリズムと暴力、国民国家、移民危機、社会運動の変容など広範なテーマを縦横無尽に扱っている。

第4章「歴史」では、現代欧米社会学の源流と21世紀にいたる展開を振り返りつつ、現代社会学がマルチパラダイムたらざるをえない事情を記している。そして21世紀の社会学を方向づけるいくつかの特徴――グローバル化、デジタリズム、多領域性、価値意識について論じている。

本書後半の第5章「問い」では、社会学研究の中心的な特徴として、方法論、理論、経験主義を取り上げ、社会構造、社会的行為、実践とハビトゥス、ミクロとマクロの架橋、文化、理解、時間、空間、権力、対立といった社会学の基礎概念が説明されている。

第6章「リサーチ」では、あらゆる社会調査の方法の中核に「人間的な意味」の探究があることを指摘しつつ、社会学はアートと科学と歴史をかけもちする学問であることが示される。

第7章「トラブル」では、人間の苦しみの源泉として「不平等」を取り上げ、カースト、奴隷、社会階級、グローバルに排除された者という階層化や、社会的不平等が交差する七つの秩序（階級、ジェンダー、人種、年齢／世代、国家、性、障害と健康）を論じている。

第8章「ビジョン」では、社会学の使命として「すべての世代にとって救いとなる未来を目指した世界理解を獲得する」ことが掲げられ、社会学が挑戦するに値する方向性として、苦しみの社会学、善き生の社会学、人間のキャパシティと繁栄の社会学、人間的な社会と人間的な国家の社会学、グローバルな人間性の社会学が示されている。

本書は社会学の初学者向けの入門書の体裁をとっているが、もちろん読者は初学者に限られない。今日、専門領域が細分化されるなか、学としての全体像や方向性、社会学することの意義を見失いがちになる現代の社会学徒にとってこそ、さまざまなヒントやティップスが散りばめられているように思われる。

近年、SNSや実業の世界でも毀誉褒貶の激しい社会学であるが、その初心と底力を取り戻すためにも、珠玉の一冊であるように思われる。

本書翻訳の経緯

監訳者の赤川は2000年代中盤から、プラマー自身の肉声が吹き込まれた「Podcasts - Sociology: A global introduction」をときおり拝聴していた（これは現在でも https://podcasts.apple.com/us/podcast/podcasts-sociology-a-global-introduction-fourth-edition/id291364681で視聴可能である）。2010年に本書初版が刊行された時、学部演習のテキストに指定し、半年かけて学生と購読したことがあった。以前からセクシュアリティ研究で憧れの存在であったプラマーが、社会学のレガシーへの配慮が行き届いたグローバル社会学を包括的に論じていることに、大きな知的刺激を受けた。個人的な感慨で恐縮だが、セクシュアリティという個人的でミクロな現象の研究からはじめて、少子化というマクロな社会問題を分析するに至った監訳者にとっても、将来的にたどり着きたい社会学書のお手本が、本書にあるように感じられた。

2018年ころ、本書の編集をご担当いただいた石島裕之氏と雑談しているうち、本書の翻訳を思い立つに至った。といっても、膨大な本書を独力で翻訳するのは、時間的にも能力的にも不可能である。そこで職場の同僚であり、社会学書の翻訳にかけて実績ある出口剛司教授と、イギリスの社会学事情に詳しい祐成保志准教授に相談し、共同翻訳者になっていただくことをご了解いただいた。その後、小生の職場である東京大学大学院人文社会系研究科社会学研究室に在籍している（あるいはかつて所属していた）前途有望な若手研究者の方に声をかけ、約1年かけて翻訳の素案を作成した。その後、小生の多忙と怠惰もあって作業が遅れがちであったが、2020年春以降のコロナ禍で世間が騒然とするなか、監訳者を中心に文体や訳語を統一し、急ピッチで校正作業を進めた。そして遅ればせながら、今回の出版に辿り着くことができた。本書末尾の索引や邦訳文献の探索については祐成保志氏に、邦訳文献の情報収集は宮部峻氏に多大な労を取っていただいた。編集者の石島裕之さんをはじめとして、本書作成に携わったすべての人に感謝するとともに、本書を21世紀の新しい社会学に関心を有する、すべての読者に捧げたい。

2020年9月

翻訳者代表・赤川 学

翻訳者一覧

第1章　石島健太郎（東京都立大学人文社会学部准教授）
第2章　出口剛司（東京大学大学院人文社会系研究科教授）
第3章　祐成保志（東京大学大学院人文社会系研究科准教授）・赤川学（同教授）
第4章　宮部峻（東京大学大学院人文社会系研究科博士課程）・祐成保志
第5章　櫛原克哉（東京通信大学情報マネジメント学部助教）
第6章　坂井愛理（東京大学大学院人文社会系研究科特任研究員）・赤川学
第7章　井口尚樹（東京大学大学院人文社会系研究科助教）
第8章　武岡暢（立命館大学産業社会学部准教授）

リスク社会〔143〕　地球規模で生じる技術の変化が予測不可能な結果をもたらす社会のこと（Beck, 1986 = 1998）。

理念型〔109、312〕　現実に存在する事例との比較を可能にするために、現象から理論的に重要な特性（完全なものではない）を抽出すること（Weber, 1978 = 1972）。

理論〔222-223〕　抽象的な推論、論理、推測であり、しばしば比喩の助けを借りて、経験的検証のための仮説や指針に変換される。

レイシズム（人種差別）〔85、138、340、402〕　多数派の民族（多くのばあい白人）に他の民族に比べて優越的な地位を与える序列構造のなかに、人間を位置づけること。

活動。

文化〔92-100、239-244〕 ある集団の考え方、習慣、生活様式であり、言語と価値観を含む（Williams, 1989）。

ヘゲモニー〔262〕 支配（階級）集団が有する力。この力により、従属（大衆）集団を支配階級の思想や価値観の虜にする（Gramsci, 1998 = 1981）。

弁証法〔267〕 たがいに対立する複数の力が新しい形を生み出す過程。

方法論〔222、6章〕 幅広く研究の方法を研究する分野。

ポスト・コロニアリズム〔209-210、239-244〕 多くの文化が、植民地化された人々の世界と現実を形成する抑圧者に由来することを認識する立場（Young, 2003 = 2005）。

ポストモダニズム〔161、204〕 単一の包括的あるいは絶対的な真理の終焉。多元性の認識。社会の類型、社会理論、方法論に関する考察のなかに見られる（Seidman, 2012）。

マクロ社会学〔2章、63〕 社会を総体的にとらえる。社会構造（または安定したパタン）や、経済・教育などの重要な社会制度（または組織された習慣）の諸特性を比較することが多い。

マルチパラダイム〔200、211、383〕 多くの異なる学派や思考の流儀が存在すること。

ミクロ社会学〔2章、63〕 社会的行為、対面的相互作用、文脈に注目し、人々が自分たちの暮らす世界をどのように理解しているのかを観察する。

メゾ社会学〔2章、63〕 職場、学校、病院といった組織のなかの相互作用のように、ミクロ構造とマクロ構造が接続されるパタンに着目する。

メディア化〔134-135〕 日々の社会関係・相互行為・文化が、個人利用向け（携帯電話、SNSなど）であれ、マス消費向け（ラジオ、テレビなど）であれ、技術に基盤をもつメディアに組み込まれ、再編成されてゆく過程（Hjarvard, 2013）。

役割理論〔58-59、77〕 人が直面し、遂行しなければならない期待、権利、義務、規範について検討する。

唯物論〔244-247〕 人間生活のあらゆる側面が（観念ではなく）物質に由来すると主張する哲学上の立場。

理解（Verstehen）〔242-243〕 マックス・ウェーバーの社会学および意味解釈の核心をなす概念（Weber, 1978 = 1972）。

かう（Delanty & Strydom, 2003）。

ネオリベラリズム〔124-134〕 フリードリッヒ・フォン・ハイエクの市場哲学にもとづく「ニュー・ライト（新右派）」の政策や政治を指す語として使われるようになった。リベラリズムと混同しないこと。リベラリズムの方は、ラディカルで批判的な立場を指すことがある（Harvey, 2007 = 2007）。

ハイブリッド〔160〕 かつて別個のものと見られていた現象が混ざり合うこと。古い要素が新しい要素と一体化し、多様性が増大する。

視座〔307〕 社会的世界についての、ある特定の見方。

ハビトゥス〔224、234〕 我々が社会生活において獲得し、つねに身にまとっている慣習である。「移調可能かつ持続的な性向であり、世界のなかで、人々はそれらを通じて知覚し、思考し、評価し、行為し、判断をくだす。」（Bourdieu, 1984 = 1990）

パラダイム〔278〕 確立された概念と理論のパタン。標準的な思考方法（Kuhn, 1962）。

反省性〔279〕 自らの行為と知識を省みること。

比較法〔312〕 様々な分野で多くの使い方があるが、異文化、事例、歴史、経済の比較など、社会的な事象の対比を含む点は共通している。

ビッグデータ〔299-301〕 デジタル世界で生み出された何十億あるいは何兆もの記録からなる、膨大な「未整理」のデータのかたまり（Mayer-Schönberger & Cukier, 2013 = 2019）。

批判理論〔193〕 知識はその背後にある利害関心を隠蔽する。批判理論は、これらの利害関心を暴き出す（Horkheimer and Adorno, 1944 = 2007）。

フェミニズム〔205-208〕 性差別と家父長制に反対し、性の平等を主張する諸勢力（Collins, 1990; Delamont, 2003; Lengermann and Niebrugge-Brantley, 1998）。

不平等〔22、1·3·7章〕 一部の人々が他の人々よりも多くの財産、地位、教育、権力を有するという不公正な状況。

プレカリアート〔133、138、343〕 生活のなかで不安定や不安を経験している人々のこと。たいていの場合、それらは貧しく不安定な労働状況に由来する（Standing, 2011 = 2016, 2015）。

プロシューマー〔139〕 消費者と生産者の境界線を曖昧にするような

り、共感、同情、対話、役割取得、自己につながる。

存在論〔279、367〕 社会的現実の本質に関する哲学的な視点の一つ。世界はどのように構成されているか、人間の本性はいかなるものか、物事の本質は何かを語る（Delanty, 2005）。

対話の作法〔389-391〕 単独の一致した声ではなく、複数の異なる声の存在を認識すること（Bakhtin, 1982）。

多元的近代〔118〕 近代の経路や種類がただ一つしか存在しないという見方を退け、「さまざまな近代」の創出にいたる経路も、未来に向かう経路も多数存在すると主張する立場（Eisenstadt, 2000）。

多元論〔116〕 単独ではなく、二つ以上の要因を想定する立場。

立ち位置〔281、306-308〕 真実には、社会的地位（ジェンダーや人種など）の違いにもとづく、複数のバージョンが存在する。それらが生成する社会的条件（多くのばあい抑圧）を検討する認識論的な立場を指す（Collins, 1990; Harding, 1986, 1998）。

多文化主義〔160、204〕 文化的多元主義を認め、一つの社会に異なった文化（民族文化が想定されることが多い）の混在を許すこと（Taylor, 1994 = 2007）。

通時的分析〔270〕 共時的分析とは対照的に、現象を時間の経過にともなう発展に着目して分析する。

ディアスポラ〔160、351〕 移民や奴隷貿易など、人間の世界規模の移動や離散。

デジタリズムとデジタル化〔70〜73、163〜167〕 社会生活の大部分が新しい情報技術によって形作られるようになる社会的過程。デジタル化とは、従来のアナログシステムの電気信号がデジタルに変換される過程。

同性愛嫌悪〔211、349〕 同性愛関係を怖れること（Sullivan, 2003; Weeks, 2009 = 1996）。

ドラマトゥルギー〔77、243〕 社会を劇場であるかのように分析し、その劇場的性質に着目して観察すること（Goffman, 1956 = 1974）。

ナラティヴ（物語）〔91、306-308〕 言葉の基本的なとらえ方の一つで、たいていの場合、我々の生を語るストーリーと結びついている（Plummer, 2001）。

認識論〔279、280〕 哲学の一部門で、知識および真実とは何かをあつ

基本的なパタンや原則のこと（Simmel, 1971）。

社会関係資本〔79〕 友人関係、ネットワーク、持続的なつながりであり、絆や紐帯をうみだすもの。しばしば生活の質を左右する（Field, 2008）。

社会構造〔2·5章〕 社会の枠組みの形成にいたるまで持続する、くり返されパタン化された安定性の高い制度および関係性を強調する。

社会構築主義〔77〕 社会的なるものが、世界に意味を付与する人間という行為者によって作られると説く理論（Berger & Luckmann, 1967）。

社会的行為論〔231-234〕 人々が、いかに他者の主観的意味に向けて自らの行動を調整するかに着目する社会理論（Stones, 2016）。

社会的事実〔20、56〕 個人に対して外在的であるが、人に制約を与えるような働きをする現象（Durkheim, 1895 = 2018）。

社会想像〔165、408〕 人々が自分たちの存在をいっしょに想像する方法であり、日常生活に指針を与えるような期待や意義である（Lemert, 2003）。

主観性〔1·5章、231〕（外的世界と対照される）人々の内的世界であり、意味、態度、無意識、感情、身体、自己、アイデンティティを結びつけるもの。

人種化〔194〕 人々を、人種とされるものを基準にランクづけすること（Back & Solomos, 2007）。

人種秩序〔340〕 人種の構造・経済と、意味・文化が結びつくこと（Omi & Winant, 1994）。

身体化〔29〕 身体に意味を付与する社会的過程（Turner, 2012）。

シンボリック相互作用論〔60〕 他者との相互作用を通じてどのように意味が生じるかを研究する理論。人間生活についての、綿密なフィールドワークにもとづく研究を重視する。その核心には自己の概念がある（Mead, 1934 = 2005; Stones, 2008）。

生産様式〔187〕 マルクス主義の用語で、ある特徴をもった、物質生産の形態や組織を指す。そこには、生産力（道具や機械など）と生産関係（農奴・小作人や資本家など）の双方が含まれる。

制度〔82、224〕 社会における特定の機能の周辺に形成される社会的パタン、習慣、組織、規範。

相互主観性〔58、231〕 人々が意味と理解を共有するための条件であ会的側面。ジェンダーは習得されるものであり、生物学的ではなく社会的である。

シカゴ社会学〔191-192〕 アメリカの社会学における最初の主要な学派（1915〜35年）で、都市とその諸問題に焦点をあてた（ネオリベラル経済学のシカゴ学派と混同しないこと）（Plummer, 2001）。

自己〔58-67〕 日常用語では、その人の個人としての存在を指すことが多い。社会学の用法では、自己はつねに他者を暗示する。自己は、我々が自分自身をどう見ているか、また他者が我々をどう見ているかによって構成される（Cooley, 1998; Mead, 1934 = 2005）。

持続可能な開発〔142、168〕 将来世代から自らのニーズをみたす能力を奪うことなく、現在のニーズをみたす開発。

実在論〔245、281〕 認識論上の立場の一つで、社会現象が個人の生を超越した存在であることを強調する（Delanty and Strydom, 2003）。

実証主義〔188、281〕 論理的または経験的な証明を重視する科学観（Delanty, 2005）。

実践〔234〕 単純に言えば、日常的にくり返される習慣のこと。複雑に言えば、行為、ハビトゥス、構造化を架橋する考え方を指す（Bourdieu, 1990 = 1988）。

実践理性〔368〕 人々がもつ日常的な能力で、自分の世界を理解し、自分自身を理解させ、日々の課題をこなしていく力のこと（Bourdieu, 1990 = 1988）。

シティズンシップ（市民権）〔165、392、408〕 国民あるいは国家のような社会集団の一員として承認された正式な地位であり、通常は権利と責任をともなう（Marshall, 1950 = 1993）。

資本主義〔124-134〕 多岐にわたる経済システムを含むが、いずれも私的所有と利潤に力点を置き、たいていのばあい競争を重視する。

社会〔52、56〕 共通の文化をもち、たいていの場合、定まった境界の内側で相互作用する集団（Elliott & Turner, 2012）。

社会化〔58-67〕 ライフサイクル上で複合的に生じるプロセスで、人は、これらを通じて社会的能力を獲得する。

社会化の形式〔57、224〕 社会生活と社会関係の組織化の前提となるとばのコミュニケーション（しばしば権力関係が含まれる）(Foucault, 1975 = 2020)。

原理主義〔164〕 宗教などの絶対的権威に依拠する伝統主義を支持し、現代の世界に背を向ける保守的な信条（Bruce, 2007）。

権力〔83、259-264〕 反対を押しのけて自らの目的を達成する能力（Lukes, 2004 = 1999）。

公共社会学〔394〕 専門的な社会学の枠をこえた、より多くの人々にとって有意味で、理解しやすい社会学（Burawoy, 2005）。

構造化〔235-238〕 社会的行為において社会構造が再生産される過程（Giddens, 1986 = 2015）

構造主義〔77〕 言語学と人類学から派生したもので、表層の移ろいの底にある、ある社会の諸要素を組織する深層の永続的な形態に着目する。

合理的選択理論〔95、97〕 人々が、行為の選択肢のそれぞれについて、費用と便益を計算する合理的な存在であるという側面を強調する。社会的なるものは合理的で利己的である、とされる（Goldthorpe, 2000; Elster, 2015）。

国民（ネーション）〔157-158〕 同じ文化を共有する人々の集団。国民国家は政治的な単位である（Smith, 2009）。

国家〔157-158〕 武力の独占を保持する一元的な統治システムのもとで生活する、組織された政治的コミュニティ（Weber, 1904 = 2010）。

コモンズ〔142〕 ある社会のすべてのメンバーが利用できる文化資源、自然資源（Bollier, 2014）。

コロニアリズム〔210〕 ある国が他国に対して直接的な政治的支配を行い、経済的・文化的に搾取する状況（Said, 1978 = 1993; Young, 2003 = 2005）。

差異〔2·5章〕 ある事象や人を他とは違ったものにする性質。関係性やつながりの多様性を示唆する（Young, 1990）。

サバルタン〔210、351、388〕 権力構造の外に位置する従属的な存在であり、ポスト・コロニアリズムの議論に頻出する。

三角測量〔292〕 数多くの方法・理論・視座を持ち込んで、ひとつのテーマや関心を追求すること。

ジェンダー〔345、353〕 男性、女性、その他の性（トランスジェンダーなど）のあいだの差異とヒエラルキーのうち、習得された社

的なものもあるが、多くは目につかない潜在的なものである。機能主義は連帯と統合を強調するが、逆機能的な帰結もありうる。最近の展開はネオ機能主義と呼ばれることも多い（Parsons, 1951 = 1974; Merton, 1949 = 1961）。

帰納法〔292〕 観察と経験から結論を導き出すこと（ボトムアップの論理）。演繹法も参照。

規範〔78、404〕 行動についての共有された期待。

共時的分析〔270〕 通時的分析とは対照的に、現象をある一時点において分析する。

近代〔116-119〕 社会発展の一段階で、欧米では啓蒙主義の時代、すなわち18世紀から、少なくとも20世紀の終わりまで続いた。

金融化〔132-133〕 マネーと金融サービスが経済の主役となること（Haiven, 2014）。

クィア〔77、210〕 あらゆる標準的な（多くのばあい二分法的な）性およびジェンダーのカテゴリーを問い直すこと。セクシュアリティについての越境的なとらえ方と、それに関する研究。

グローカリゼーション〔119-121〕 ローカルなものがグローバルなものに接続されてゆく過程（Pieterse, 2015）。

グローバリゼーション〔118-121〕 世界各国が、経済、文化、人間関係の面で相互に接続されてゆく過程。時間と空間が再編成される（Beck, 2000 = 2005; Pieterse, 2015）。

経験的／経験主義〔222-223、289〕 理論や推測ではなく、根拠と経験にもとづいていること。

ケイパビリティ（潜在能力）〔367-371〕 健康、身体の不可侵性、思考など、生活の様々な場面で作用し、開花する潜在能力（Nussbaum, 2011; Deneulin and Shahani, 2009）。

啓蒙〔116、178-181〕 17、18世紀に広範に展開された思想運動で、合理性、進歩、個人主義に対する信奉と、主要宗教、君主制、伝統に対する批判にねざしていた。

ゲゼルシャフト〔184〕 ゲマインシャフトとは対照的に、結びつきは弱く、利己的関心が強い（Tönnies, 1887 = 1957）。

ゲマインシャフト〔184〕 強固な社会的紐帯をもつ（そして利己的関心が弱い）社会組織。ゲゼルシャフトも参照（Tönnies, 1887 = 1957; Delanty, 2005）。

言説〔88〕 ある文化のなかで流通する、書きことば、または話しこ

エスノグラフィ〔241〕 ある文化とその生活様式を密着した視点で記述することを特徴とする調査手法。

エスノセントリズム〔24、108〕 自分自身の文化という偏った観点から他の文化に対する評価をくだすこと。

エスノメソドロジー〔23、77〕 ハロルド・ガーフィンケルの用語で、人々が日常生活を意味づける方法や論理についての研究を指す（Garfinkel, 1967）。

演繹的方法〔291-292〕 一般的な仮説を検証し、論理的に結論を導き出す（トップダウンの論理）。帰納的方法〔161～162〕も参照。

解釈学〔313〕 哲学の視点の一つで、世界がいかに解釈されるかを考察する。理解と解釈を重視する（Ricoeur, 1981）。

解釈主義〔281〕 人々の意味づけを含む行動を理解すること。

カースト〔334-335〕 世代をこえて継承される身分にもとづく階層制度（Jodhka, 2012）。

家父長制〔341〕 伝統的な用法では父親の支配を指す。今日では、男性の権力の組織化を強調するために使われる。

カーボン・エコノミー〔142〕 炭素〔化石燃料〕を集中的かつ広範囲に使用し、汚染や地球温暖化を引き起こす経済。低炭素経済の対極にある（Urry, 2011）。

階級〔187、7章〕 経済・社会的地位のヒエラルキーにもとづく階層化。一般的に、客観的な側面（経済）と、主観的な側面（階級意識）をもつとされ、紛争の誘因となる（Marx, 2000; Weber, 1978 = 1972）。

慣習〔224-227〕 長期にわたり、人々が日々実行し、自明なものとして受け入れている社会的行動。ウィリアム・ジェイムズによって導入された用語で、ハビトゥスの先駆となった。

コスモポリタニズム〔160-161〕 差異を受け入れること。寛容。分けへだてのない人道性を示すこと（Fine, 2007）。

観念論〔245〕 唯物論とは逆の立場で、究極的には、現実を心と観念のなかに位置づける。

機能〔81〕 あらゆる社会的事象、もしくは社会運営のパタンの意図された／意図せざる帰結。負（逆）の機能、正の機能、中立の機能がある（Swingewood, 2000 = 1988）。

機能主義〔81-82、195〕 社会生活と社会制度を、その帰結や目的という観点から分析すること。帰結や目的は、直接観察できる顕在

用語解説

写真術から物理学にいたるまで、あらゆる専門分野は、世界をより明確にとらえるべく独自の言語を発展させる。社会学には、すでに数多くの辞典、百科事典、ウェブサイト、用語解説がある。ジョン・スコットによるコンパクトな『オックスフォード社会学辞典（*Oxford Dictionary of Sociology*）第4版』（Scott, 2014）や、ジョージ・リッツアとJ・マイケル・ライアンの大著『簡明社会学事典（*The Concise Encyclopedia of Sociology*）』（Ritzer and Ryan eds., 2011）などが好例である。ジョン・スコットによるシリーズ『社会学の基本概念（*Sociology*）』（Scott, 2006）と『社会学の50人（*Fifty Key Sociologists*）』（Scott, 2007）も一読の価値がある。ウェブ上で見られる用語解説としては、www.qualityresearchinternational.com/glossary/がある。

以下は、本書で取り上げた重要語句についての簡略な「入門用」リストである。語句は本文中では太字で表示されている。〔 〕には語句が登場するページを示した。用語によっては基本文献の著者名（と出版年）を挙げた。詳細は参考文献リストで確認されたい。

アイデンティティ〔90、151〕　自分が何者であるかについての認識、および、自分が他者からどのように認識されるかについての認識（Mead, 1934 = 1967）。

アノミー〔78〕　無規範状態。規範の欠如、または規範の崩壊（より特定すれば、文化的目標と社会構造のあいだの緊張）（Durkheim, 1893 = 2017）。

異性愛規範〔211、349〕　異性愛関係を特権化すること（Sullivan, 2003; Weeks, 2009 = 1996）。

記号論〔62、243〕　記号と象徴についての研究。

インターセクショナリティ〔339-352〕　階級、ジェンダー、エスニシティ、セクシュアリティ、国民国家といった抑圧、差別、不平等のシステムが複雑に絡まり合っていることを強調する（Yuval-Davis, 2011）。

エスニシティ〔353〕　共通の歴史、言語、信仰、生活様式を有する人々。共通の民族的・文化的伝統がそれらの基盤となり、しばしば人々に共通のアイデンティティを与える（Fenton, 2003）。

Press.
Williams, R.（1989）*Resources of Hope: Culture, Democracy, Socialism*, London: Verso.
Willis, P.（1978）*Learning to Labour*, Farnham: Ashgate.（ポール・ウィリス『ハマータウンの野郎ども』熊沢誠／山田潤訳、筑摩書房、1996年）
Winant, H.（2004）*The New Politics of Race: Globalism, Difference, Justice*, Minneapolis: University of Minnesota Press.
Winch, P.（2007 [1958]）*The Idea of a Social Science and Its Relation to Philosophy*, London: Routledge.（ピーター・ウィンチ『社会科学の理念』森川真規雄訳、新曜社、1977年）
Wolfe, A.（1998）*Marginalized in the Middle*, Chicago: University of Chicago Press.
Wolfson, T.（2014）*Digital Rebellion: The Birth of the Cyber Left*, Champaign, IL: University of Illinois Press.
Wouters, C.（2007）*Informalization: Manners and Emotions Since 1890*, London: Sage.
Wright, E. O.（2010）*Envisioning Real Utopias*, London: Verso.
Young, I. M.（1990）*Justice and the Politics of Difference*, Princeton, NJ: Princeton University Press.
Young, R. J. C.（2003）*Postcolonialism*, Oxford: Oxford University Press.（ロバート・J・C・ヤング『ポストコロニアリズム』本橋哲也訳、岩波書店、2005年）
Yuval-Davis, N.（2011）*The Politics of Belonging: Intersectional Contestations*, London: Sage.
Zerubavel, E.（2003）*Time Maps: Collective Memory and the Social Shape of the Past*, Chicago: University of Chicago Press.
Zuckerman, P.（2003）*Invitation to the Sociology of Religion*, New York: Routledge.

Classics.（ヴォルテール『カンディード』堀茂樹訳〔原著フランス語〕、晶文社、2016年）

Wacquant, L.（2008） *Urban Outcasts: A Comparative Sociology of Advanced Marginality*, Cambridge: Polity.

Wacquant, L.（2009） *Punishing the Poor: The Neoliberal Government of Social Insecurity*, Durham, NC: Duke University Press.

Wadsworth, Y.（2011, 3rd ed.） *Do It Yourself Social Research*, Walnut Creek, CA: Left Coast Press.

Walby, S.（1990） *Theorizing Patriarchy*, Oxford: Blackwell.

Walby, S.（2009） *Globalization and Inequalities: Complexity and Contested Modernities*, London: Sage.

Walby, S.（2015） *Crisis*, Cambridge: Polity.

Wallerstein, I.（1999） *The End of the World as We Know It*, Minneapolis: University of Minnesota Press.（イマニュエル・ウォーラーステイン『新しい学』山下範久訳、藤原書店、2001年）

Warwick-Booth, L.（2013） *Social Inequality*, London: Sage.

Weber, M.（1978） *Economy and Society*, G. Roth & C. Wittich (Eds.), Berkeley: University of California Press.（マックス・ウェーバー『社会学の根本概念』清水幾太郎訳〔原著ドイツ語、抄訳〕、岩波書店、1972年）

Weber, M.（2001 [1904]） *The Protestant Ethic and the Spirit of Capitalism*, London: Routledge.（マックス・ウェーバー『プロテスタンティズムの倫理と資本主義の精神』中山元訳〔原著ドイツ語〕、日経ＢＰ社、2010年）

Weeks, J.（2009, 3rd ed.） *Sexuality*, London: Routledge.（ジェフリー・ウィークス『セクシュアリティ』上野千鶴子監訳〔原著初版〕、河出書房新社、1996年）

Wells, H. G.（1906） 'The So-called Science of Sociology', *Sociological Papers*, 3: 367.

Westmarland, N.（2015） *Violence Against Women: Criminological Perspectives on Men's Violences*, London: Routledge.

Wilkinson, I.（2005） *Suffering: A Sociological Introduction*, Cambridge: Polity.

Wilkinson, I., & Kleinmann, A.（2016） *A Passion for Society: How We Think About Human Suffering*, Berkeley: University of California *tions in Social Theory*, London: Sage.（B・S・ターナー『身体と文化』小口信吉／藤田弘人／泉田渡／小口孝司訳、文化書房博文社、1999年）

Turner, B. S. (Ed.)（2012）*Routledge Handbook of Body Studies*, London: Routledge.

Twamley, K., Doidge, M., & Scott, A. (Eds.)（2015）*Sociologists' Tales: Contemporary Narratives on Sociological Thought and Practice*, Bristol: Policy Press.

Unger, R. M.（2007）*The Self Awakened: Pragmatism Unbound*, Cambridge, MA: Harvard University Press.

United Nations, Department of Economic and Social Affairs, Population Division（2013）*World Population Ageing 2013*. ST/ESA/SER.A/348.

United Nations, Department of Economic and Social Affairs, Population Division（2014）*World Urbanization Prospects: The 2014 Revision*, Highlights. ST/ESA/SER.A/352.

United Nations High Commissioner for Refugees（UNHCR）, *UNHCR Global Trends 2014: World at War*, 18 June 2015. Retrieved from www.refworld.org/docid/558292924.html

United Nations（2014/2015）*Human Development Report 2014/15*, Basingstoke: Palgrave Macmillan.

Urry, J.（2000）*Sociology Beyond Societies: Mobilities for the Twenty-First Century*, London: Routledge.（ジョン・アーリ『社会を越える社会学』吉原直樹監訳、法政大学出版局、2006年）

Urry, J.（2003）*Global Complexity*, Cambridge: Polity.（ジョン・アーリ『グローバルな複雑性』吉原直樹監訳、法政大学出版局、2014年）

Urry, J.（2007）*Mobilities*, Cambridge: Polity.（ジョン・アーリ『モビリティーズ』吉原直樹／伊藤嘉高訳、作品社、2015年）

Urry, J.（2011）*Climate Change and Society*, Cambridge: Polity.

Urry, J.（2014）*Offshoring*, Cambridge: Polity.（ジョン・アーリ『オフショア化する世界』須藤廣／濱野健監訳、明石書店、2018年）

Vaidhyanathan, S.（2012）*The Googlization of Everything*, Berkeley: University of California Press.（シヴァ・ヴァイディアナサン『グーグル化の見えざる代償』久保儀明訳、インプレスジャパン、2012年）

Voltaire, F.（1759/2006）*Candide, or Optimism*, Middlesex: Penguin sity Press.（チャールズ・テイラー『世俗の時代 上・下』千葉眞監訳、名古屋大学出版会、2020年）

Tyler, I.（2013）*Revolting Subjects*, London: Zed Books

Therborn, G.（2004）*Between Sex and Power: Family in the World, 1900–2000*, London: Routledge.

Therborn, G.（Ed.）（2006）*Inequalities of the World: New Theoretical Frameworks, Multiple Empirical Approaches*, London: Verso.

Therborn, G.（2010）*The World: A Beginner's Guide*, London: Sage.

Therborn, G.（2013）*The Killing Fields of Inequality*, Cambridge: Polity.

Thomas, W. I.（1966）*Social Organization and Social Personality*, Chicago: University of Chicago Press.

Thomas, W. I., & Znaniecki, F.（1918–20/2012）*The Polish Peasant in Europe and America*, Chicago: University of Chicago Press/Nabu Press.（W・I・トーマス／F・ズナニエツキ『生活史の社会学』桜井厚訳〔抄訳〕、御茶の水書房、1983年）

Tilly, C.（2004）*Social Movements, 1768–2004*, New York: Paradigm.

Tong, R.（2015, 4th ed.）*Feminist Thought*, Boulder, CO: Westview.

Tönnies, F.（2003 [1887]）*Community and Society*, London: Dover Publications.（フェルディナント・テンニエス『ゲマインシャフトとゲゼルシャフト 上・下』杉之原寿一訳〔原著ドイツ語〕、岩波書店、1957年）

Tronto, J.（2013）*Caring Democracy: Markets, Equality, and Justice*, New York: New York University Press.

Turkle, S.（2013）*Alone Together*, New York: Basic Books.（シェリー・タークル『つながっているのに孤独』渡会圭子訳、ダイヤモンド社、2018年）

Turkle, S.（2015）*Reclaiming Conversation*, Middlesex: Penguin.（シェリー・タークル『一緒にいてもスマホ』日暮雅通訳、青土社、2017年）

Turnbull, C.（1984）*The Human Cycle*, New York: Simon and Schuster.（コリン・ターンブル『豚と精霊』太田至訳、どうぶつ社、1993年）

Turner, B. S.（ed.）（2006）*The Cambridge Dictionary of Sociology*, Cambridge: Cambridge University Press.

Turner, B.S.（2006b）*Vulnerability and Human Rights*, Pennsylvania: Pennsylvania State University Press.

Turner, B. S.（2008, 3rd ed. [1984]）*The Body and Society: Explora-*

Berkeley: University of California Press.
Stein, A. (2014) *Reluctant Witnesses: Survivors, Their Children and the Rise of Holocaust Consciousness*, Oxford: Oxford University Press.
Stevenson, B. E. (2015) *What Is Slavery?* Cambridge: Polity.
Stevenson, N. (2003) *Cultural Citizenship: Cosmopolitan Questions*, Milton Keynes: Open University Press.
Stiglitz, J. E. (2012) *The Price of Inequality*, London: Allen Lane.(ジョセフ・E・スティグリッツ『世界の99%を貧困にする経済』楡井浩一／峯村利哉訳、徳間書店、2012年)
Stones, R. (Ed.) (2008, 2nd ed.) *Key Sociological Thinkers*, Basingstoke: Palgrave.
Sullivan, N. (2003) *A Critical Introduction to Queer Theory*, Edinburgh: University of Edinburgh Press.
Swingewood, A. (2000, 3rd ed.) *A Short History of Sociological Thought*, London: Macmillan.(アラン・スウィンジウッド『社会学思想小史』清野正義／谷口浩司／鈴木隆訳〔原著初版〕、文理閣、1988年)
Sword, H. (2012) *Stylish Academic Writing*, Cambridge, MA: Harvard University Press.
Sznaider, N. (2001) *The Compassionate Temperament: Care and Cruelty in Modern Society*, Oxford: Roman & Littlefield.
Taleb, N. N. (2008) *The Black Swan: The Impact of the Highly Improbable*, London: Penguin.(ナシーム・ニコラス・タレブ『ブラック・スワン 上・下』望月衛訳、ダイヤモンド社、2009年)
Taylor, A. (2014) *The People's Platform: And Other Digital Delusions*, London: Fourth Estate.
Taylor, C. et al., Gutmann, A. (Ed.) (1994) *Multiculturalism: Examining the Politics of Recognition*, Princeton, NJ: Princeton University Press.(チャールズ・テイラーほか／エイミー・ガットマン編『マルチカルチュラリズム』佐々木毅／辻康夫／向山恭一訳、岩波書店、2007年)
Taylor, C. (2003) *Modern Social Imaginaries*, Durham, NC: Duke University Press.(チャールズ・テイラー『近代』上野成利訳、岩波書店、2011年)
Taylor, C. (2007) *A Secular Age*, Cambridge, MA: Harvard Univer-

Social Theorists in the Sixties, Chicago: University of Chicago Press.

Silver, C., & Lewins, A. (2014, 2nd ed.) *Using Software in Qualitative Research*, London: Sage.

Simmel, G. (1900/2011) *The Philosophy of Money*, London: Routledge. (ゲオルク・ジンメル『貨幣の哲学』居安正訳〔原著ドイツ語〕、白水社、2016年)

Simmel, G. (1971) *On Individuality and Social Forms: Selected Writings*, D. N. Levine (Ed.), Chicago: University of Chicago Press.

Simmel, G. (1910) 'How Is Society Possible?' *American Journal of Sociology*, 16(3) : 372-91.

Skeggs, B. (1997) *Formations of Class and Gender*, London: Sage.

Smart, C. (1976) *Women, Crime and Criminology*, London: Routledge.

Smith, Adam. (2008 [1776]) *The Wealth of Nations*, Oxford: Oxford University Press. (アダム・スミス『国富論 上・下』高哲男訳、講談社、2020年)

Smith, Adam. (2010 [1759]) *The Theory of Moral Sentiments*, Middlesex: Penguin Classics. (アダム・スミス『道徳感情論』村井章子/北川知子訳、日経BP社、2014年)

Smith, Anthony D. (2009) *The Cultural Foundations of Nations*, Oxford: Blackwell.

Smith, D. E. (1998) *Writing the Social: Critique, Theory and Investigations*, Toronto: University of Toronto Press.

Smith, G. (2007) *Erving Goffman*, London: Routledge.

Standing, G. (2011) *The Precariat: The New Dangerous Class*, London: Bloomsbury. (ガイ・スタンディング『プレカリアート』岡野内正、法律文化社、2016年)

Standing, G. (2014) *The Precariat Charter*, London: Bloomsbury.

Stanley, L., & Wise, S. (1983) *Breaking Out: Feminist Consciousness and Feminist Research*, London: Routledge. (L・スタンレー/S・ワイズ『フェミニズム社会科学に向って』矢野和江訳、勁草書房、1987年)

Stanley, L., & Wise, S. (1993) *Breaking Out Again: Feminist Ontology and Epistemology*, London: Routledge. 〔Stanley & Wise (1983) の第2版〕

Stein, A. (1997) *Sex and Sensibility: Stories of a Lesbian Generation*,

藤茂訳、明石書店、2017年）
Savage, M.（2015）*Social Class in the 21st Century*, London: Penguin.（マイク・サヴィジ『7つの階級』舩山むつみ訳、東洋経済新報社、2019年）
Sayad, A.（2004）*The Suffering of the Immigrant*, Cambridge: Polity.
Sayer, A.（2011）*Why Things Matter to People: Social Science, Values and Ethical Life*, Cambridge: Cambridge University Press.
Sayer, A.（2015）*Why We Can't Afford the Rich*, Bristol: Policy.
Scheper-Hughes, N.（1992）*Death Without Weeping*, Berkeley: University of California Press.
Scott, J.（2006a）*Social Theory: Central Issues in Sociology*, London: Sage.
Scott, J.（Ed.）（2006b）*Sociology: The Key Concepts*, London: Routledge.
Scott, J.（Ed.）（2007）*Fifty Key Sociologists: The Formative Theorists*, London: Routledge.
Scott, J.（Ed.）（2014, 4th ed.）*Oxford Dictionary of Sociology*, Oxford: Oxford University Press.
Seidman, S.（2012, 5th ed.）*Contested Knowledge: Social Theory Today*, Oxford: Blackwell.
Sen, A.（1999）*Development as Freedom*, Oxford: Oxford University Press.（アマルティア・セン『自由と経済開発』石塚雅彦訳、日本経済新聞出版、2000年）
Sennett, R., & Cobb, J.（1977）*The Hidden Injuries of Class*, New York: Random House.
Sevenhuijsen, S.（1998）*Citizenship and the Ethics of Care*, London: Routledge.
Shakespeare, W.（2007）*Complete Works*, J. Bate & E. Rasmussen（Eds.）, Basingstoke: Macmillan.
Shaw, C. R.（1966 [1930]）*The Jack-Roller: A Delinquent Boy's Own Story*, Chicago: University of Chicago Press.（クリフォード・R・ショウ『ジャック・ローラー』玉井眞理子／池田寛訳、東洋館出版社、1998年）
Shaw, M.（2003）*War and Genocide: Organized Killing in Modern Society*, Cambridge: Polity.
Sica, A., & Turner, S.（Eds.）（2005）*The Disobedient Generation:*

Sociology, Oxford: Blackwell.
Rose, N.（2007）*The Politics of Life Itself*, Princeton, NJ: Princeton University Press.（ニコラス・ローズ『生そのものの政治学 新装版』檜垣立哉監訳、法政大学出版局、2019年）
Rousseau, J.-J.（2008 [1762]）*The Social Contract*, Oxford: Oxford University Press.（ジャン＝ジャック・ルソー『社会契約論』作田啓一訳〔原著フランス語〕、白水社、2010年）
Rousseau, J.-J.（2009 [1754]）*Discourse on the Origin of Inequality*, Oxford: Oxford University Press.（ジャン＝ジャック・ルソー『人間不平等起源論』坂倉裕治訳、講談社、2016年）
Rubin, G.（1984）'Thinking Sex'. In C. Vance（Ed.）, *Pleasure and Danger*, London: Routledge.
Rubin, L.（1977）*Worlds of Pain*, New York: Basic Books.
Said, E. W.（2003 [1978]）*Orientalism*, Harmondsworth: Penguin Classics.（エドワード・W・サイード『オリエンタリズム 上・下』今沢紀子訳、平凡社、1993年）
Salgado, S.（1993/1997）*Workers*, Woking: Aperture Books.（セバスティアン・サルガード『人間の大地 労働――セバスティアン・サルガード写真集』今福龍太訳、岩波書店、1994年）
Salgado, S.（2000）*Migrations*, Woking: Aperture Books.
Salgado, S.（2000）*The Children*, Woking: Aperture Books.
Sandel, M. J.（2012）*What Money Can't Buy: The Moral Limits of Markets*, London: Allen Lane.（マイケル・サンデル『それをお金で買いますか』鬼澤忍訳、早川書房、2014年）
Sandoval, C.（2000）*Methodology of the Oppressed*, Minneapolis: University of Minnesota Press.
Sassen, S.（2006）*Cities in a World Economy*, Thousand Oaks, CA: Pine Forge Press.
Sassen, S.（2006）*Territory, Authority, Rights: From Medieval to Global Assemblages*, Princeton, NJ: Princeton University Press.（サスキア・サッセン『領土・権威・諸権利』伊藤茂訳、明石書店、2011年）
Sassen, S.（2014）*Expulsions: Brutality and Complexity in the Global Economy*, Cambridge, MA: Belknap Press of Harvard University Press.（サスキア・サッセン『グローバル資本主義と〈放逐〉の論理』伊

book and Reader (pp. 489–517), London: Pearson/ Routledge.
Plummer, K. (Ed.) (2014) *Imaginations: Fifty Years of Essex Sociology*, Wivenhoe: Wivenbooks.
Plummer, K. (2015) *Cosmopolitan Sexualities: Hope and the Humanist Imagination*, Cambridge: Polity.
Popper, K. (1948) 'Utopia and Violence', *Hibbert Journal*, 46: 109–16. (カール・ポパー「ユートピアと暴力」市井三郎訳『思想』469号:66–77ページ、岩波書店、1963年)
Popper, K. (2002 [1957]) *The Poverty of Historicism*, London: Routledge. (カール・ポパー『歴史主義の貧困』岩坂彰訳、日経BP社、2013年)
Putnam, R . D. (2000) *Bowling Alone: The Collapse and Revival of American Community*, New York: Simon and Schuster. (ロバート・D・パットナム『孤独なボウリング』柴内康文訳、柏書房、2006年)
Ransome, P. (2010) *Social Theory for Beginners*, Bristol: Policy Press.
Rawls, J. (1999 [1971]) *A Theory of Justice*, Boston, MA: Harvard University Press. (ジョン・ロールズ『正義論』川本隆史/福間聡/神島裕子訳〔原著改訂版の翻訳〕、紀伊國屋書店、2010年)
Ricoeur, P. (1981) *Hermeneutics and the Human Sciences*, Cambridge: Cambridge University Press.
Riesman, D., Glazer, N., & Denney, R. (2001 [1950]) *The Lonely Crowd*, New Haven, CT: Yale University Press. (デイヴィッド・リースマン『孤独な群衆 上・下』加藤秀俊訳、みすず書房、2013年)
Rifkin, J. (2009) *The Empathic Civilization*, Cambridge: Polity.
Rigney, D. (2001) *The Metaphorical Society: An Invitation to Social Theory*, Boulder, CO: Rowman & Littlefield.
Ritzer, G. (2014, 8th ed. [1993]) *The McDonaldization of Society*, Thousand Oaks, CA: Pine Forge Press. (ジョージ・リッツア『マクドナルド化する社会』正岡寛司監訳、早稲田大学出版部、1999年〔21世紀新版『マクドナルド化した社会』正岡寛司監訳、早稲田大学出版部、2008年〕)
Ritzer, G & Dean, P. (2015, 2nd ed.) *Globalization: A Basic Text*, Chichester: Wiley.
Ritzer, G., & Ryan, J. M. (Eds.) (2010) *The Concise Encyclopedia of*

会』酒井泰介訳〔原著初版〕、東洋経済新報社、2010年）
Pieterse, J. N. (2015, 3rd ed.) *Globalization and Culture: Global Mélange*, Lanham, MD: Rowman & Littlefield.
Piketty, T. (2014) *Capital in the Twenty-First Century*, Cambridge, MA: Belknap Press of Harvard University Press.（トマ・ピケティ『21世紀の資本』山形浩生／守岡桜／森本正史訳、みすず書房、2014年）
Pinker, S. (2012) *The Better Angels of Our Nature: Why Violence Has Declined*, New York: Viking Books.（スティーブン・ピンカー『暴力の人類史 上・下』幾島幸子／塩原通緒訳、青土社、2015年）
Pirandello, L. (1965 [1921]) *Six Characters in Search of an Author*, Harmondsworth: Penguin.（ルイージ・ピランデッロ『ピランデッロ戯曲集Ⅱ』白澤定雄訳〔原著イタリア語〕、新水社、2000年）
Platt, J. (1996) *A History of Sociological Research Methods in America, 1920–1960*, Cambridge: University of Cambridge Press.
Platt, J. (2003) *A Sociological History of the British Sociological Association*, London: Routledge.
Platt, L. (2011) *Understanding Inequality*, Cambridge: Polity.
Plummer, K. (2001) *Documents of Life 2: An Invitation to a Critical Humanism*, London: Sage.
Plummer, K. (2003) *Intimate Citizenship*, Seattle: University of Washington Press.
Plummer, K. (2010) 'Generational Sexualities, Subterranean Traditions, and the Hauntings of the Sexual World: Some Preliminary Remarks', *Symbolic Interaction*, 33(2) : 163–91.
Plummer, K. (2011, 4th ed.) 'Critical Humanism and Queer Theory' with new afterword and comment, 'Moving On'. In N. Denzin & Y. Lincoln (Eds.), *The Sage Handbook of Qualitative Research* (pp. 195–201).
Plummer, K. (2012a) 'My Multiple Sick Bodies: Symbolic Interaction, Autoethnography and Embodiment'. In B. S. Turner (Ed.), *Routledge Handbook of Body Studies* (pp. 75–93), London: Routledge.
Plummer, K. (2012b) 'Critical Sexualities Studies'. In G. Ritzer (Ed.), *The Wiley Blackwell Companion to Sociology* (pp. 243–68), Oxford: Blackwell.
Plummer, K. (2013) 'A Manifesto for Critical Humanism in Sociology'. In Nehring. D., & Plummer, K. *Sociology: An Introductory Text-*

Oakley, A.（1974）*The Sociology of Housework*, London: Martin Robertson.（アン・オークレー『家事の社会学』佐藤和枝／渡辺潤訳、松籟社、1980年）

Omi, M., & Winant, H.（1994, 2nd ed.）*Racial Formation in the United States*, London: Routledge.

Ong, A.（1999）*Flexible Citizenship*, Durham, NC: Duke University Press.

Orton-Johnson, K., & Prior, N. (Eds.)（2013）*Digital Sociology: Critical Perspectives*, Basingstoke: Palgrave Macmillan.

Orwell, G.（1949）*1984*, London: Secker and Warburg.（ジョージ・オーウェル『一九八四年』高橋和久訳、早川書房、2009年）

Orwell, G.（2004 [1940]）*Why I Write*, London: Penguin.

Outhwaite, W.（2015）*Social Theory: Ideas in Profile*, London: Profile Books.

Oxfam（2015）*Wealth: Having It All and Wanting More*, Oxfam Issue Briefing, January 2015.

Pagden, A.（2013）*The Enlightenment and Why It Still Matters*, Oxford: Oxford University Press.

Palley, T.（2014）*Financialization*, Basingstoke: Palgrave.

Park, R. E., & Burgess, E.（1921）*Introduction to the Science of Sociology [The Green Bible]*, Chicago: University of Chicago Press.

Parsons, T.（1951）*The Social System*, London: Routledge.（T・パーソンズ『社会体系論』佐藤勉訳、青木書店、1974年）

Payne, G. (Ed.)（2013, 3rd ed.）*Social Divisions*, Basingstoke: Palgrave.

Perrow, C.（2011）*The Next Catastrophe*, Princeton, NJ: Princeton University Press.

Pew Centre（2015）*The Future of World Religions: Population Growth Projections, 2010–2050*. http://www.pewforum.org/files/2015/03/PF_15.04.02_ProjectionsFullReport.pdf

Pickerill, J.（2010）*Cyberprotest: Environmental Activism Online*, Manchester: Manchester University Press.

Pickett, K., & Wilkinson, R.（2015, 2nd ed./2009）*The Spirit Level: Why More Equal Societies Almost Always Do Better*, London: Allen Lane.（リチャード・ウィルキンソン／ケイト・ピケット『平等社

Mills, C. W. (1956) *The Power Elite*, Oxford: Oxford University Press.（C・ライト・ミルズ『パワー・エリート』鵜飼信成／綿貫譲治訳、筑摩書房、2020年）

Mills, C. W. (1959/2000) *The Sociological Imagination*, Oxford: Oxford University Press.（C・ライト・ミルズ『社会学的想像力』伊奈正人／中村好孝訳、筑摩書房、2017年）

Mohanty, C. T. (2003) *Feminism Without Borders: Decolonizing Theory, Practicing Solidarity*, Durham, NC: Duke University Press.（C・T・モーハンティー『境界なきフェミニズム』堀田碧監訳、法政大学出版局、2012年）

Molotch, H. (2012) *Against Security: How We Go Wrong at Airports, Subways and Other Sites of Ambiguous Danger*, Princeton, NJ: Princeton University Press.

Molotch, H., & Noren, L. (Eds.) (2010) *Toilet: Public Restrooms and the Politics of Sharing*, New York: New York University Press.

Morris, A. D. (2015) *The Scholar Denied: W. E. B. Du Bois and the Birth of Modern Sociology*, Berkeley: University of California Press.

Narayan, D. (2000) *Can Anyone Hear Us?: Voices of the Poor*, Oxford: Oxford University Press.（ディーパ・ナラヤン『私たちの声が聞こえますか？』"Voices of the Poor" 翻訳グループ訳、世界銀行東京事務所、2002年）

Nehring, D. (2013) *Sociology: An Introductory Textbook and Reader*, Harlow: Routledge.

Nisbet, R. (1976) *Sociology as an Art Form*, Oxford: Oxford University Press.（R・ニスベット『想像力の復権』青木康容訳、ミネルヴァ書房、1980年）

Nisbet, R. (1993 [1966]) *The Sociological Tradition*, Edison, NJ: Transaction Publishers.（ロバート・A・ニスベット『社会学的発想の系譜 1・2』中久郎監訳、アカデミア出版会、1975・1977年）

Nolan, P., & Lenski, G. (2014, 12th ed.) *Human Societies: An Introduction to Macrosociology*, Boulder, CO: Paradigm.

Nussbaum, M. C. (2011) *Creating Capabilities: The Human Development Approach*, Cambridge, MA: Belknap Press of Harvard University Press.

Cambridge: Cambridge University Press.（T・H・マーシャル／トム・ボットモア『シティズンシップと社会的階級』岩崎信彦／中村健吾訳、法律文化社、1993年）

Martell, L.（2010）*The Sociology of Globalization*, Cambridge: Polity.

Marx, K.（1851/2000）'The Eighteenth Brumaire of Napoleon Bonaparte'. In D. McLellan（Ed.）, *Karl Marx: Selected Writings*, Oxford: Oxford University Press.（カール・マルクス『ルイ・ボナパルトのブリュメール18日』丘沢静也訳〔原著ドイツ語、全訳〕、講談社、2020年）

Marx, K., & Engels, F.（1846/1987）*The German Ideology*, London: Lawrence and Wishart.（マルクス／エンゲルス『新編輯版ドイツ・イデオロギー』廣松渉編訳／小林昌人補訳、岩波書店、2002年）

Mason, P.（2015）*Postcapitalism: A Guide to Our Future*, London: Allen Lane.（ポール・メイソン『ポストキャピタリズム』佐々とも訳、東洋経済新報社、2017年）

Mathiesen, T.（2013）*Towards a Surveillant Society: The Rise of Surveillance Systems in Europe*, Sherfield on Loddon: Waterside Press.

Mauss, M.（1915/2011）*The Gift*, London: Martino Fine Books.（マルセル・モース『贈与論』、森山工訳〔原著フランス語〕、岩波書店、2014年）

Mayer-Schönberger, V., & Cukier, K.（2013）*Big Data: A Revolution That Will Transform How We Live, Work and Think*, London: John Murray.（ビクター・マイヤー＝ショーンベルガー／ケネス・クキエ『ビッグデータの正体』斎藤栄一郎訳、講談社、2013年）

Mead, G. H.（1967 [1934]）*Mind, Self and Society*, Chicago: University of Chicago Press.（G・H・ミード『精神・自我・社会』稲葉三千男／滝沢正樹／中野収訳、青木書店、2005年）

Meer, N.（2014, 3rd ed.）*Key Concepts in Race and Ethnicity*, London: Sage.

Merton, R. K.（1949/1968）*Social Theory and Social Structure*, New York: MacMillan.（ロバート・K・マートン『社会理論と社会構造』森東吾／森好夫／金沢実／中島竜太郎訳、みすず書房、1961年）

Miliband, R.（1973）*The State in Capitalist Society*, London: Quartet Books.（ラルフ・ミリバンド『現代資本主義国家論』田口富久治訳、未來社、1970年）

court Publishers.（R・S・リンド／H・M・リンド『ミドゥルタウン』中村八朗訳、青木書店、1990年）

Lyon, D.（2001）*Surveillance Society*, Milton Keynes: Open University Press.

Lyotard, J.-F.（1984）*The Postmodern Condition*, Manchester: Manchester University Press.（ジャン＝フランソワ・リオタール『ポスト・モダンの条件』小林康夫訳〔原著フランス語〕、水声社、1989年）

McCaughey, M. (Ed.)（2014）*Cyberactivism on the Participatory Web*, London: Routledge.

McDonald, K.（2013）*Our Violent World: Terrorism in Society*, Basingstoke: Palgrave Macmillan.

Machiavelli, N.（2004 [1513]）*The Prince*, London: Penguin.（マキアヴェリ『君主論』池田廉訳〔原著イタリア語〕、中央公論新社、2018年）

MacFarquhar, L.（2015）*Strangers Drowning: Voyages to the Brink of Moral Extremity*, London: Allen Lane.

Macionis, J. J., & Plummer, K.（2012, 5th ed.）*Sociology: A Global Introduction*, Harlow: Pearson.

McKenzie, L.（2015）*Getting By: Estates, Class and Culture in Austerity Britain*, Bristol: Policy Press.

McLennan, G.（2011）*Story of Sociology: A First Companion to Social Theory*, London: Bloomsbury.

MacNeice, L.（2007）*Louis MacNeice: Collected Poems*, London: Faber and Faber.

McRobbie, A.（2000, 2nd ed.）*Feminism and Youth Culture*, Basingstoke: Palgrave Macmillan.

Malesevic, S.（2013）*Nation-States and Nationalisms*, Cambridge: Polity.

Malthus, T. R.（2008）*An Essay on the Principles of Population*, Oxford: Oxford Classics.（マルサス『人口論』永井義雄訳、中央公論新社、2019年）

Mann, M.（2004）*The Dark Side of Democracy: Explaining Ethnic Cleansing*, Cambridge: Cambridge University Press.

Mann, M.（2012）*The Sources of Social Power: Globalizations, 1945–2011 Volume 4*, Cambridge: Cambridge University Press.

Marshall, T. H.（1950）*Citizenship and Social Class and Other Essays*,

Clarendon Press.（ウィル・キムリッカ『多文化時代の市民権』角田猛之／石山文彦／山崎康仕監訳、晃洋書房、1998年）

Lapavitsas, C.（2013）*Profiting Without Producing: How Finance Exploits Us All*, London: Verso.

Lazzarata, M.（2007）*The Making of the Indebted Man*, Los Angeles: Semiotext.（マウリツィオ・ラッツァラート『〈借金人間〉製造工場』杉村昌昭訳、作品社、2012年）

Lemert, C.（2011, 5th ed.）*Social Things: An Introduction to the Sociological Life*, New York: Rowman & Littlefield.

Lemert, C.（2013, 5th ed.）*Social Theory: The Multicultural, Glolal, and Classic Readings*, Boulder, CO: Westview Press.

Lengermann, P. M., & Niebrugge-Brantley, J.（1998）*The Women Founders: Sociology and Social Theory, 1830–1930*, London: McGraw-Hill.

Levine, D. N.（Ed.）（1971）*On Individuality and Social Forms: Selected Writings*, Chicago: University of Chicago Press

Levine, D. N.（1995）*Visions of the Sociological Tradition*, Chicago: Chicago University Press.

Levitas, R.（2013）*Utopia as Method: The Imaginary Reconstitution of Society*, Basingstoke: Palgrave.

Lewis, O.（1975, new ed. [1959]）*Five Families: Mexican Case Studies in the Culture of Poverty*, New York: Basic Books.（オスカー・ルイス『貧困の文化』高山智博／染谷臣道／宮本勝訳、筑摩書房、2003年）

Ling, R.（2008）*New Tech, New Ties: How Mobile Communication Is Reshaping Social Cohesion*, Cambridge, MA: MIT Press.

Lister, R.（2003）*Citizenship: Feminist Perspectives*, London: Palgrave Macmillan.

Llewellyn, A., Agu, L., & Mercer, D.（2014, 2nd ed.）*Sociology for Social Workers*, Cambridge: Polity.

Long, K.（2015）*The Huddled Masses: Immigration and Inequality*, Marston Gate: Amazon.

Lukes, S.（2004, 2nd ed.）*Power*, Basingstoke: Palgrave.（スティーヴン・ルークス『現代権力論批判』中島吉弘訳、未來社、1999年）

Lupton, D.（2015）*Digital Sociology*, London: Routledge.

Lynd, R. S., & Lynd, H. M.（1929/1959）*Middletown*, New York: Har-

with It, Middlesex: Penguin.（オーウェン・ジョーンズ『エスタブリッシュメント』依田卓巳訳、海と月社、2018年）

Jordan, T.（2015）*Information Politics: Liberation and Exploitation in the Digital Society*, London: Pluto Press.

Juergensmeryer, M., Griego, D., & Soboslai, J.（2015）*God in the Tumult of the Global Square: Religion in the Global Civil Society*, Berkeley: University of California Press.

Kafka, F.（1925/2000）*The Trial*, Middlesex: Penguin Modern Classics.（フランツ・カフカ『審判』池内紀訳〔原著フランス語〕、白水社、2006年）

Kallen, E.（2004）*Social Inequality and Social Injustice: A Human Rights Perspective*, London: Palgrave Macmillan.

Keen, A.（2015）*The Internet Is Not the Answer*, London: Atlantic Books.（アンドリュー・キーン『ネット階級社会』中島由華訳、早川書房、2019年）

Kelly, L.（1988）*Surviving Sexual Violence*, Cambridge: Polity Press.

Kennedy-Pipe, C., Clubb, G., & Mabon, S.（2015）*Terrorism and Political Violence*, London: Sage.

Klein, N.（2000/2010）*No Logo*, London: Fourth Estate.（ナオミ・クライン『ブランドなんか、いらない』松島聖子訳、大月書店、2009年）

Klein, N.（2008）*The Shock Doctrine: The Rise of Disaster Capitalism*, Middlesex: Penguin.（ナオミ・クライン『ショック・ドクトリン　上・下』幾島幸子／村上由見子訳、岩波書店、2011年）

Klein, N.（2015）*This Changes Everything*, Middlesex: Penguin.（ナオミ・クライン『これがすべてを変える　上・下』幾島幸子／荒井雅子訳、岩波書店、2017年）

Kluckhohn, C., & Murray, H. A.（Eds.）（1948）*Personality in Nature, Society and Culture*, New York: Knopf.

Kuhn, T. S.（1962/2012）*The Structure of Scientific Revolutions*, Chicago: University of Chicago Press.（トーマス・クーン『科学革命の構造』中山茂訳、みすず書房、1971年）

Kumar, K.（1978）*Prophecy and Progress: Sociology of Industrial and Post-Industrial Society*, London: Viking.（クリシャン・クマー『予言と進歩』杉村芳美／二階堂達郎／牧田実訳、文眞堂、1996年）

Kymlicka, W.（1996）*Multicultural Citizenship*, Wotton-under-Edge:

Holmwood, J., & Scott, J. (Eds.) (2014) *The Palgrave Handbook of Sociology in Britain*, Basingstoke: Palgrave.

Holmton, R. J. (2009) *Cosmopolitanisms: New Thinking and New Directions*, Basingstoke: Palgrave.

Horkheimer, M., & Adorno, T. (1944/1997) *Dialectic of Enlightenment*, London: Verso. (M・ホルクハイマー/T・W・アドルノ『啓蒙の弁証法』徳永恂訳〔原著ドイツ語〕、岩波書店、2007年)

Hughes, J. A., Sharrock, W., & Martin, P. J. (2003, 2nd ed.) *Understanding Classical Sociology*, London: Sage.

Hulme, D. (2015) *Global Poverty*, London: Routledge.

Humphreys, L. (1975) *Tearoom Trade: Impersonal Sex in Public Places*, Edison, NJ: Aldine Transaction.

Ihlen, Ø., Fredrikson, M., & van Ruler, B. (2009) *Public Relations and Social Theory: Key Figures and Concepts*, London: Routledge.

Ingham, G. (2008) *Capitalism*, Cambridge: Polity.

Inglis, D., & Thorpe, C. (2012) *An Invitation to Social Theory*, Cambridge: Polity.

Isin, E.F., & Turner, B.S. (Eds.) (2002) *Handbook of Citizenship Studies*, London: Sage.

James, W. (1977) *The Writings of William James*, Chicago: University of Chicago Press.

Jaspers, K. (1951/2003) *Way to Wisdom: An Introduction to Philosophy*, New Haven, CT: Yale University Press. (カール・ヤスパース『哲学入門』草薙正夫訳〔原著ドイツ語〕、新潮社、2005年)

Jenkins, R. (2002) *Foundations of Sociology: Towards a Better Understanding of the Human World*, Basingstoke: Palgrave Macmillan.

Jenks, C. (Ed.) (1998) *Core Sociological Dichotomies*, London: Sage.

Joas, H. (2000) *The Genesis of Values*, Cambridge: Polity.

Joas, H. (2013) *The Sacredness of the Person: A New Genealogy of Human Rights*, Washington DC: Georgetown University Press.

Jodhka, S. S. (2012) *Caste*, Oxford: Oxford University Press.

Jones, O. (2012, revised ed.) *Chavs: The Demonization of the Working Class*, London: Verso. (オーウェン・ジョーンズ『チャヴ』依田卓巳訳、海と月社、2017年)

Jones, O. (2014/2015) *The Establishment: And How They Got Away*

and Reason in a Post-Secular Age, Cambridge: Polity.
Hable Gray, C. (2002) *Cyborg Citizen*, London: Routledge.
Haiven, M. (2014) *Cultures of Financialization: Fictitious Capital in Popular Culture and Everyday Life*, Basingstoke: Palgrave.
Hall, R. (2015) *The Transparent Traveler*, Durham, NC: Duke University Press.
Halsey, A. H. (2004) *A History of Sociology in Britain*, Oxford: Oxford University Press.（A・H・ハルゼー『イギリス社会学の勃興と凋落』潮木守一訳、世織書房、2011年）
Harari, Y. N. (2011/2015) *Sapiens: A Brief History of Humankind*, London: Vintage Books.（ユヴァル・ノア・ハラリ『サピエンス全史 上・下』柴田裕之訳、河出書房新社、2016年）
Harding, S. (1986) *The Science Question in Feminism*, Milton Keynes: Open University Press.
Harding, S. (1998) *Is Science Multicultural?: Postcolonialisms, Feminisms and Epistemologies*, Bloomington: Indiana University Press.
Harper, S. (2006) *Ageing Societies*, London: Hodder Arnold.
Harvey, D. (2007) *A Brief History of Neoliberalism*, Oxford: Oxford University Press.（デヴィッド・ハーヴェイ『新自由主義』渡辺治監訳、作品社、2007年）
Harvey, D. (2015) *Seventeen Contradictions and the End of Capitalism*, London: Profile Books.（デヴィッド・ハーヴェイ『資本主義の終焉』大屋定晴／中村好孝／新井田智幸／色摩泰匡訳、作品社、2017年）
Harvey, M., Quilley, S., & Benyon, H. (2002) *Exploring the Tomato: Transformations of Nature, Society and Economy*, Cheltenham: Edward Elgar.
Hearn, J. (2015) *Men of the World: Genders, Globalizations, Transnational Times*, London: Sage.
Hjarvard, S. (2013) *The Mediatization of Culture and Society*, London: Routledge.
Hobbes, T. (2008 [1651]) *Leviathan*, London: Penguin.（トマス・ホッブズ『リヴァイアサン 1・2』角田安正訳、光文社、2014・2018年）
Hochschild, A. R. (1983) *The Managed Heart: The Commercialization of Human Feeling*, Berkeley: University of California Press.（A・R・ホックシールド『管理される心』石川准／室伏亜希訳、世界思想社、2000年）

売れ始めるにはワケがある』高橋啓訳、ソフトバンククリエイティブ、2007年）

Glassner, B.（2000）*The Culture of Fear: Why Americans Are Afraid of the Wrong Things*, New York: Basic Books.

Glenn, J. C., Florescu, E., & the Millennium Project Team（2015）*2015-16 State of the Future*, United Nations Millennium Project.

Goffman, A.（2014）*On the Run: Fugitive Life in an American City*, Chicago: University of Chicago Press.（アリス・ゴッフマン『逃亡者の社会学』二文字屋脩／岸下卓史訳、亜紀書房、近刊）

Goffman, E.（1959 [1956]）*The Presentation of Self in Everyday Life*, Harmondsworth: Penguin.（E・ゴッフマン『行為と演技』石黒毅訳、誠信書房、1974年）

Goffman, E.（1961/1968）*Stigma: Notes on the Management of Spoiled Identity*, Harmondsworth: Pelican.（アーヴィング・ゴッフマン『スティグマの社会学』石黒毅訳、せりか書房、2001年）

Goffman, E.（1991 [1961]）*Asylums*, London: Penguin.（E・ゴッフマン『アサイラム』石黒毅訳、誠信書房、1984年）

Goldthorpe, J.（2000）*On Sociology*, Oxford: Oxford University Press.

Gordon, A.（2008）*Ghostly Matters: Haunting and the Sociological Imagination*, Minneapolis: University of Minnesota Press.

Gouldner, A.（1970）*The Coming Crisis of Western Sociology*, London: Heinemann.（A・W・グールドナー『社会学の再生を求めて』岡田直之／田中義久／矢沢修次郎／矢沢澄子／栗原彬訳、新曜社、1978年）

Graham, H.（2009）*Unequal Lives: Health and Socioeconomic Inequalities*, Maidenhead: Open University Press.

Gramsci, A.（1998 [1929-35]）*Prison Notebooks: Selections*, London: Lawrence and Wishart.（アントニオ・グラムシ『グラムシ獄中ノート』獄中ノート翻訳委員会訳〔原著イタリア語〕、大月書店、1981年）

Habermas, J.（1989 [1962]）*The Structural Transformation of the Public Sphere*, Cambridge: Polity.（ユルゲン・ハーバーマス『公共性の構造転換　第２版』細谷貞雄／山田正行訳〔原著ドイツ語〕、未來社、1994年）

Habermas, J.（2001）*The Postnational Constellation*, Cambridge: Polity.

Habermas, J. et al.（2010）*An Awareness of What Is Missing: Faith*

川由紀子訳、みすず書房、2017・2020年）
Frank, A. W.（1995）*The Wounded Storyteller*, Chicago: Chicago University Press.（アーサー・W・フランク『傷ついた物語の語り手』鈴木智之訳、ゆみる出版、2002年）
Freeland, C.（2012/2013）*Plutocrats*, London: Penguin.（クリスティア・フリーランド『グローバル・スーパーリッチ』中島由華訳、早川書房、2013年）
Freud, S.（2002 [1930]）*Civilization and Its Discontents*, London: Penguin.（ジークムント・フロイト『幻想の未来／文化への不満』中山元訳〔原著ドイツ語〕、光文社、2007年）
Fuchs, C.（2013）*Social Media: A Critical Introduction*, London: Sage.
Fukuyama, F.（1993）*The End of History and the Last Man*, London: Penguin.（フランシス・フクヤマ『歴史の終わり　上・下』渡部昇一訳、三笠書房、2005年）
Fulcher, J.（2015, 2nd ed.）*Capitalism: A Very Short Introduction*, Oxford: Oxford University Press.
Fulcher, J., & Scott, J.（2011, 4th ed.）*Sociology*, Oxford: Oxford University Press.
Garfinkel, H.（1967）*Studies in Ethnomethodology*, Englewood Cliffs, NJ: Prentice Hall.
Giddens, A.（1973）*Capitalism and Modern Social Theory*, Cambridge: Cambridge University Press.（アントニー・ギデンス『資本主義と近代社会理論』犬塚先訳、研究社出版、1974年）
Giddens, A.（1986）*The Constitution of Society*, Cambridge: Polity Press.（アンソニー・ギデンズ『社会の構成』門田健一訳、勁草書房、2015年）
Giddens, A.（1999）*Runaway World: How Globalization Is Reshaping Our Lives*, London: Profile.（アンソニー・ギデンズ『暴走する世界』佐和隆光訳、ダイヤモンド社、2001年）
Giddens, A.（2009）*The Politics of Climate Change*, Cambridge: Polity.
Giddens, A., & Sutton, P.（2013, 7th ed.）*Sociology*, Cambridge: Polity.（アンソニー・ギデンズ『社会学第５版』松尾精文／西岡八郎／藤井達也／小幡正敏／立松隆介／内田健訳〔原著第５版〕、而立書房、2009年）
Gladwell, M.（2001）*The Tipping Point: How Little Things Can Make a Big Difference*, London: Abacus.（マルコム・グラッドウェル『急に

Elster, J.（2015, 2nd ed.）*Explaining Social Behaviour*, Cambridge: Cambridge University Press.

Etzioni, A.（2001）*The Monochrome Society*, Princeton, NJ: Princeton University Press.

Evans, D.（1993）*Sexual Citizenship*, London: Routledge.

Evans, M.（2006）*A Short History of Society*, Maidenhead: Open University Press.

Fenton, S.（2003）*Ethnicity*, Cambridge: Polity.

Fevre, R., & Bancroft, A.（2010）*Dead White Men and Other Important People: Sociology's Big Ideas*, Hampshire: Palgrave.

Field, J.（2008, 2nd ed.）*Social Capital*, London: Routledge.

Fine, R.（2007）*Cosmopolitanism*, London: Routledge.

Foster, R. J.（2008）*Coca-Globalization: Following Soft Drinks from New York to New Guinea*, Basingstoke: Palgrave.

Foucault, M.（1961/2001）*Madness and Civilization*, London: Routledge Classics.（ミシェル・フーコー『狂気の歴史　新装版』田村俶訳〔原著フランス語〕、新潮社、2020年）

Foucault, M.（1963）*The Birth of the Clinics*, London: Tavistock.（ミシェル・フーコー『臨床医学の誕生　新装版』神谷美恵子訳、みすず書房、2020年）

Foucault, M.（1969/2002）*The Archaeology of Knowledge*, London: Routledge Classic.（ミシェル・フーコー『知の考古学』慎改康之訳、河出書房新社、2012年）

Foucault, M.（1976）*The History of Sexuality*, London: Allen-Lane.（ミシェル・フーコー『性の歴史１～３』渡辺守章／田村俶訳、新潮社、1986・1987年）

Foucault, M.（1991, new ed. [1975]）*Discipline and Punish: The Birth of the Prison*, Harmondsworth: Penguin.（ミシェル・フーコー『監獄の誕生 新装版』田村俶訳、新潮社、2020年）

Foucault, M.（2001 [1966]）*The Order of Things*, London: Routledge.（ミシェル・フーコー『言葉と物 新装版』渡辺一民／佐々木明訳、新潮社、2020年）

Fox, K.（2005）*Watching the English: The Hidden Rules of English Behaviour*, London: Hodder and Stoughton.（ケイト・フォックス『イングリッシュネス』『さらに不思議なイングリッシュネス』北條文緒／香

ール・デュルケーム『自殺論』宮島喬訳〔原著フランス語〕、中央公論新社、2018年）

Durkheim, E.（2008, student ed. [1912]）*The Elementary Forms of Religious Life*, Oxford: Oxford University Press.（エミール・デュルケーム『宗教生活の基本形態 上・下』山崎亮訳〔原著フランス語〕、筑摩書房、2014年）

Eco, U.（1977/2015）*How to Write a Thesis*, London: The MIT Press.（ウンベルト・エコ著『論文作法』谷口勇訳〔原著イタリア語〕、1991年、而立書房）

Economist（2015, 25th ed.）*Pocket World in Figures*, London: Profile Books.（英『エコノミスト』誌編『The Economist 世界統計年鑑 2019』宮本裕樹訳〔原著28版〕、ディスカヴァー・トゥエンティワン、2018年）

Ehrenreich, B.（2002）*Nickel and Dimed: Undercover in Low-Wage America*, London: Granta.（バーバラ・エーレンライク『ニッケル・アンド・ダイムド』曽田和子訳、東洋経済新報社、2006年）

Eisenstadt, S. N.（2000）'Multiple Modernities', *Daedalus*, 129(1): 1-29.

Elias, N.（1978）*What Is Sociology?*, London: Hutchinson.（ノルベルト・エリアス『社会学とは何か』徳安彰訳〔原著ドイツ語〕、法政大学出版局、1994年）

Elias, N.（2000, 2nd ed. [1939]）*The Civilizing Process*, Oxford: Blackwell.（ノルベルト・エリアス『文明化の過程 上・下』赤井慧爾／中村元保／吉田正勝／波田節夫／溝辺敬一／羽田洋／藤平浩之訳、法政大学出版局、2010年）

Eliot, G.（1874/2003）*Middlemarch: A Study of Provincial Life*, Middlesex: Penguin Classics.

Elliott, A.（2013, 3rd ed.）*Concepts of the Self*, Cambridge: Polity.（アンソニー・エリオット『自己論を学ぶ人のために』片桐雅隆／森真一訳〔原著第二版〕、世界思想社、2008年）

Elliott, A.（2014, 2nd ed.）*Contemporary Social Theory*, Oxford: Routledge.

Elliott, A., & Lemert C.（2006, 2nd ed., 2009）*The New Individualism: The Emotional Costs of Globalization*, London: Routledge.

Elliott, A., & Turner, B. S.（2012）*On Society*, Cambridge: Polity.

Denny, E., & Earle, S. (Eds.) (2016, 3rd ed.) *Sociology for Nurses*, Cambridge: Polity.

Denzin, N. (2010) *The Qualitative Manifesto: A Call to Arms*, Walnut Creek, CA: Left Coast Press.

Denzin, N., & Lincoln, Y. (Eds.) (2005, 3rd ed.) *The Sage Handbook of Qualitative Research*, London: Sage. (N・K・デンジン／Y・S・リンカン編『質的研究ハンドブック1～3』平山満義監訳、北大路書房、2006年)

Diamond, J. (2012) *The World Until Yesterday: What Can We Learn from Traditional Societies?*, New York: Penguin/Allen Lane. (ジャレド・ダイアモンド『昨日までの世界 上・下』倉骨彰訳、日本経済新聞出版社、2013年)

Diamond, L., & Plattner, M. F. (Eds.) (2012) *Liberation Technology: Social Media and the Struggle for Democracy*, Baltimore, MD: Johns Hopkins University Press.

Dixit, P. & Stump J.L. (Eds.) (2015) *Critical Methods in Terrorism Studies*, Oxford: Routledge.

Dorling, D. (2013) *Population 10 Billion*, London: Constable/Little, Brown.

Dorling, D. (2015, 2nd ed.) *Injustice: Why Social Inequality Still Persists*, Bristol: Policy Press.

Du Bois, W. E. B. (1995, new ed. [1889]) *The Philadelphia Negro*, Philadelphia: University of Pennsylvania Press.

Du Bois, W. E. B. (2007 [1903]) *The Souls of Black Folk*, Oxford: Oxford University Press. (W・E・B・デュボイス『黒人のたましい』木島始／鮫島重俊／黄寅秀訳、未來社、2006年)

Duneier, M. (1992, 2nd ed.) *Slim's Table: Race, Respectability and Masculinity*, Chicago: University of Chicago Press.

Duneier, M. (1999) *Sidewalk*, New York: Farrar, Straus and Giroux.

Durkheim, E. (1982 [1895]) *The Rules of Sociological Method*, Glencoe, IL: Free Press. (エミール・デュルケーム『社会学的方法の規準』菊谷和宏訳〔原著フランス語〕、講談社、2018年)

Durkheim, E. (1984 [1893]) *The Division of Labour in Society*, London: Palgrave Macmillan. (エミール・デュルケーム『社会分業論』田原音和訳〔原著フランス語〕、筑摩書房、2017年)

Durkheim, E. (2002, 2nd ed. [1897]) *Suicide*, London: Routledge. (エミ

Credit Suisse (2015/2016) *Global Wealth Databook*, Zurich: Credit Suisse Research Institute.

Dahl, R. (2005, 2nd ed. [1961]) *Who Governs? Democracy and Power in the American City*, New Haven, CT: Yale University Press. (ロバート・A・ダール『統治するのはだれか』河村望/高橋和宏監訳〔原著初版〕、行人社、1988年)

Dandaneau, S. (2001) *Taking It Big: Developing Sociological Consciousness in Postmodern Times*, Thousand Oaks, CA: Pine Forge Press.

Dartnell, M. Y. (2006) *Insurgency Online: Web Activism and Global Conflict*, Toronto: University of Toronto Press.

Davis, M. (2007) *Planet of Slums*, New York: Verso. (マイク・デイヴィス『スラムの惑星』酒井隆史監訳、明石書店、2010年)

Deaton, A. (2013) *The Great Escape: Health, Wealth and the Origins of Inequality*, Princeton, NJ: Princeton University Press. (アンガス・ディートン『大脱出』松本裕訳〔原著初版〕、みすず書房、2014年)

De Beauvoir, S. (2009, new ed.) *The Second Sex*, London: Jonathan Cape. (シモーヌ・ド・ボーヴォワール『第二の性1・2』『第二の性』を原文で読み直す会訳、新潮社、2001年)

Deegan, M. J. (1990) *Jane Addams and the Men of the Chicago School, 1892–1918*, Piscataway, NJ: Transaction Books.

Defoe, D. (1719/1992) *Robinson Crusoe*, London: Wordsworth Classics. (ダニエル・デフォー『ロビンソン・クルーソー』鈴木恵訳、新潮社、2019年)

Delamont, S. (2003) *Feminist Sociology*, London: Sage.

Delanty, G. (2000) *Citizenship in a Global Age*, Milton Keynes: Open University Press. (ジェラード・デランティ著『グローバル時代のシティズンシップ』佐藤康行訳、日本経済評論社、2004年)

Delanty, G. (2005) *Social Science: Philosophical and Methodological Foundations*, Milton Keynes: Open University Press.

Delanty, G., & Strydom, P. (2003) *Philosophies of Social Science: The Classic and Contemporary Readings*, Milton Keynes: Open University Press.

Deneulin, S., & Shahani, L. (Eds.) (2009) *An Introduction to the Human Development and Capability Approach*, London: Earthscan.

小山花子訳、東信堂、2009年)
Castells, M. (2009a [1996]) *The Information Age*, Oxford: Blackwell.
Castells, M. (2009b, 2nd ed.) *The Rise of the Network Society*, Oxford: Wiley Blackwell.
Castells, M. (2015, 2nd ed.) *Networks of Outrage and Hope: Social Movements in the Internet Age*, Cambridge: Polity.
Charlesworth, S. J. (1999) *A Phenomenology of Working Class Experience*, Cambridge: Cambridge University Press.
Chodorow, N. (1979) *The Reproduction of Mothering*, Berkeley: University of California Press. (ナンシー・チョドロウ『母親業の再生産』大塚光子/大内菅子訳、新曜社、1981年)
Clarke, A. E. (2005) *Situational Analysis: Grounded Theory After the Postmodern Turn*, London: Sage.
Clawson, D., Zussman, R., Misra, J., Gerstel, N., Stokes, R., Anderton, D., & Burawoy, M. (Eds.) (2007) *Public Sociology: Fifteen Eminent Sociologists Debate Politics and the Profession in the Twenty-First Century*, Berkeley: University of California Press.
Cohen, R., & Kennedy, P. (2013, 3rd ed.) *Global Sociology*, Basingstoke: Palgrave. (ロビン・コーエンほか『グローバル・ソシオロジー 1・2』山之内靖監訳〔原著初版〕、平凡社、2003年)
Cohen, S. (2001) *States of Denial: Knowing About Atrocities and Sufferings*, Cambridge: Polity.
Collier, P. (2007) *The Bottom Billion*, Oxford: Oxford University Press. (ポール・コリアー『最底辺の10億人』中谷和男訳、日経BP社、2008年)
Collins, P. H. (1990) *Black Feminist Thought: Knowledge, Consciousness and the Politics of Empowerment*, New York: Routledge.
Collins, R. (1998) *The Sociology of Philosophies: A Global Theory of Intellectual Change*, Cambridge, MA: Belknap Press of Harvard University Press.
Comte, A. (1824/1988) *System of Positive Polity*, London: Hackett.
Connell, R. (2005, 2nd ed.) *Masculinities*, Cambridge: Polity.
Connell, R. (2007) *Southern Theory: The Global Dynamics of Knowledge in Social Science*, Cambridge: Polity Press.
Cooley, C. H. (1998) *On Self and Social Organization*, H. Schubert (Ed.), Chicago: University of Chicago Press.

lution, New York: Zone Books.（ウェンディ・ブラウン『いかにして民主主義は失われていくのか』中井亜佐子訳、みすず書房、2017年）
Bruce, S.（2007, 2nd ed.）*Fundamentalism*, Cambridge: Polity.
Bryman, A.（2004）*The Disneyization of Society*, London: Sage.（アラン・ブライマン『ディズニー化する社会』能登路雅子監訳、明石書店、2008年）
Bryman, A.（2015, 5th ed.）*Social Research Methods*, Oxford: Oxford University Press.
Burawoy, M.（2005）'For Public Sociology', *American Sociological Review*, 70: 4–28.
Burke, E.（1993 [1790]）*Reflections on the Revolution in France*, Oxford: Oxford University Press.（エドマンド・バーク『フランス革命についての省察』二木麻里訳、光文社、2020年）
Burrows, R., & Savage, M.（2014）'After the Crisis? Big Data and the Methodological Challenges of Empirical Sociology', *Big Data and Society*, 1（1）.
Butler, J.（1990）*Gender Trouble*, London: Routledge.（ジュディス・バトラー『ジェンダー・トラブル』竹村和子訳、青土社、2018年）
Butler, J., & Athanasiou, A.（2013）*Dispossession: The Performative in the Political*, Cambridge: Polity.
Calaprice, A.（2005）*The New Quotable Einstein*, Princeton, NJ: Princeton University Press.（アリス・カラプリス編『アインシュタインは語る』林一／林大訳、大月書店、2006年）
Calhoun, C.（Ed.）（2007）*Sociology in America: A History*, Chicago: University of Chicago Press.
Carr, N. G.（2010）*The Shallows: How the Internet Is Changing the Way We Think, Read and Remember*, London: Atlantic Books.（ニコラス・G・カー『ネット・バカ』篠儀直子訳〔原著初版〕、青土社、2010年）
Carroll, A., & Itaborahy, L. P.（2015）*State-Sponsored Homophobia: A World Survey of Laws*. Retrieved from www.ilga.org
Casson, H.（1910/2015）*The History of the Telephone*. CreateSpace Independent Publishing Platform.
Castells, M.（2002）*The Internet Galaxy*, Oxford: Oxford University Press.（マニュエル・カステル『インターネットの銀河系』矢澤修次郎／

ミンダ・K・バンブラ『社会学的想像力の再検討』金友子訳、岩波書店、2013年）

Bloch, E.（1938-47/1986）*The Principle of Hope, three vols.*, Boston: MIT Press.（エルンスト・ブロッホ『希望の原理 1～3』山下肇／瀬戸鞏吉／片岡啓治／沼崎雅行／石丸昭二／保坂一夫訳〔原著ドイツ語〕、白水社、2012・2013年）

Blumenthal, D.（2014）*Little Vast Rooms of Undoing: Exploring Identity and Embodiment through Public Toilet Spaces*, Lanham, MD: Rowman & Littlefield.

Boellstorff, T.（2013）'Making Big Data, in Theory', *First Monday*, 18（10）.

Bollier, D.（2014）*Think Like a Commoner: A Short Introduction to the Life of the Commons*, Gabriola Island, BC: New Society Publishers.

Booth, C.（2009）*Life and Labour of the People in London*, London: BiblioLife.

Bottero, W .（2005）*Stratification: Social Division and Inequality*, London: Routledge.

Bourdieu, P .（1990）*In Other Words: Essays Towards a Reflexive Sociology*, Cambridge: Polity.（ピエール・ブルデュー『構造と実践』石崎晴己訳〔原著フランス語〕、新評論、1988年）

Bourdieu, P.（1999 [1993]）*The Weight of the World: Social Suffering in Contemporary Society*, Cambridge: Polity.（ピエール・ブルデュー『世界の悲惨1～3』荒井文雄／櫻本陽一監訳〔原著フランス語〕、藤原書店、2019・2020年）

Bourdieu, P.（2010 [1984]）*Distinction*, London: Routledge Classics.（ピエール・ブルデュー『ディスタンクシオン Ⅰ・Ⅱ』石井洋二郎訳、藤原書店、1990年）

Braidotti, R.（2013）*The Posthuman*, Cambridge: Polity.（ロージ・ブライドッティ『ポストヒューマン』門林岳史監訳、フィルムアート社、2019年）

Brewer, J.D.（2010）*Peace Processes: A Sociological Approach*, Cambridge: Polity.

Bristow, J.（2015）*Baby Boomers and Generational Conflict*, Basingstoke: Palgrave.

Brown, W.（2015）*Undoing the Demos: Neoliberalism's Stealth Revo-*

Becker, H. S.（1998）*Tricks of the Trade: How to Think About Your Research While You're Doing It*, Chicago: University of Chicago Press.（ハワード・S・ベッカー『社会学の技法』進藤雄三／宝月誠訳、恒星社厚生閣、2012年）

Becker, H. S.（2007）*Telling About Society*, Chicago: University of Chicago Press.

Becker, H. S.（2014）*What About Mozart? What About Murder? Reasoning from Cases*, Chicago: University of Chicago Press.

Bell, D.（2006）*Cyberculture Theorists*, London: Routledge.

Bellah, R. N., Madsen, R., Sullivan, W. M., Swidler, A., & Tipton, S. M.（2007, 3rd ed. [1985]）*Habits of the Heart: Individualism and Commitment in American Life*, Berkeley: University of California Press.（ロバート・N・ベラーほか『心の習慣』島薗進／中村圭志訳、みすず書房、1991年）

Bennett, T., Savage, M., Silva, E., Warde, A., Gayo-Cal, M., & Wright, D.（2009）*Culture, Class, Distinction*, London: Routledge.（トニー・ベネットほか『文化・階級・卓越化』磯直樹／香川めい／森田次朗／知念渉／相澤真一訳、青弓社、2017年）

Berger, P.（1966）*Invitation to Sociology*, Harmondsworth: Penguin.（ピーター・L・バーガー著『社会学への招待』水野節夫／村山研一訳、筑摩書房、2017年）

Berger, P.（2011）*Adventures of an Accidental Sociologist: How to Explain the World Without Becoming a Bore*, New York: Prometheus Books.（ピーター・バーガー著『退屈させずに世界を説明する方法』森下伸也訳、新曜社、2015年）

Berger, P., & Luckmann, T.（1967/1990, 2nd ed.）*The Social Construction of Reality*, Harmondsworth: Penguin.（ピーター・バーガーほか『現実の社会的構成』山口節郎訳、新曜社、2003年）

Bessel, R.（2015）*Violence: A Modern Obsession*, New York: Simon and Schuster.

Best, J.（2012, updated ed.）*Damned Lies and Statistics*, Berkeley: University of California Press.（ジョエル・ベスト『統計はこうしてウソをつく』林大訳〔原著初版〕、白揚社、2002年）

Best, S.（2002）*A Beginner's Guide to Social Theory*, London: Sage.

Bhambra, G. K.（2007）*Rethinking Modernity: Postcolonialism and the Sociological Imagination*, Basingstoke: Palgrave Macmillan.（ガル

ト・バウマン『リキッド・モダニティ』森田典正訳、大月書店、2001年）
Bauman, Z.（2003）*Liquid Love*, Cambridge: Polity.
Bauman, Z.（2004）*Wasted Lives: Modernity and Its Outcasts*, Cambridge: Polity.（ジグムント・バウマン『廃棄された生』中島道男訳、昭和堂、2007年）
Bauman, Z.（2005）*Liquid Life*, Cambridge: Polity.（ジグムント・バウマン『リキッド・ライフ』長谷川啓介訳、大月書店、2008年）
Bauman, Z.（2006）*Liquid Fear*, Cambridge: Polity.（ジグムント・バウマン『液状不安』澤井敦訳、青弓社、2012年）
Bauman, Z.（2007）*Liquid Times*, Cambridge: Polity.
Bauman, Z., & May, T.（2001, 2nd ed.）*Thinking Sociologically*, Oxford: Wiley-Blackwell.（ジグムント・バウマンほか『社会学の考え方』奥井智之訳、筑摩書房、2016年）
Bauman, Z., & Lyon, D.（2012）*Liquid Surveillance*, Cambridge: Polity.（ジグムント・バウマンほか『私たちが、すすんで監視し、監視される、この世界について』伊藤茂訳、青土社、2013年）
Baym, N. K.（2015, 2nd ed.）*Personal Connections in the Digital Age*, Cambridge: Polity.
Beck, U.（1986/1992）*Risk Society*, London: Sage.（ウルリヒ・ベック『危険社会』東廉／伊藤美登里訳〔原著ドイツ語〕、法政大学出版局、1998年）
Beck, U.（2000）*What Is Globalization?*, Cambridge: Polity.（ウルリッヒ・ベック『グローバル化の社会学』木前利秋／中村健吾監訳〔原著ドイツ語〕、国文社、2005年）
Beck, U.（2006）*Cosmopolitan Vision*, Cambridge: Polity.
Beck, U.（2008/2010）*A God of One's Own: Religion's Capacity for Peace and Potential for Violence*, Cambridge: Polity.（ウルリッヒ・ベック『〈私〉だけの神』鈴木直訳〔原著ドイツ語〕、岩波書店、2011年）
Beck, U.（2009）*World at Risk*, Cambridge: Polity.
Beck, U., & Beck-Gernsheim, E.（2002）*Individualization*, London: Sage.
Beck, U., & Beck-Gernsheim, E.（2013）*Distant Love: Personal Life in the Global Age*, Cambridge: Polity.（ウルリッヒ・ベックほか『愛は遠く離れて』伊藤美登里訳〔原著ドイツ語〕、岩波書店、2014年）

MA: Harvard University Press.（アンソニー・B・アトキンソン『21世紀の不平等』山形浩生／森本正史訳、東洋経済新報社、2015年）
Atkinson, W.（2015）*Class*, Cambridge: Polity.
Atwan, A. B.（2015）*Islamic State: The Digital Caliphate*, London: Saqi.
Babbie, E.（2015, 14th ed.）*The Practice of Social Research*, Belmont, CA: Wadsworth.（E・バビー『社会調査法１・２』渡辺聰子監訳〔原著第９版〕、培風館、2003・2005年）
Back, L.（2007）*The Art of Listening*, Oxford: Berg.（レス・バック『耳を傾ける技術』有元健訳、せりか書房、2014年）
Back, L., & Solomos, J. (Eds.)（2007）T*heories of Race and Racism: A Reader*, London: Routledge.
Back, L., & Puwar, N.（2013）'Live Sociology', *Sociological Review*, 60: 18-39.
Bakhtin, M.（1982）*The Dialogic Imagination*, Austin: University of Texas Press.
Bales, K.（2012, 3rd ed.）*Disposable People*, Berkeley: University of California Press.（ケビン・ベイルズ『グローバル経済と現代奴隷制 第２版』大和田英子訳、凱風社、2014年）
Ball, K., Lyon, D., & Haggerty, K. (Eds.)（2012）*Routledge Handbook of Surveillance Studies*, London: Routledge.
Barnes, C. & Mercer G.（2010, 2nd ed.）*Exploring Disability*, Cambridge: Polity.（コリン・バーンズほか『ディスアビリティ・スタディーズ』杉野昭博／松波めぐみ／山下幸子訳〔原著初版〕、明石書店、2004年）
Baudrillard, J.（1988）*Jean Baudrillard: Selected Writings*, Cambridge: Polity.
Bauman, Z.（1991）*Modernity and the Holocaust*, Cambridge: Polity.（ジークムント・バウマン『近代とホロコースト』森田典正訳、大月書店、2006年）
Bauman, Z.（1993）*Postmodern Ethics*, Oxford: Blackwell.
Bauman, Z.（1998）*Globalization: The Human Consequences*, Cambridge: Polity.（ジグムント・バウマン『グローバリゼーション』澤田眞治／中井愛子訳、法政大学出版局、2010年）
Bauman, Z.（2000）*Liquid Modernity*, Cambridge: Polity.（ジークムン

参考文献

邦訳がある場合は、( )内に書誌情報を記した。異なった訳者による邦訳、または同じ訳者でも異なる版が存在するときは、最近刊行されたもの、入手しやすいものを優先した。なお、邦訳のうち、原著の言語や版がプラマーの挙げた文献と異なる場合は、〔 〕内に注記した。

Adam, B. (2004) *Time*, Cambridge: Polity. (バーバラ・アダム『時間と社会理論』伊藤誓/磯山甚一訳、法政大学出版局、1997年)

Agamben, G. (1995/1998) *Homo Sacer: Sovereign Power and Bare Life*, Palo Alto, CA: Stanford University Press. (ジョルジョ・アガンベン『ホモ・サケル』高桑和巳訳〔原著イタリア語〕、以文社、2003年)

Agger, B. (2015, 2nd ed.) *Oversharing: Presentations of Self in the Internet Age*. Abingdon, Oxford: Routledge.

Agger, B. (2004) *The Virtual Self*, Oxford: Blackwell.

Albrow, M. (1996) *The Global Age*, Cambridge: Polity. (マーティン・オルブロウ『グローバル時代の歴史社会論』会田彰/佐藤康行訳、日本経済評論社、2000年)

Alexander, J. C. (2006) *The Civil Sphere*, Oxford: Oxford University Press.

Alexander, J. C. (2012) *Trauma : A Social Theory*, Cambridge: Polity.

Alexander, J. C. (2013) *The Dark Side of Modernity*, Cambridge: Polity.

Althusser, L. (2008) *On Ideology*, London: Verso.

Anderson, B. (1983) *Imagined Communities*, London: Verso. (ベネディクト・アンダーソン『定本 想像の共同体』白石隆/白石さや訳〔原著改訂増補版〕、書籍工房早山、2007年)

Anderson, E. (1999) *Code of the Street: Decency, Violence and the Moral Life of the Inner City*, New York: Norton. (イライジャ・アンダーソン『ストリートのコード』田中研之輔/木村裕子訳、ハーベスト社、2012年)

Arendt, H. (1958) *The Human Condition*, Chicago: University of Chicago Press. (ハンナ・アレント『人間の条件』志水速雄訳、筑摩書房、1994年)

Atkinson, A. B. (2015) *Inequality: What Can Be Done?*, Cambridge,

【ワ行】

【ナ行】

【ハ行】

事項索引

項目索引のゴシック体は、「用語解説」で取り上げられた言葉であることを意味する。

事項索引の「；」に続く事項は、その前の事項に関連する事項であることを意味する。

【マ行】

【ヤ行】

【ラ行】

【ナ行】

【ハ行】

【サ行】

【タ行】

人名索引

【ア行】

【カ行】

本書は「ちくま学芸文庫」のために新たに訳出したものである。

記号論講義　石田英敬
モノやメディアが現代人に押しつけてくる記号の嵐。それに飲み込まれず日常を生き抜くには？　東京大学の講義をもとにした記号論の教科書決定版！

プラグマティズムの思想　魚津郁夫
アメリカ思想の多元主義的な伝統は、九・一一事件以降変貌してしまったのか。「独立宣言」から現代のローティまで、その思想の展開をたどる。

増補　虚構の時代の果て　大澤真幸
オウム事件は、社会の断末魔の叫びだった。衝撃的事件から時代の転換点を読み解き、現代社会と対峙する意欲的論考。（見田宗介）

言葉と戦車を見すえて　加藤周一　小森陽一／成田龍一編
知の巨人・加藤周一が、日本と世界の情勢について、何を考え何を発言しつづけてきたのかが俯瞰できる論考群を一冊に集成。（小森・成田）

敗戦後論　加藤典洋
なぜ今も「戦後」は終わらないのか。敗戦がもたらした「ねじれ」を、どう克服すべきなのか。戦後問題の核心を問い抜いた基本書。（内田樹＋伊東祐吏）

柄谷行人講演集成 1985-1988　言葉と悲劇　柄谷行人
シェイクスピアからウィトゲンシュタインへ、西田幾多郎からスピノザへ。その横断的な議論は批評の可能性そのものを顕示する。計14本の講演を収録。

柄谷行人講演集成 1995-2015　思想的地震　柄谷行人
根底的破壊の後に立ち上がる強靭な言葉と思想――。この20年間の代表的講演を著者自身が精選した待望の講演集。学芸文庫オリジナル。

増補　広告都市・東京　北田暁大
都市そのものを広告化してきた80年代消費社会。その戦略と、90年代のメディアの構造転換は現代を生きる我々に何をもたらしたか、鋭く切り込む。

インテリジェンス　小谷賢
スパイの歴史、各国情報機関の組織や課題から、情報との付き合い方まで――豊富な事例を通して「情報」のすべてがわかるインテリジェンスの教科書。

20世紀思想を読み解く　塚原史

「自由な個人」から「全体主義的な群衆」へ。人間という存在が劇的に変質した世紀の思想を、無意味・未開・狂気等キーワードごとに解読する。

緑の資本論　中沢新一

『資本論』の核心である価値形態論を一神教的に再構築することで、自壊する資本主義からの脱出の道を考察した、画期的論考。（矢田部和彦）

反＝日本語論　蓮實重彦

仏文学者の著者、フランス語を母国語とする夫人、日仏両語で育つ令息。三人が遭う言語的葛藤から見えてくるものとは？（シャンタル蓮實）

橋爪大三郎の政治・経済学講義　橋爪大三郎

政治は、経済は、どう動くのか。この時代を生きるために、日本と世界の現実を見定める目を養い、考える材料を蓄え、構想する力を培う基礎講座！

フラジャイル　松岡正剛

なぜ、弱さは強さよりも深いのか？ 薄弱・断片・あやうさ・境界・異端……といった感覚に光をあて、「弱さ」のもつ新しい意味を探る。（高橋睦郎）

言葉とは何か　丸山圭三郎

言語学・記号学についての優れた入門書。ソシュール研究の泰斗が、平易な語り口で言葉の謎に迫る。術語・人物解説、図書案内付き。（中尾浩）

〈ひと〉の現象学　鷲田清一

知覚、理性、道徳等。ひとをめぐる出来事は、哲学の主題と常に伴走する。ヘーゲル的綜合を目指すのでなく、問いに向きあいゆるやかにトレースする。

ありえないことが現実になるとき　ジャン＝ピエール・デュピュイ　桑田光平／本田貴久訳

なぜ最悪の事態を想定せず、大惨事は繰り返すのか。経済か予防かの不毛な対立はいかに退けられるか。認識の根源を問い、抜本的転換を迫る警世の書。

空間の詩学　ガストン・バシュラール　岩村行雄訳

家、宇宙、貝殻など、さまざまな空間が喚起する詩的イメージ。新たなる想像力の現象学を提唱し、人間の夢想に迫るバシュラール詩学の頂点。

リキッド・モダニティを読みとく　ジグムント・バウマン　酒井邦秀訳
変わらぬ確かなものなどもはや何一つない現代世界。社会学の泰斗が身近な出来事や世相から〈液状化〉の具体相に迫る真摯で痛切な論考。文庫オリジナル。

社会学の考え方〔第2版〕　ジグムント・バウマン／ティム・メイ　奥井智之訳
日常世界はどのように構成されているのか。日々変化する現代社会をどう読み解くべきか。読者を〈社会学的思考〉の実践へと導く最高の入門書。新訳。

コミュニティ　ジグムント・バウマン　奥井智之訳
グローバル化し個別化する世界のなかで、コミュニティはいかなる様相を呈しているか。安全をとるか、自由をとるか。代表的社会学者が根源から問う。

ウンコな議論　ハリー・G・フランクファート　山形浩生訳／解説
ごまかし、でまかせ、いいのがれ。なぜ世の中、こんなものがみちるのか。道徳哲学の泰斗がその正体とカラクリを解く。爆笑必至の訳者解説を付す。

世界リスク社会論　ウルリッヒ・ベック　島村賢一訳
迫りくるリスクは我々から何を奪い、何をもたらすのか。『危険社会』の著者が、近代社会の根本原理をくつがえすリスクの本質と可能性に迫る。

民主主義の革命　エルネスト・ラクラウ／シャンタル・ムフ　西永亮／千葉眞訳
グラムシ、デリダらの思想を摂取し、根源的で複数的なデモクラシーへ向けて、新たなヘゲモニー概念を提示した、ポスト・マルクス主義の代表作。

鏡の背面　コンラート・ローレンツ　谷口茂訳
人間の認識システムはどのように進化してきたのか、そしてその特徴とは。ノーベル賞受賞の動物行動学者が試みた抱括的知識による壮大な総合人間哲学。

人間の条件　ハンナ・アレント　志水速雄訳
人間の活動的生活を《労働》《仕事》《活動》の三側面から考察し、《労働》優位の近代世界を思想史的に批判したアレントの主著。（阿部齊）

革命について　ハンナ・アレント　志水速雄訳
《自由の創設》をキイ概念としてアメリカとヨーロッパの二つの革命を比較・考察し、その最良の精神を二〇世紀の惨状から救い出す。（川崎修）

暗い時代の人々
ハンナ・アレント
阿部齊 訳
自由が著しく損なわれた時代を自らの意思に従い行動し、生きた人々。政治・芸術・哲学への鋭い示唆を含み描かれる普遍的人間論。（村井洋）

責任と判断
ハンナ・アレント
ジェローム・コーン編
中山元 訳
思想家ハンナ・アレント後期の未刊行論文集。人間の責任の意味と判断の能力を考察し、考える能力の喪失により生まれる〈凡庸な悪〉を明らかにする。

政治の約束
ハンナ・アレント
ジェローム・コーン編
高橋勇夫 訳
われわれにとって「自由」とは何であるのか——。政治思想の起源から到達点までを描き、政治的経験の意味に根底から迫った、アレント思想の精髄。

プリズメン
Th・W・アドルノ
渡辺祐邦／三原弟平 訳
「アウシュヴィッツ以後、詩を書くことは野蛮である」。果てしなく進行する大衆の従順化と、絶対的物象化の時代における文化批判のあり方を問う。

スタンツェ
ジョルジョ・アガンベン
岡田温司 訳
西洋文化の豊饒なイメージの宝庫を自在に横切り、愛・言葉そして喪失の想像力が表象に与えた役割をたどる。21世紀を牽引する哲学者の博覧強記。

事物のしるし
ジョルジョ・アガンベン
岡田温司／岡本源太 訳
パラダイム・しるし・哲学的考古学の鍵概念のもと、「しるし」の起源や特権的領域を探求する。私たちを西洋思想史の彼方に誘うユニークかつ重要な一冊。

アタリ文明論講義
ジャック・アタリ
林昌宏 訳
歴史を動かすのは先を読む力だ。混迷を深める現代文明の行く末を見通し対処するにはどうすればよいのか。「欧州の知性」が危難の時代を読み解く。

コンヴィヴィアリティのための道具
イヴァン・イリイチ
渡辺京二／渡辺梨佐 訳
破滅に向かう現代文明の大転換はまだ可能だ！　人間本来の自由と創造性が最大限活かされる社会をどう作るか。イリイチが遺した不朽のマニフェスト。

重力と恩寵
シモーヌ・ヴェイユ
田辺保 訳
「重力」に似たものから、どのようにして免れればよいのか……ただ「恩寵」によって。苛烈な自己無化への意志に貫れた、独自の思索の断想集。ティボン編。

ちくま学芸文庫

21世紀《せいき》を生《い》きるための 社会学《しやかいがく》の教科書《きようかしよ》

二〇二一年一月十日 第一刷発行
二〇二四年四月十五日 第六刷発行

著者 ケン・プラマー
監訳者 赤川学（あかがわ・まなぶ）
発行者 喜入冬子
発行所 株式会社 筑摩書房
東京都台東区蔵前二―五―三 〒一一一―八七五五
電話番号 〇三―五六八七―二六〇一（代表）
装幀者 安野光雅
印刷所 三松堂印刷株式会社
製本所 三松堂印刷株式会社

ISBN978-4-480-51031-0 C0136